根据证券投资基金销售人员从业资格考试统编教...

证券投资基金销售人员从业资格...

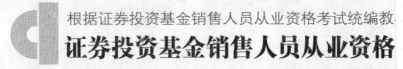

# 证券投资基金销售
## 基础知识

### 第2版

杨老金　邹照洪　主编

**证券投资销售人员从业资格考试辅导（2010）编写组**

杨老金　邹照洪　张洁梅　徐春华　葛发征　张思远　王海灵　郭程程

经济管理出版社
ECONOMY & MANAGEMENT PUBLISHING HOUSE

**图书在版编目(CIP)数据**

证券投资基金销售基础知识/杨老金,邹照洪主编.—北京:经济管理出版社,2010.8
ISBN 978-7-5096-1060-2

Ⅰ.①证… Ⅱ.①杨…②邹… Ⅲ.①证券投资—基金—资格考核—自学参考资料 Ⅳ.①F830.91

中国版本图书馆 CIP 数据核字(2010)第 146432 号

出版发行:**经 济 管 理 出 版 社**

北京市海淀区北蜂窝 8 号中雅大厦 11 层

电话:(010)51915602　　　邮编:100038

印刷:三河市海波印务有限公司　　　经销:新华书店

| | | |
|---|---|---|
| 组稿编辑:陆雅丽 | | 责任编辑:张丽生 |
| 技术编辑:黄　铄 | | 责任校对:超　凡 |

787mm×1092mm/16　　　16 印张　　　350 千字

2010 年 8 月第 1 版　　　2010 年 8 月第 1 次印刷

定价:28.00 元

书号:ISBN 978-7-5096-1060-2

# 前　言

为进一步规范基金销售行为，提高基金、银行、证券等有关基金销售机构销售人员业务水平和执业素质，逐步建立具有一定专业水平的基金销售队伍，中国证券业协会开展基金销售人员从业考试。

## 一、关于证券投资基金销售人员从业考试

### 1. 考试内容

考试科目为"基金销售基础"一科。参考书目为中国证券业协会主编出版的《证券投资基金销售基础知识》一书。考试大纲由中国证券业协会发布，考试教材由中国财政经济出版社出版发行。2010年7月起，证券投资基金销售人员从业考试均使用2010年版考试大纲及教材。

### 2. 考试时间

证券投资基金销售人员从业考试时间一般为每年3月、6月、10月在全国举行三次考试。考试计划可能会根据市场情况进行调整，如有变动，以当期中国证券业协会公告为准。

### 3. 考试报名

证券投资基金销售人员从业考试报名采取网上报名方式。考生登录中国证券业协会网站 www.sac.net.cn，按照要求报名。

报考条件如下：

报名截止日年满18周岁；

具有高中或国家承认相当于高中以上文凭；

具有完全民事行为能力。

### 4. 考试地点

证券投资基金销售人员从业考试在北京、天津、石家庄、太原、呼和浩特、沈阳、长春、哈尔滨、上海、南京、杭州、合肥、福州、南昌、济南、郑州、武汉、长沙、广州、南宁、海口、重庆、成都、贵阳、昆明、西安、兰州、西宁、银川、乌鲁木齐、大连、青岛、宁波、厦门、深圳、苏州、烟台、温州、泉州、拉萨等40~127个城市同时举行。考生可选择以上任一个城市参加考试。

### 5. 考试形式及合格线

考试采取闭卷机考形式，题目均为客观题。考试时间为120分钟，试卷总分为100分，考试合格线为60分。

**6. 考试费用**

收费标准为每人每科次 70 元。缴付方式、收据、准考证打印等有关事项请仔细阅读协会网站报名须知。考试时间、考场地点将在准考证中明示。

**7. 其他说明**

考试成绩长年有效。

已通过协会组织的证券从业资格考试"证券市场基础知识"和"证券投资基金"两个科目者,视同已通过"基金销售基础"科目考试。

## 二、关于证券投资基金销售人员从业考试学习方法

我们建议的学习方法是:

**1. 全面系统学习**

学员对于参加考试的课程,必须紧扣当年考试大纲全面系统地学习。对于课程的所有要点,必须全面掌握。很难说什么是重点,什么不是重点。从一些重要的历史性的时间、地点、人物,到最新的政策、法规等等,都是考试的范围。

全面学习并掌握了考试课程,应付考试可以说是游刃有余,胸有成竹。任何投机取巧的方法,猜题、押题的方法,这样对付考试,只能是适得其反。

**2. 在理解的基础上记忆**

客观地说,大量的知识点和政策法规要学习,记忆量是相当大的。这种考试采取标准化试题,放弃了传统的需要"死记硬背"的考试方法,排除了简答题、论述题、填空题等题型,考试的目的是了解学员对知识面的掌握。

如果学员理解了课程内容,应付考试就已经有一定的把握了。而且,理解也是记忆的最好前提,更是学员通过学习在工作中学以致用的前提。

**3. 抓住要点**

学员从报考到参加考试,这个时间过程很短,往往仅有几个月的时间。在很短的时间内,学员要学习大量的课程内容和法律、法规,学习任务很重,内容很多。

面对繁杂的内容,学习的最佳方式是抓住要点。想完全记住课程所有内容是不可能的,也是不现实的。

所有知识都有一个主次轻重,学员在通读教材的同时,应该根据考试大纲、考试题型标记,总结知识要点。学员学习紧扣考试大纲,可以取得事半功倍的效果。

**4. 条理化记忆**

根据人类大脑的特点,人类的知识储存习惯条理化的方式。学习过程中,学员如果能够适当进行总结,以知识树的方式进行储存,课程要点可以非常清晰地保留在学员的记忆里。

学员可以自己根据自己的理解和需要做一些归纳总结,总结各种知识框图、知识树,既可以帮助学员加深对知识的理解,又可以帮助学员记忆。

**5. 注重实用**

证券投资基金销售人员从业考试是对实际的从业能力的考查,不是考证券研究

生、博士生。虽然仍然要掌握一定的理论知识，更要重点注意掌握实际工作需要的证券经纪知识。

考试的大量内容是学员现在或将来实际工作中要碰到的问题，包括各种目前实用的和最新的法律、法规、政策、规则、操作规程等，既是考试的重要内容，也是学员在现在和将来工作中要用到的。

### 6. 优化学习的步骤

我们建议的学习步骤是：

第一步：根据辅导书，掌握考试的大纲、考点、出题方法，了解学习方法和应试方法。这样，学员学习教材才可以有的放矢。

第二步：紧扣大纲，通读教材。根据出题特点、考点，标记教材重点、要点、难点、考点。

第三步：精读教材重点、要点、难点、考点，对各章进行自我测试，基本掌握基本知识。

第四步：进行模拟测试。了解自己对知识的掌握程度，加深对各章知识的掌握。

第五步：根据自我测试的情况，进一步通读教材，精读教材重点、要点、难点、考点。保证自己对各章知识了然于胸。

## 三、关于证券投资基金销售人员从业考试应试方法

根据证券投资基金销售人员从业考试出题与考试特点，学员应试可以参考以下应试方法，也可以自己总结其他的应试方法。

### 1. 考前高效学习

"凡事预则立"，考前充分地准备、高效地学习、全面地掌握考试要求，是顺利通过考试的根本。考前学习既要全面，又要熟悉。对应的学习与应试方法既要扎实，更要高效。如何实现高效率、高质量的学习，正是我们这本辅导书的价值所在。考前安排必要时间学习，如果临时抱佛脚，学习与考试的效果、感觉都会很差。

### 2. 均衡答题速度

考试题量大，时间少，单题分值小而且均衡。参加考试，一定要均衡答题速度，尽量做到所有试题全部解答。在单题中过多地耽误时间，对考试的整体成绩影响不利。

### 3. 不纠缠难题

遇到难题，可以在草稿纸上做好记号，不要纠缠，最后有时间再解决。有的考试难题，认真解析起来，花半个小时都不为过。但是，根据证券投资基金销售人员从业考试的题型和考试特点，这种考试并没有给学员答一道题用半个小时的时间。

### 4. 考前不押题

猜题、押题，适得其反。考试原则上是全部覆盖课程主要内容的。考试主办单位采取的是从题库中随机抽题的方式，考试是国家有专门法规规范的考试。学员猜题、押题，根本没有意义。

### 5. 根据常识答题

学员学习时间紧张，在很短的时间里要把所有课程内容完全"死记硬背"地全部记住是不可能的。但是，绝大部分学员在平时的工作或学习当中已经对考试内容有一定的了解，可以根据学员平时对证券业知识和工作规则的了解进行答题。

### 6. 把握第一感觉

学习内容繁杂，考试题量大，学习和应试的时间紧张。学员面对考卷，很容易对考题的知识模棱两可。在标准化的考试中，对自己的第一感觉的把握非常重要。很多时候，学员对考题的解答，第一感觉的正确性往往比较大。犹豫、猜疑之下，往往偏离正确的判断。

### 7. 健康的应试心理

心理健康是搞好所有学习和工作的前提。任何负面的心理如过度紧张、急躁浮躁、投机取巧、急功近利等，对考试和学习及工作都有害无益。健康的心理是平和、达观、踏实、积极、认真、自信等。

## 四、题型解析

标准化试题一般有单项选择题、判断题、不定项选择题，有时候也有多项选择题。

根据历年的证券从业资格考试考题，尤其是 2001 年以来的标准化、规范化、专业化的考题特点，从证券从业资格考试历年出题形式到出题重点内容，可以大致归纳如下常见的参考出题方法和出题特点：根据重大法律、法规、政策出题；根据重大时间出题；根据重大事件出题；根据重要数量问题出题，或计算题隐蔽出题；根据市场限制条件出题；根据市场禁止规则出题；根据业务程序、业务内容、业务方式出题；根据行为的主体出题，或正向出题、反向出题；根据应试者容易模糊的内容出题；根据行为范围、定义外延等出题；根据主体的行为方式出题；根据主体的权利义务出题；根据各种市场和理论原则出题；根据各种概念分类出题；根据事物的性质、特点、特征、功能、作用、趋势等出题；根据事物之间的关系出题；根据影响事物的因素出题；根据国际证券市场知识出题；等等。

根据出题方法和出题特点，学员在学习当中有的放矢。学习和应试，事半功倍。

## 五、证券投资基金销售人员从业考试辅导书特点

（1）根据最新中国证券业协会 2010 版教材、大纲编写。

（2）研究并综合历年中国证券业资格考试、证券投资基金销售从业资格考试教材特点、考题特点、考试特点。

（3）根据学员的实际需要，直接面向学员的实际需求。

（4）涵盖学习与应试指导、考试大纲、题型解析、知识体系、知识要点、同步习题、模拟题及参考答案。

（5）全面辅导学员学习，支持学员提高学习效率，提高学员的考试通过率。

辅导书只是对学习和考试的一种辅导、一种帮助。这里除了提供具体的知识辅导之外，更主要的是给学员提示一种参考方法。

## 六、几点说明

笔者 18 年来一边参与上市公司、证券投资、私募基金、投资银行等实际工作，一边从事证券研究。很早就亲自参加并通过了证券资格各科考试。长期听取并研究了部分券商的相关专家、中央财经大学证券期货研究所、人民大学金融证券研究所、原中国金融学院的相关培训教程。对考试的特点、内容、方式，尤其是参加考试的学员的实际需要有一定的了解。

连续七届主编证券业从业资格考试辅导丛书，连续两届主编证券投资基金销售人员从业资格考试辅导书《证券投资基金销售基础知识》，连续 8 年组织并主讲大量证券从业资格考试培训班，学员成绩优异。

真诚希望这套丛书对参加证券投资基金销售从业考试的学员有实际、有效的帮助。机遇总是青睐有准备的人，有志者事竟成，自助者天助。

辅导书提示的学习方法和应试方法只是我们建议的参考方法，仅供读者参考而已。

测试题和模拟题的目的是向读者提示要点和考点，提示学习和应试的方法。测试题和模拟题及其答案如有错误和疏漏之处，请以统编教材内容为准。对于考试的具体要求，请大家以中国证券业协会官方网站 www. sac. net. cn 公告为准。

虽然我们对编写工作的要求是"用心编写、雕刻文字"，但由于时间仓促、水平有限，难免错误、疏漏之处，恳请读者批评指正。诚挚欢迎读者通过 Banker12@163.com 对本书提出意见，以便再版修订。

杨老金

2010 年 6 月

# 目　录

# 第一篇 《证券投资基金销售基础知识》考试大纲

## 第一章 证券市场基础知识

掌握有价证券的定义、分类、特征；掌握证券市场的特征、基本功能；熟悉证券市场的结构；掌握证券市场参与者；了解证券市场的产生与发展，熟悉我国证券市场的发展和对外开放。

掌握股票的定义、性质、特征、我国的股票类型；熟悉股票的一般分类、普通股票股东的权利和义务；掌握股票的价值与价格的概念。

熟悉影响股票价格的主要因素；掌握与股票相关的部分概念的含义。

掌握债券的定义和特征；熟悉债券的票面要素和一般分类。

掌握我国债券的分类；熟悉债券与股票的区别。

熟悉金融衍生工具的概念和特征；熟悉金融衍生工具的分类；掌握我国主要金融衍生工具的类型；了解金融衍生工具的功能。

掌握证券发行市场的定义和构成；掌握我国证券发行制度和发行方式、我国证券发行价格的确定。

熟悉证券交易方式；掌握证券交易所的定义、特征、职能；熟悉证券交易所的组织形式和运作系统；掌握证券交易的原则和规则；掌握我国中小企业板市场和创业板市场的主要交易规则；熟悉我国的场外市场；熟悉股票价格指数的定义；了解国际市场主要的股票价格指数；熟悉我国主要的股票价格指数。

掌握证券市场监管的意义和原则、目标和手段；熟悉我国的证券市场监管机构。

掌握证券投资收益的来源和形式；掌握证券投资风险的定义和类型；掌握证券投资收益与风险的关系。

## 第二章 证券投资基金概述

掌握证券投资基金的概念与特点；熟悉证券投资基金与常见金融工具和理财产品的区别；熟悉基金的参与主体。

了解基金管理人的市场准入，熟悉基金管理人的职责，了解基金管理公司的主要业务，掌握基金管理公司治理结构的基本要求。

了解托管人的市场准入，熟悉基金托管人的职责，了解基金托管人的主要业务。

熟悉基金的法律形式与运作方式。

熟悉各种类型基金的概念与特点。

了解基金的起源与早期发展，了解国外基金业的发展及其特点，熟悉我国证券投资基金业的发展及其特点；了解证券投资基金业在金融体系中的地位与作用。

## 第三章 证券投资基金的运作

熟悉封闭式基金和开放式基金的募集程序。

熟悉封闭式基金的发售和合同生效的条件；熟悉封闭式基金上市交易条件、交易账户的开立、交易规则；熟悉封闭式基金的交易费用。

熟悉开放式基金的发售、基金合同生效的条件；掌握开放式基金的认购步骤和收费模式，掌握基金认购份额的计算方法。

掌握开放式基金申购、赎回的概念；掌握申购、赎回的原则及申购份额、赎回金额的计算；掌握申购、赎回份额的登记与款项支付；掌握开放式基金的收费模式；掌握开放式基金份额的转换、非交易过户、转托管与冻结业务；掌握巨额赎回的认定与处理方式。

了解 ETF、LOF 份额的募集认购方式，熟悉 ETF、LOF 份额的交易规则、申购和赎回的原则。

熟悉 QDII 基金申购与赎回的规定。

熟悉基金份额登记的基本概念；了解基金认/申购、赎回的登记结算流程。

熟悉基金的投资运作管理目标、实现过程及投资运作的风险控制。

熟悉基金资产估值的概念及基本原则。

熟悉与基金有关的费用种类以及各种费用的计提标准及计提方式。

了解基金会计核算的特点。

熟悉基金的利润来源以及封闭式基金、开放式基金、货币市场基金利润分配的有关规定。

了解基金管理人、托管人的税收规定；掌握机构法人、个人投资者投资基金的税收规定。

了解基金信息披露的分类和基本原则，熟悉基金信息披露的一般规定。

熟悉基金市场参与主体的信息披露义务和披露规则。

熟悉基金合同、招募说明书的主要披露事项及其运用。

熟悉基金季度报告、半年度报告、年度报告的主要内容及其应用。

了解基金信息披露的重大性概念及其标准，了解需要进行临时信息披露的重大事件，了解基金澄清公告的披露。

熟悉货币市场基金收益公告披露的内容及其应用。

# 第四章 证券投资基金的销售

掌握基金营销的含义、特征及主要内容；熟悉基金的销售渠道。

熟悉建立客户关系的主要环节和基本方法；了解基金销售的促销手段；熟悉基金持续营销、基金转换以及基金定期定额的概念。

熟悉基金销售客户服务的意义、内容和服务方式；熟悉客户投诉的处理方式。

熟悉基金销售业务的风险种类；掌握基金销售的风险防范措施。

# 第五章 证券投资基金的分析与评价

掌握基金分析与评价的目的和意义，熟悉基金分析与评价的原则。

掌握对基金公司和基金经理进行分析评级的考察范围，了解考察要点。

了解基金简单份额净值增长率、复权份额净值增长率的含义和计算原理，了解基金其他收益的计算原理。

掌握基金风险的类型，了解对基金收益进行风险调整的意义，熟悉常用的风险调整后收益衡量指标。

了解股票型基金、混合型基金、债券型基金、货币市场基金、指数型基金、封闭式基金、QDII 基金常用的分析指标，掌握基本分析要点。

了解基金评级的原理及方法，熟悉基金评级的运用及局限性。

# 第六章 证券投资基金销售的适用性

掌握基金销售适用性的概念和内涵；掌握基金销售适用性的意义；了解《证券投资基金销售适用性指导意见》的内容。

掌握投资人利益优先原则、全面性原则、客观性原则、及时性原则的含义。

熟悉基金投资者风险承受能力评价的方式和方法。掌握基金销售适用性的实际应用。

了解投资者教育活动的内容和形式；了解基金管理公司和代销机构在投资者教育上的职责；熟悉基金销售人员在投资者教育方面的职责；了解投资者教育的意义。

# 第七章　基金销售的规范

　　熟悉我国基金销售的法规体系、监管框架；熟悉基金销售监管的意义、原则、目标和行政监管的主要手段；了解基金销售的自律性组织及其工作方式。

　　熟悉基金销售机构市场准入条件，熟悉有关法规针对基金销售机构职责的规范；掌握基金销售机构内部控制的概念、目标及原则，熟悉基金销售机构内部控制体系建设的基本要求；掌握基金销售业务信息管理平台建设和维护的原则及基本要求，熟悉基金销售业务信息管理平台的主要功能。

　　掌握基金销售主要业务的操作规范；熟悉基金宣传推介材料和活动的规范；掌握基金销售费用的规范；熟悉基金销售适用性的内容。

　　掌握基金销售人员从业要求及行为规范，熟悉基金销售人员执业守则的有关规定。

# 第二篇 《证券投资基金销售基础知识》同步辅导

# 第一章 证券市场基础知识

## 一、本章知识体系

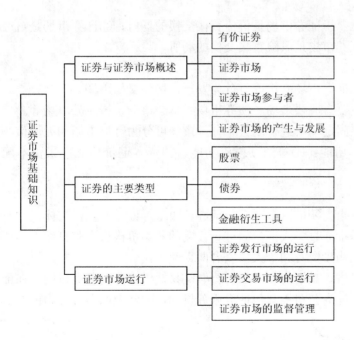

# 二、本章知识要点

## （一）证券与证券市场概述

### 1. 有价证券

（1）有价证券的定义。证券是指各类记载并代表一定权利的法律凭证，它表明证券持有人或第三者有权取得该证券代表的特定权益，或证明其曾经发生过的行为。

（2）有价证券的分类。有价证券有广义与狭义之分。狭义的有价证券即指资本证券，广义的有价证券包括商品证券、货币证券和资本证券。

①按证券发行主体的不同，有价证券可分为政府证券、政府机构证券和公司证券。

②按是否在证券交易所挂牌交易，有价证券可分为上市证券与非上市证券。

③按募集方式分类，有价证券可以分为公募证券和私募证券。

④按证券所代表的权种性质分类，有价证券可以分为股票、债券和其他证券三大类。

（3）有价证券的特征：①收益性；②流动性；③风险性；④期限性。

### 2. 证券市场

（1）证券市场的特征：①证券市场是价值直接交换的场所；②证券市场是财产权利直接交换的场所；③证券市场是风险直接交换的场所。

（2）证券市场的结构。

①按层次结构划分，证券市场的构成可分为发行市场和交易市场。

②按品种结构划分主要有股票市场、债券市场、基金市场、衍生品市场等。

③按交易活动是否在固定场所进行划分，证券市场可分为有形市场和无形市场。

（3）证券市场的基本功能：①筹资—投资功能；②资本定价功能；③资本配置功能。

### 3. 证券市场参与者

（1）证券发行人，是指为筹措资金而发行债券、股票等证券的发行主体。

（2）证券投资人，是指通过买入证券而进行投资的各类机构法人和自然人。相应地，证券投资人可分为机构投资者和个人投资者两大类。

（3）证券市场中介机构，是指为证券的发行、交易提供服务的各类机构。在证券市场起中介作用的机构是证券公司和其他证券服务机构，通常把两者合称为证券中介机构。

### 4. 证券市场的产生与发展

## （二）证券的主要类型

### 1. 股票

（1）股票的概念。股票是一种有价证券，它是股份有限公司签发的证明股东所持股份的凭证。股份有限公司的资本划分为股份，每一股金额相等。

（2）股票的性质：①股票是有价证券；②股票是要式证券；③股票是证权证券；④股票是资本证券；⑤股票是综合权利证券。

（3）股票的特征：①收益性；②风险性；③流动性；④永久性；⑤参与性。

（4）股票的一般分类。

①按股东享有权利的不同，股票可以分为普通股票和优先股票。

②按是否记载股东姓名，股票可以分为记名股票和无记名股票。

③按是否在股票票面上标明金额，股票可以分为有面额股票和无面额股票。

（5）我国股票的类型。

①按投资主体的性质分类。在我国，按投资主体的不同性质，可将股票划分为国家股、法人股、社会公众股和外资股等不同类型。

②按流通受限与否分类。已完成股权分置改革的公司，按股份流通受限与否，可分为有限售条件股份和无限售条件股份。未完成股权分置改革的公司，按股份流通受限与否，可分为未上市流通股份和已上市流通股份。

（6）与股票相关的部分概念。

①股利政策。

②股票分割与合并。

③增发、配股与转增股本。

④股份回购。

（7）股票的价值与价格。

①股票的价值。股票的票面价值又称面值，即在股票票面上标明的金额。该种股票称为有面额股票。股票的账面价值又称股票净值或每股净资产，在没有优先股的条件下，每股账面价值等于公司净资产除以发行在外的普通股票的股数。股票的清算价值是公司清算时每一股份所代表的实际价值。从理论上说，股票的清算价值应与账面价值一致，但实际上并非如此。股票的内在价值即理论价值，也即股票未来收益的现值。

②股票的价格。股票的价格代表着收益的价值，即能给它的持有者带来红利收益等。股票的市场价格一般是指股票在二级市场上交易的价格。

2. 债券

（1）债券的概念。债券是一种有价证券，是社会各类经济主体为筹集资金而向债券投资者出具的、承诺按一定利率定期支付利息并到期偿还本金的债权债务凭证。

（2）债券的性质。

①债券属于有价证券。

②债券是一种虚拟资本。

③债券是债权的表现。

（3）债券的票面要素。

①债券的票面价值。债券的票面价值是债券票面标明的货币价值，是债券发行人

承诺在债券到期日偿还给债券持有人的金额。在债券的票面价值中，包括规定票面价值的币种和债券的票面金额。

②债券的有效期限。债券的有效期限是指债券从发行之日起至偿清本息之日止的时间，也是债券发行人承诺履行合同义务的全部时间。各种债券有不同的偿还期限，短则几个月，长则几十年，习惯上有短期债券、中期债券和长期债券之分。

③债券的票面利率。债券的票面利率也称名义利率，是债券年利息与债券票面价值的比率，年利率通常用百分数表示。利率是债券票面要素中不可缺少的内容。在实际经济生活中，债券利率有多种形式，如单利、复利和贴现利率等。

④债券发行者名称。这一要素指明了该债券的债务主体，既明确了债券发行人应履行对债权人偿还本息的义务，也为债权人到期追索本金和利息提供了依据。

（4）债券的特征：①偿还性；②流动性；③安全性；④收益性。

（5）债券的一般分类。

①按发行主体分类。根据发行主体的不同，债券可以分为政府债券、金融债券和公司债券。

②按付息方式分类。根据债券发行条款中是否规定在约定期限向债券持有人支付利息，可分为零息债券、附息债券、息票累积债券三类。

③按债券形态分类。债券有不同的形式，根据债券券面形态可以分为实物债券、凭证式债券和记账式债券。

3. 金融衍生工具

（1）金融衍生工具的概念。金融衍生工具又称"金融衍生产品"，是与基础金融产品相对应的一个概念，指建立在基础产品或基础变量之上，其价格取决于基础金融产品价格或基础变量数值变动的派生金融产品。

（2）金融衍生工具的基本特征：①跨期性；②杠杆性；③联动性；④不确定性或高风险性。

（3）金融衍生工具的一般分类。

①按产品形态分类，可以分为独立衍生工具和嵌入衍生工具。

②按照交易场所分类，可以分为交易所交易的衍生工具和OTC交易的衍生工具。

③按照基础工具种类分类，可以分为股权类产品的衍生工具、货币衍生工具、利率衍生工具、信用衍生工具和其他衍生工具。

④按照金融衍生工具自身交易的方法及特点分类，可以分为金融远期合约、金融期货、金融期权、金融互换和结构化金融衍生工具。

**（三）证券市场运行**

1. 证券发行市场的运行

（1）证券发行市场的定义和构成。证券发行市场是发行人向投资者出售证券的市场。证券发行市场通常无固定场所，是无形的市场。证券发行市场由证券发行人、证券投资者和证券中介机构三部分组成。

（2）我国证券发行制度和发行方式。①证券发行制度。国际证券市场的发行制度主要有注册制和核准制。②证券发行方式。③证券承销方式。发行人委托他人代为销售证券，称为承销，公开发行证券以承销为主。

（3）我国证券发行价格的确定。①股票发行价格。股票发行价格是指投资者认购新发行的股票时实际支付的价格。②债券发行价格。债券的发行价格是指投资者认购新发行的债券实际支付的价格。

**2. 证券交易市场的运行**

（1）证券交易方式：①现货交易；②回购交易；③信用交易；④远期交易和期货交易；⑤期权交易。

（2）场内市场运行。①证券交易所。②证券交易的原则和规则。

（3）场外市场运行。场外交易市场是证券交易所以外的证券交易市场的总称。我国的场外市场主要由代办股份转让系统和银行间债券市场组成。

（4）股票价格指数。股票价格指数是衡量股票市场总体价格水平及其变动趋势的尺度，也是反映一个国家或地区政治、经济发展状态的灵敏信号。

**3. 证券市场的监督管理**

（1）证券市场监管的意义和原则。

①证券市场监管的意义。证券市场监管是指证券管理机关运用法律的、经济的以及必要的行政手段，对证券的募集、发行、交易等行为以及证券投资中介机构的行为进行监督与管理。

②证券市场监管的原则。证券市场监管的原则是依法监管原则、保护投资者原则、"三公"原则、监督与自律相结合原则。

（2）证券市场监管的目标和手段。

①证券市场监管的目标。

②证券市场监管的手段。

# 三、同步强化练习题及参考答案

## 同步强化练习题

### 一、单项选择题

1. （　　）是指标有票面金额，用于证明持有人或该证券指定的特定主体对特定财产拥有所有权或债权的凭证。

   A. 无价证券　　　　　　　　B. 金融证券

   C. 有价证券　　　　　　　　D. 政府证券

2. （　　）制度是一国（地区）在货币没有实现完全可自由兑换、资本项目尚未完开放的情况下，有限度地引进外资、开放资本市场的一项过渡性制度。

A. QDII
B. QFI

C. QDI
D. QFII

3. 证券的（　　）是指持有证券本身可以获得一定数额的收益，这是投资者转让资本所有权或使用权的回报。

A. 流动性
B. 公众性

C. 风险性
D. 收益性

4. （　　）是指在政府强制实施的公共养老金或国家养老金之外，企业在国家政策的指导下，根据自身经济实力和经济状况建立的，为本企业职工提供一定程度退休收入保障的补充性养老金制度。

A. 养老金
B. 企业年金

C. 金融证券
D. 债券

5. 证券的（　　）是指证券变现的难易程度。

A. 收益性
B. 公众性

C. 风险性
D. 流动性

6. （　　）是指将收益用于指定的社会公益事业的基金，如福利基金、科技发展基金、教育发展基金、文学奖励基金等。我国有关政策规定，各种社会公益基金可用于证券投资，以求保值增值。

A. 养老金
B. 企业年金

C. 社会公益基金
D. 福利基金

7. 证券的（　　）是指证券收益的不确定性。

A. 流动性
B. 公众性

C. 风险性
D. 收益性

8. （　　）是指为证券的发行、交易提供服务的各类机构。

A. 证券市场中介机构
B. 证券交易所

C. 证券公司
D. 证监会

9. （　　）是依法注册的具有独立法人地位的、由经营证券业务的金融机构自愿组成的行业性自律组织，是社会团体法人。

A. 证监会
B. 证券交易所

C. 中国证券业协会
D. 证券公司

10. （　　）是为证券交易提供集中登记、存管与结算服务，不以营利为目的的法人。

A. 交易结算公司
B. 中国证监会

C. 证券交易所
D. 中国证券登记结算公司

11. 按（　　）的不同，股票可以分为普通股票和优先股票。

A. 分红不一致
B. 投资方式

C. 期限不同
D. 股东享有权利

12. 债券的性质不包括（　　）。

    A. 债券属于有价证券          B. 债券是一种虚拟资本

    C. 债券是债权的表现          D. 债券是股权的表现

13. 以公司债券和股票作比较，两者之间不同不包括(　　)。

    A. 是否为有价证券          B. 权利不同

    C. 发行目的不同          D. 期限不同

14. (　　)是与基础金融产品相对应的一个概念，指建立在基础产品或基础变量之上，其价格取决于基础金融产品价格或基础变量数值变动的派生金融产品。

    A. 金融衍生工具          B. 股票

    C. 债券          D. 权证

15. 权证是(　　)。

    A. 基础证券发行人或其以外的第三人（以下简称"发行人"）发行的，约定持有人在规定期间内或特定到期日，有权按约定价格向发行人购买或出售标的证券，或以现金结算方式收取结算差价的无价证券

    B. 基础证券发行人或其以外的人（以下简称"发行人"）发行的，约定持有人在规定期间内或特定到期日，有权按约定价格向发行人购买或出售标的证券，或以现金结算方式收取结算差价的有价证券

    C. 基础证券发行人或其以外的第三人（以下简称"发行人"）发行的，约定持有人在规定期间内或特定到期日，有权按约定价格向发行人购买或出售标的证券，或以现金结算方式收取结算差价的有价证券

    D. 基础证券发行人或其以外的第三人（以下简称"发行人"）发行的，约定持有人在规定期间内或特定到期日，有权按约定价格向投资人购买或出售标的证券，或以现金结算方式收取结算差价的有价证券

16. 根据(　　)为标准，可将权证分为股权类权证、债权类权证以及其他权证。

    A. 权证的权利          B. 权证行权的基础资产或标的资产

    C. 权证投资风格          D. 权证标的权利

17. 按照(　　)不同，可将权证分为美式权证、欧式权证、百慕大式权证等类别。

    A. 权证持有人行权的时间      B. 权证行权的基础资产或标的资产

    C. 权证投资风格          D. 权证标的的权利

18. 股票价格指数是(　　)。

    A. 反映整个股票市场上各种股票市场价格个体水平

    B. 股票价格的加权平均

    C. 股票价格的简单平均

    D. 反映整个股票市场上各种股票市场价格总体水平及其变动情况的统计指标，而股票价格指数期货即是以股票价格指数为基础变量的期货交易

19. 资产证券化是(　　)。

    A. 将资产进行交易

    B. 以资产为基础发行证券

C. 以特定资产组合或特定现金流为支持，发行可交易证券的一种融资形式

D. 将资产债券化

20. 证券发行市场通常（　　）。

  A. 有固定场所，是有形的市场   B. 无固定场所，是无形的市场

  C. 有固定场所，是无形的市场   D. 无固定场所，是有形的市场

21. 我国现行的有关法规规定，我国股份公司首次公开发行股票和上市后向社会公开募集股份（公募增发）采取（　　）的发行方式。

  A. 对公众投资者上网发行

  B. 对机构投资者配售相结合

  C. 对公众投资者上网发行和对机构投资者配售相结合

  D. 对公众投资者上网发行或对机构投资者配售相结合

22. 我国《证券发行与承销管理办法》规定，首次公开发行股票以（　　）方式确定股票发行价格。

  A. 公开定价       B. 竞价

  C. 发行方定价      D. 询价

23. 首次公开发行的股票在中小企业板上市的，发行人及其主承销商可以（　　）。

  A. 根据初步询价结果确定发行价格，并累计投标询价

  B. 累计投标询价

  C. 根据初步询价结果确定发行价格，不再进行累计投标询价

  D. 询价

24. 债券发行的定价方式以（　　）最为典型。

  A. 询价        B. 公开招标

  C. 竞价        D. 累计询价

25. 以价格为标的的荷兰式招标，是（　　）。

  A. 以募满发行额为止中标者各自的投标价格的均价作为中标者的最终中标价

  B. 以募满发行额为止中标者各自的投标价格作为各中标者的最终中标价，各中标者的认购价格是不相同的

  C. 以募满发行额为止所有投标者的最低中标价格作为最后中标价格，全体中标者的中标价格是单一的

  D. 以募满发行额为止所有投标者的最高中标价格作为最后中标价格，全体中标者的中标价格是单一的

26. 质押式回购也称封闭式回购，指（　　）。

  A. 融资方（正回购方）在将债券质押给融券方（逆回购方）融入资金的同时，双方约定在将来某一指定日期，由融资方按当时回购利率计算的资金额向融券方返回资金，融券方向融资方返回原出质债券的融资行为

  B. 融资方（正回购方）在将债券质押给融券方（逆回购方）融入资金的同时，双方约定在将来某一指定日期，由融资方按约定回购利率计算的资金额向融

券方返回资金，融券方向融资方返回原出质债券的融资行为

C. 融资方（正回购方）在将债券质押给融券方（逆回购方）融入资金的同时，双方约定在将来某一指定日期，由融券方按约定回购利率计算的资金额向融资方返回资金

D. 融资方（正回购方）在将债券质押给融券方（逆回购方）融入资金的同时，双方约定在将来某一指定日期，由融券方按当时的回购利率计算的资金额向融资方返回资金，融券方向融资方返回原出质债券的融资行为

27. 代办股份转让系统又称三板，是指(　　)。

A. 以具有代办股份转让资格的证券公司为核心，为非上市公众公司和非公众股份公司提供规范股份转让服务的股份转让平台

B. 以证券公司为核心，为非上市公众公司和非公众股份公司提供规范股份转让服务的股份转让平台

C. 以具有代办股份转让资格的证券公司为核心，为上市公众公司和公众股份公司提供规范股份转让服务的股份转让平台

D. 以具有代办股份转让资格的证券公司为核心，为上市公众公司和非公众股份公司提供规范股份转让服务的股份转让平台

28. 以收益率为标的的美式招标，是(　　)。

A. 以募满发行额为止中标者各自的投标价格的均价作为中标者的最终中标价

B. 以募满发行额为止中标者各自的投标价格作为各中标者的最终中标价，各中标者的认购价格是不相同的

C. 以募满发行额为止所有投标者的最低中标价格作为最后中标价格，全体中标者的中标价格是单一的

D. 以募满发行额为止所有投标者的最高中标价格作为最后中标价格，全体中标者的中标价格是单一的

30. 金融期权是指(　　)。

A. 以金融资产为基础工具的期权交易形式。期权交易实际上是一种权利的单方面有偿让渡

B. 以金融工具或金融变量为基础工具的期权交易形式。期权交易实际上是一种权利的双方面有偿让渡

C. 以金融工具或金融变量为基础工具的期权交易形式。期权交易实际上是一种权利的单方面有偿让渡

D. 以金融资产为基础工具的期权交易形式。期权交易实际上是一种权利的双方面有偿让渡

31. 证券交易所是(　　)。

A. 证券私下交易的场所

B. 证券买卖双方公开交易的场所，是一个高度组织化、集中进行证券交易的市场，是整个证券市场的核心

C. 证券买卖双方公开交易的场所，是一个高度组织化、相对发散进行证券交易的市场，是整个证券市场的核心

D. 证券买卖双方公开交易的场所，是一个组织化低、集中进行证券交易的市场，是整个证券市场的核心

32. 以下不能在我国银行间市场上市的是(　　)。
    A. 债券　　　　　　　　　　B. 凭证式国债
    C. 电子式储蓄国债　　　　　D. 股票

33. 主板市场是(　　)。
    A. 多个国家或地区证券发行、上市及交易的主要场所
    B. 一个国家或地区证券发行、上市及交易的唯一场所
    C. 一个国家或地区证券发行、上市及交易的主要场所
    D. 多个国家或地区证券发行、上市及交易的唯一场所

34. 创业板市场又称二板市场，它是(　　)。
    A. 为具有高成长性的大企业和高科技企业融资服务的资本市场
    B. 为具有高成长性的私人企业和高科技企业融资服务的资本市场
    C. 为具有高成长性的国家企业和高科技企业融资服务的资本市场
    D. 为具有高成长性的中小企业和高科技企业融资服务的资本市场

35. 永久性是指(　　)。
    A. 股票所载有权利的有效性是始终变化的，因为它是一种无期限的法律凭证
    B. 股票所载有权利的有效性是始终不变的，因为它是一种无期限的法律凭证
    C. 股票所载有权利的有效性是始终不变的，因为它是一种有期限的法律凭证
    D. 股票所载有权利的有效性是始终变化的，因为它是一种有期限的法律凭证

36. 上海证券交易所的运作系统不包括(　　)。
    A. 创业板交易系统　　　　　B. 固定收益证券综合电子平台
    C. 集中竞价交易系统　　　　D. 大宗交易系统

37. 证券发行市场又称"一级市场"或"初级市场"，是(　　)。
    A. 投资者以筹集资金为目的，按照一定的法律规定和发行程序，向发行人出售新发行的证券所形成的市场
    B. 发行人以盈利为目的，按照一定的法律规定和发行程序，向投资者出售新发行的证券所形成的市场
    C. 发行人以筹集资金为目的，按照一定的法律规定和发行程序，向投资者出售新发行的证券所形成的市场
    D. 投资者以盈利为目的，按照一定的法律规定和发行程序，向投资者出售新发行的证券所形成的市场

38. 证券市场的资本配置功能是指(　　)。
    A. 通过股票价格引导资本的流动从而实现资本合理配置的功能
    B. 通过证券价格引导资本的流动从而实现资本合理配置的功能

C. 通过债券价格引导资本的流动从而实现资本合理配置的功能

D. 通过金融衍生品价格引导资本的流动从而实现资本合理配置的功能

39. 按( )分类，有价证券可以分为股票、债券和其他证券三大类。

A. 投资期限                 B. 发行主体

C. 证券所代表的权种性质       D. 投资者类型

40. 证券经营机构是( )。

A. 证券市场上最活跃的发行者，以其自有资本、营运资金和受托投资资金进行证券投资

B. 证券市场上最活跃的投资者，以其受托投资资金进行证券投资

C. 证券市场上最活跃的投资者，以其自有资本、营运资金和受托投资资金进行证券投资

D. 证券市场上最活跃的发行者，以其受托投资资金进行证券投资

41. 有形市场的诞生( )。

A. 改变了证券市场的功能和意义

B. 是没有意义的

C. 是证券市场走向发散的重要标志

D. 是证券市场走向集中化的重要标志之一

42. 代办股份转让系统挂牌的公司大致可分为两类：一类是原 STAQ（全国证券交易自动报价系统）、NET（全国证券交易系统）挂牌公司和沪、深证券交易所退市公司，这类公司按其资质和信息披露履行情况，其股票采取( )的方式进行转让；另一类是非公众股份公司的股份报价转让，目前主要是中关村科技园区高科技公司，其股票转让主要采取协商配对的方式进行成交。

A. 每周集合竞价 1 次或 3 次      B. 每周集合竞价 1 次、3 次或 5 次

C. 每周集合竞价 3 次或 5 次      D. 每周集合竞价 1 次或 5 次

43. ( )被习惯称为道琼斯指数，是世界上最早、最享盛誉和最有影响的股票价格平均指数，它由美国报业集团道琼斯公司编制并在《华尔街日报》上公布。

A. 道琼斯股票价格累计指数      B. 道琼斯股票价值平均指数

C. 道琼斯股票价格平均指数      D. 道琼斯股票价值累计指数

44. 全国证券交易商协会自动报价指数（以下简称"纳斯达克指数"）分为两类：( )。

A. 一类是反映纳斯达克市场整体状况的纳斯达克综合指数及其次一级的 13 个行业指数；另一类是反映纳斯达克全国市场的指数，包括纳斯达克 100 指数、纳斯达克全国市场综合指数、纳斯达克全国市场金融 100 指数等

B. 一类是反映纳斯达克市场整体状况的纳斯达克综合指数及其次一级的 8 个行业指数；另一类是反映纳斯达克全国市场的指数，包括纳斯达克 500 指数、纳斯达克全国市场综合指数、纳斯达克全国市场金融 100 指数等

C. 一类是反映纳斯达克市场整体状况的纳斯达克综合指数及其次一级的 8 个行

业指数；另一类是反映纳斯达克全国市场的指数，包括纳斯达克 100 指数、纳斯达克全国市场综合指数、纳斯达克全国市场金融 500 指数等

    D. 一类是反映纳斯达克市场整体状况的纳斯达克综合指数及其次一级的 8 个行业指数；另一类是反映纳斯达克全国市场的指数，包括纳斯达克 100 指数、纳斯达克全国市场综合指数、纳斯达克全国市场金融 100 指数等

45. (　　)是英国最具权威性的股价指数，原由《金融时报》编制和发布，现由《金融时报》和伦敦证券交易所共同拥有的富时集团编制和发布，又译为"富时指数"。

    A. 金融指数               B. 金融时报指数

    C. 时报指数               D. 全球金融时报指数

## 二、不定项选择题

1. 有关有价证券说法正确的是(　　)。

    A. 有价证券本身没有价值

    B. 它代表着一定量的财产权利

    C. 持有人可凭该证券直接取得一定量的商品、货币，或是取得利息、股息等收入

    D. 可以在证券市场上买卖和流通，客观上具有了交易价格

2. 按证券发行主体的不同，有价证券可分为(　　)。

    A. 政府证券               B. 政府机构证券

    C. 公司证券               D. 国家企业证券

3. 我国在银行间市场上市的(　　)属于非上市证券。

    A. 债券

    B. 凭证式国债

    C. 电子式储蓄国债

    D. 普通开放式基金份额和非上市公众公司的股票

4. 有关证券交易市场的说法正确的是(　　)。

    A. 又称"二级市场"

    B. 又称"次级市场"

    C. 是已发行的证券通过买卖交易实现流通转让的市场

    D. 一级市场

5. 银行业金融机构包括(　　)等吸收公众存款的金融机构以及政策性银行。

    A. 商业银行               B. 城市信用合作社

    C. 农村信用合作社         D. 世界银行

6. 依有价证券的品种而形成的结构关系的构成主要有(　　)。

    A. 股票市场               B. 基金市场

    C. 衍生品市场             D. 债券市场

7. 证券市场的筹资—投资功能是指证券市场(　　)。

    A. 为资金供给者提供通过发行证券筹集资金的机会

B. 为资金需求者提供通过发行证券筹集资金的机会

C. 为资金需求者提供投资对象

D. 为资金供给者提供投资对象

8. 证券市场综合反映国民经济运行的发展态势，常被称为国民经济的"晴雨表"，客观上为观察和监控经济运行提供了直观的指标，它的基本功能包括(　　)。

    A. 筹资—投资功能　　　　　　　B. 资本定价功能

    C. 筹集资金功能　　　　　　　　D. 资本配置功能

9. 按是否在证券交易所挂牌交易，有价证券可分为(　　)。

    A. 长期证券　　　　　　　　　　B. 短期证券

    C. 上市证券　　　　　　　　　　D. 非上市证券

10. 证券投资人是指通过买入证券而进行投资的各类机构法人和自然人。相应地，证券投资人可分为(　　)两大类。

    A. 机构投资者　　　　　　　　　B. 政府

    C. 个人投资者　　　　　　　　　D. 企业

11. 机构投资者主要有(　　)。

    A. 政府机构　　　　　　　　　　B. 金融机构

    C. 企业和事业法人　　　　　　　D. 各类基金

12. 参与证券投资的金融机构包括(　　)。

    A. 证券经营机构

    B. 银行业金融机构

    C. 保险公司及保险资产管理公司、合格境外机构投资者（QFII）

    D. 主权财富基金以及其他金融机构

13. 证券具有极高的流动性必须满足三个条件：(　　)。

    A. 不易变现　　　　　　　　　　B. 很容易变现

    C. 变现的交易成本极小　　　　　D. 本金保持相对稳定

14. 根据我国现行规定，信托投资公司可以(　　)从事投资基金业务。

    A. 受托经营资金信托

    B. 有价证券信托

    C. 作为投资基金或者基金管理公司的发起人

    D. 基金托管公司

15. 基金性质的机构投资者包括(　　)。

    A. 证券投资基金　　　　　　　　B. 社保基金

    C. 企业年金　　　　　　　　　　D. 社会公益基金

16. 按募集方式分类，有价证券可以分为(　　)。

    A. 长期证券　　　　　　　　　　B. 短期证券

    C. 公募证券　　　　　　　　　　D. 私募证券

17. 在大部分国家，社保基金分为两个层次：(　　)。

A. 国家以债券等形式征收的全国性基金

B. 国家以社会保障税等形式征收的全国性基金

C. 由企业定期向员工支付并委托基金公司管理的企业年金

D. 由企业不定期向员工支付并委托基金公司管理的企业年金

18. 证券服务机构是指依法设立的从事证券服务业务的法人机构，主要包括（　　）等。

A. 证券投资咨询公司　　　　B. 会计师事务所

C. 律师事务所　　　　D. 资产评估机构、证券信用评级机构

19. 证券的流动性可通过（　　）等方式实现。

A. 到期兑付　　　　B. 承兑

C. 贴现　　　　D. 转让

20. 证券市场是在商品经济高度发展的基础上产生和发展的。证券市场的产生与发展主要归因于以下因素：（　　）。

A. 社会化大生产和商品经济的发展　　B. 股份制的发展

C. 政府的发展　　　　D. 信用制度的发展

21. 20 世纪 70 年代末期以来的中国经济改革大潮，推动了资本市场重新萌生和发展。在过去的数十年间，中国资本市场从无到有，从小到大，从区域到全国，得到了迅速的发展。回顾改革开放以来中国资本市场的发展，大致可以划分为三个阶段（　　）。

A. 新中国资本市场的萌生（1978～1992 年）

B. 全国性资本市场的形成和初步发展（1993～1998 年）

C. 资本市场的进一步规范和发展（1999 年至今）

D. 资本市场的进一步规范和发展（1999～2006 年）

22. 股票的性质有（　　）。

A. 股票是有价证券　　　　B. 股票是要式证券

C. 股票是证权证券　　　　D. 股票是资本证券

23. 按证券所代表的权种性质分类，有价证券可以分为（　　）三大类。

A. 股票　　　　B. 债券

C. 其他证券　　　　D. 金融衍生工具

24. 股票的特征有（　　）。

A. 收益性　　　　B. 风险性

C. 流动性　　　　D. 永久性

25. 证券市场具有以下三个显著特征：（　　）。

A. 证券市场是收益直接交换的场所

B. 证券市场是价值直接交换的场所

C. 证券市场是财产权利直接交换的场所

D. 证券市场是风险直接交换的场所

26. 债券的特征有：（    ）。
    A. 偿还性　　　　　　　　B. 流动性
    C. 安全性　　　　　　　　D. 收益性

27. 根据发行主体的不同，债券可以分为（    ）。
    A. 政府债券　　　　　　　B. 金融债券
    C. 公司债券　　　　　　　D. 个人债券

28. 按（    ）进行，证券市场可分为有形市场和无形市场。通常人们也把有形市场称为"场内市场"，是指有固定场所的证券交易市场。
    A. 是否记名交易　　　　　B. 是否公开交易
    C. 交易活动是否在固定场所　D. 交易时间

29. 按是否记载股东姓名，股票可以分为（    ）。
    A. 普通股　　　　　　　　B. 优先股
    C. 记名股票　　　　　　　D. 无记名股票

30. 在我国，按投资主体的不同性质，可将股票划分为（    ）等不同类型。
    A. 国家股　　　　　　　　B. 法人股
    C. 社会公众股　　　　　　D. 外资股

31. 境外上市外资股主要由（    ）构成。
    A. A股　　　　　　　　　B. H股
    C. N股　　　　　　　　　D. S股

32. 债券所规定的资金借贷双方的权责关系主要有（    ）。
    A. 所借贷货币资金的数额
    B. 借贷的时间
    C. 在借贷时间内的资金成本或应有的补偿（即债券的利息）
    D. 发行者和投资者之间的债权债务关系，债券是这一关系的法律凭证

33. （    ）在证券交易所挂牌交易，开放式基金则通过投资者向基金管理公司申购和赎回实现流通转让。
    A. 开放式基金　　　　　　B. 积极型基金
    C. 封闭式基金　　　　　　D. 消极型基金

34. 根据债券发行条款中是否规定在约定期限向债券持有人支付利息，可分为（    ）三类。
    A. 零息债券　　　　　　　B. 附息债券
    C. 息票累积债券　　　　　D. 固定收益债券

35. 金融衍生工具的基本特征包括：（    ）。
    A. 跨期性　　　　　　　　B. 杠杆性
    C. 联动性　　　　　　　　D. 不确定性或高风险性

36. 金融衍生工具还伴随着以下几种风险：（    ）。
    A. 交易中对方违约，没有履行承诺造成损失的信用风险

    B. 因资产或指数价格不利变动可能带来损失的市场风险；因市场缺乏交易对手而导致投资者不能平仓或变现所带来的流动性风险

    C. 因交易对手无法按时付款或交割可能带来的结算风险；因交易或管理人员的人为错误或系统故障、控制失灵而造成的操作风险

    D. 因合约不符合所在国法律，无法履行或合约条款遗漏及模糊导致的法律风险

37. 可转换债券具有下列特征：（　　）。

    A. 是一种附有转债权的债券    B. 是一种附有转股权的债券

    C. 不可以双重选择    D. 具有双重选择权

38. 证券发行市场由（　　）三部分组成。

    A. 证券发行人    B. 证券投资者

    C. 证券管理者    D. 证券中介机构

39. 国际证券市场的发行制度主要有（　　）。

    A. 独立注册制    B. 注册制

    C. 核准制    D. 统一核准制

40. 我国现行的债券发行有（　　）三种方式。

    A. 不定向发行    B. 定向发行

    C. 承购包销    D. 招标发行

41. 股票发行的定价方式，可以采取协商定价方式，也可以采取（　　）方式等。

    A. 一般询价方式    B. 网下竞价

    C. 累计投标询价方式    D. 上网竞价

42. 询价分为（　　）两个阶段。

    A. 一般询价    B. 初步询价

    C. 竞价    D. 累计投标询价

43. 债券的发行价格可以分为（　　）。

    A. 平价发行，即债券的发行价格高于面值

    B. 平价发行，即债券的发行价格与面值相等

    C. 折价发行，即债券以低于面值的价格发行

    D. 溢价发行，即债券以高于面值的价格发行

44. 有关债券发行方式说法正确的有（　　）。

    A. 债券发行的定价方式以公开招标最为典型

    B. 按照招标标的分类，有价格招标和收益率招标

    C. 按照招标标的分类，有美式招标和荷兰式招标

    D. 按照价格决定方式分类，有美式招标和荷兰式招标

45. 有关信用交易说法正确的是（　　）。

    A. 信用交易又称保证金交易、融资融券交易

    B. 投资者通过交付保证金取得经纪人信用而进行的交易方式

    C. 在融资融券交易中，经批准的证券公司向客户出借资金供其买入上市证券或

者出借上市证券供其卖出，并收取担保物

  D. 任何证券公司都可以做融资融券交易

46. 证券交易所的特征：（  ）。

  A. 有固定的交易场所和交易时间；参加交易者为具备会员资格的证券经营机构，交易采取经纪制，即一般投资者不能直接进入交易所买卖证券，只能委托会员作为经纪人间接进行交易

  B. 交易的对象限于合乎一定标准的上市证券；通过公开竞价的方式决定交易价格

  C. 集中了证券的供求双方，具有较高的成交速度和成交率

  D. 实行"公开、公平、公正"原则，并对证券交易加以严格管理

47. 证券交易所的组织形式分为（  ）两类。

  A. 公司制        B. 核准制

  C. 会员制        D. 注册制

48. 下列说法正确的是（  ）。

  A. 会员制的证券交易所是一个由会员自愿组成的、以营利为目的的社会法人团体

  B. 会员制的证券交易所是一个由会员自愿组成的、不以营利为目的的社会法人团体

  C. 会员制的证券交易所是一个由会员自愿组成的、不以营利为目的的社会团体

  D. 会员制的证券交易所是一个由会员自愿组成的、以营利为目的的社会团体

49. 证券交易通常都必须遵循（  ）。

  A. 价格累计原则     B. 竞价优先原则

  C. 价格优先原则     D. 时间优先原则

### 三、判断题

1. 有价证券本身有价值，它代表着一定量的财产权利。（  ）

  A. 正确        B. 错误

2. 虚拟资本以有价证券的形式存在，它的价格总额等于所代表的真实资本的账面价格，甚至与真实资本的重置价格也相等，其变化并不完全反映实际资本额的变化。（  ）

  A. 正确        B. 错误

3. 通常情况下，风险越大的证券，投资者期望的预期收益越高；风险越小的证券，投资者期望的预期收益越低。（  ）

  A. 正确        B. 错误

4. 证券是资本的表现形式，所以证券的价格实际上是证券所代表的资本的价格。证券的价格是证券市场上证券供求双方共同作用的结果。（  ）

  A. 正确        B. 错误

5. 我国股票市场融资国际化以 A 股、B 股、N 股等股权融资作为突破口，与此同时，

我国也重视在国际债券市场筹集中长期建设资金。（　　）

  A. 正确          B. 错误

6. 在证券市场上，证券价格的高低是由该证券所能提供的预期报酬率的高低来决定的。证券价格的高低实际上是该证券筹资能力的反映。（　　）

  A. 正确          B. 错误

7. 在利用股票和债券在国际资本市场筹资的同时，我国没有放开境外券商在华设立并参与中国股票市场业务、境内券商到海外设立分支机构、成立中外合资投资银行等方面的限制。（　　）

  A. 正确          B. 错误

8. 从风险的角度分析，证券市场也是风险的直接交换场所。（　　）

  A. 正确          B. 错误

9. 作为有条件地开放境内企业和个人投资境外资本市场的举措，中国证监会、中国银监会、中国保监会和国家外汇管理局发布相关规定，并有证券类、银行类、保险类金融机构取得合格境内机构投资者（QDII）业务资格，开展代客境外理财业务。（　　）

  A. 正确          B. 错误

10. 优先股票是一种特殊股票，在其股东权利、义务中附加了某些特别条件。优先股票的股息率是浮动的，其持有者的股东权利受到一定限制，但在公司盈利和剩余财产的分配上比普通股票股东享有优先权。（　　）

  A. 正确          B. 错误

11. 虽然证券交易的对象是各种各样的有价证券，但由于它们是价值的直接表现形式，所以证券市场本质上是价值的直接交换场所。（　　）

  A. 正确          B. 错误

12. 沪深 300 指数的编制目标是反映中国证券市场股票价格变动的概貌和运行状况，但是不能够作为投资业绩的评价标准，为指数化投资和指数衍生产品创新提供基础条件。（　　）

  A. 正确          B. 错误

13. 股票市场是债券发行和买卖交易的场所。债券市场是债券发行和买卖交易的场所。（　　）

  A. 正确          B. 错误

14. 证券市场监管，是指证券管理机关运用法律的、经济的以及必要的行政手段，对证券的募集、发行、交易等行为以及证券投资中介机构的行为进行监督与管理。（　　）

  A. 正确          B. 错误

15. 证券市场监管的原则是依法监管原则、保护管理者原则、"三公"原则、监督与自律相结合原则。（　　）

  A. 正确          B. 错误

16. 按交易活动类型进行，证券市场可分为有形市场和无形市场。通常人们也把有形市场称为"场内市场"，是指有固定场所的证券交易市场。（　　）

    A. 正确　　　　　　　　　　　　　　B. 错误

17. 监督与自律相结合的原则指在加强政府、证券监管机构对证券市场监管的同时，也要加强从业者的自我约束、自我教育和自我管理。（　　）

    A. 正确　　　　　　　　　　　　　　B. 错误

18. 法律手段是通过建立完善的证券法律、法规体系和严格执法来实现的。这是证券市场监管部门的主要手段，具有较强的威慑力和约束力。（　　）

    A. 正确　　　　　　　　　　　　　　B. 错误

19. 我国证券市场监管框架由证券监管机构和自律管理机构和投资者组成。（　　）

    A. 正确　　　　　　　　　　　　　　B. 错误

20. 债券的有效期限是指债券从发行之日起至偿清本息之日止的时间，也是债券发行人承诺履行合同义务的全部时间。（　　）

    A. 正确　　　　　　　　　　　　　　B. 错误

21. 债券的票面利率也称名义利率，是债券年利息与债券票面价值的比率，年利率通常用百分数表示。（　　）

    A. 正确　　　　　　　　　　　　　　B. 错误

22. 养老基金是指将收益用于指定的社会公益事业的基金，如福利基金、科技发展基金、教育发展基金、文学奖励基金等。我国有关政策规定，各种社会公益基金可用于证券投资，以求保值增值。（　　）

    A. 正确　　　　　　　　　　　　　　B. 错误

23. 我国正在完善的城镇职工养老保险体系，是由基本养老保险、企业年金和个人储蓄性养老保险三个部分组成的。（　　）

    A. 正确　　　　　　　　　　　　　　B. 错误

24. QDII制度是一国（地区）在货币没有实现完全可自由兑换、资本项目尚未完全开放的情况下，有限度地引进外资、开放资本市场的一项过渡性制度。（　　）

    A. 正确　　　　　　　　　　　　　　B. 错误

25. 银行业金融机构不包括商业银行、城市信用合作社、农村信用合作社等吸收公众存款的金融机构以及政策性银行。（　　）

    A. 正确　　　　　　　　　　　　　　B. 错误

26. 日本把金融机构发行的债券定义为政府债券，从而突出了金融机构作为证券市场发行主体的地位。（　　）

    A. 正确　　　　　　　　　　　　　　B. 错误

27. 证券市场的第二个基本功能就是为资本决定价格。证券是资本的表现形式，所以证券的价格实际上是证券所代表的资本的价格。证券的价格是证券市场上证券供求双方共同作用的结果。（　　）

    A. 正确　　　　　　　　　　　　　　B. 错误

28. 随着现代通信技术的发展和电子计算机网络的广泛应用、交易技术和交易组织形式的演进，已有越来越多的证券交易不在有形的场内市场进行，而是通过经纪人或交易商的电传、电报、电话、网络等洽谈成交。（　　）

A. 正确　　　　　　　　　　B. 错误

29. 品种结构是依有价证券的品种而形成的结构关系。这种结构关系的构成主要有股票市场、债券市场、基金市场、衍生品市场等。（　　）

A. 正确　　　　　　　　　　B. 错误

30. 有价证券都是价值的代表，它们本质上不是价值的一种直接表现形式。虽然证券交易的对象是各种各样的有价证券，但由于它们是价值的直接表现形式，所以证券市场本质上是价值的直接交换场所。（　　）

A. 正确　　　　　　　　　　B. 错误

31. 银行业金融机构可用自有资金及中国银监会规定的可用于投资的表内资金买卖政府债券和金融债券。银行业金融机构经中国银监会批准后，也可通过理财计划募集资金进行有价证券投资。（　　）

A. 正确　　　　　　　　　　B. 错误

32. 共同基金为全球最大的机构投资者，除大量投资于各类政府债券、高信用等级公司债券外，还广泛涉足基金和股票投资。（　　）

A. 正确　　　　　　　　　　B. 错误

33. 企业可以用自己的积累资金或暂时不用的闲置资金进行证券投资。企业可以通过股票投资实现对其他企业的控股或参股，也可以将暂时闲置的资金通过自营或委托专业机构进行证券投资以获取收益。（　　）

A. 正确　　　　　　　　　　B. 错误

34. 社会投资者是指从事证券投资的社会自然人，他们是证券市场最广泛的投资者。（　　）

A. 正确　　　　　　　　　　B. 错误

35. 证券监管机构是指依法设立的从事证券服务业务的法人机构，主要包括证券投资咨询公司、会计师事务所、资产评估机构、律师事务所、证券信用评级机构等。（　　）

A. 正确　　　　　　　　　　B. 错误

36. 证券公司的主要业务有证券承销、经纪、自营、投资咨询以及资产管理等。根据我国《证券法》的规定，中国证监会对证券公司进行监管，并按照审慎监管的原则，根据各项业务的风险程度设定分类准入条件。（　　）

A. 正确　　　　　　　　　　B. 错误

37. 中国证监会是国务院直属机构，是全国证券、期货市场的主管部门，按照国务院授权履行行政管理职能，依照相关法律、法规对全国证券、期货市场实行集中统一监管。（　　）

A. 正确　　　　　　　　　　B. 错误

38. 股份公司通过发行股票、债券向社会公众募集资金，实现资本的集中，用于扩大生产。股份公司的建立、公司股票和债券的发行，为证券市场的产生提供了现实的基础和客观的要求。（　　）

    A. 正确　　　　　　　　　　　　B. 错误

39. 只有当货币资本与产业资本相分离，货币资本本身取得了一种社会性质时，公司股票和债券等信用工具才会被充分运用。（　　）

    A. 正确　　　　　　　　　　　　B. 错误

40. 1773 年，英国的第一家证券交易所在乔纳森咖啡馆成立，这家证券交易所即为现在伦敦证券交易所的前身。美国证券市场是从买卖在独立战争中发行的政府债券开始的。（　　）

    A. 正确　　　　　　　　　　　　B. 错误

41. 自 20 世纪 50 年代开始，证券市场出现了高度繁荣的局面，不仅证券市场的规模更加扩大，而且证券交易日趋活跃，其重要标志是反映证券市场容量的重要指标——证券化率（证券市值/GDP）的提高。（　　）

    A. 正确　　　　　　　　　　　　B. 错误

42. 全球性的变化主要表现在以下几方面：证券市场一体化、投资者法人化、金融创新深化、金融机构混业化、交易所重组与公司化、证券市场网络化、金融风险复杂化、金融监管合作化。（　　）

    A. 正确　　　　　　　　　　　　B. 错误

43. 1998 年 10 月，国务院证券管理委员会和中国证监会成立，标志着中国资本市场开始逐步纳入全国统一监管框架，区域性试点推向全国，全国性市场由此开始发展。（　　）

    A. 正确　　　　　　　　　　　　B. 错误

44. 我国股票市场融资国际化以 A 股、H 股、N 股等股权融资作为突破口，与此同时，我国也重视在国际债券市场筹集中长期建设资金。（　　）

    A. 正确　　　　　　　　　　　　B. 错误

45. 股票应载明的事项主要有公司名称、公司成立的日期、股票种类、票面金额及代表的股份数、股票的编号。股票由法定代表人签名，公司盖章。发起人的股票应当标明"发起人股票"字样。（　　）

    A. 正确　　　　　　　　　　　　B. 错误

46. 参与性是指股票持有人有权参与公司重大决策的特性。股票持有人作为股份公司的股东，有权出席股东大会，行使对公司经营决策的参与权。（　　）

    A. 正确　　　　　　　　　　　　B. 错误

47. 金融机构一般有雄厚的资金实力，信用度较高，因此，金融债券往往也有良好的信誉。银行和非银行金融机构发行债券的目的主要有：筹资用于某种特殊用途；改变本身的资产负债结构。（　　）

    A. 正确　　　　　　　　　　　　B. 错误

# 参考答案

## 一、单项选择题

| | | | | |
|---|---|---|---|---|
| 1. C | 2. D | 3. D | 4. B | 5. D |
| 6. C | 7. C | 8. A | 9. C | 10. D |
| 11. D | 12. D | 13. A | 14. A | 15. C |
| 16. B | 17. A | 18. D | 19. C | 20. B |
| 21. C | 22. D | 23. C | 24. B | 25. C |
| 26. B | 27. A | 28. B | 29. D | 30. C |
| 31. B | 32. D | 33. C | 34. D | 35. B |
| 36. A | 37. C | 38. B | 39. C | 40. C |
| 41. D | 42. B | 43. C | 44. D | 45. B |

## 二、不定项选择题

| | | | | |
|---|---|---|---|---|
| 1. ABCD | 2. ABC | 3. ABCD | 4. ABC | 5. ABC |
| 6. ABCD | 7. BD | 8. ABD | 9. CD | 10. AC |
| 11. ABCD | 12. ABCD | 13. BCD | 14. ABC | 15. ABCD |
| 16. CD | 17. BC | 18. ABCD | 19. ABCD | 20. ABD |
| 21. ABC | 22. ABCD | 23. ABC | 24. ABCD | 25. BCD |
| 26. ABCD | 27. ABC | 28. C | 29. CD | 30. ABCD |
| 31. BCD | 32. ABCD | 33. C | 34. ABC | 35. ABCD |
| 36. ABCD | 37. BD | 38. ACD | 39. BC | 40. BCD |
| 41. ACD | 42. BD | 43. BCD | 44. ABD | 45. ABC |
| 46. ABCD | 47. AC | 48. B | 49. CD | |

## 三、判断题

| | | | | |
|---|---|---|---|---|
| 1. A | 2. B | 3. A | 4. A | 5. B |
| 6. A | 7. B | 8. A | 9. A | 10. B |
| 11. A | 12. B | 13. B | 14. A | 15. B |
| 16. B | 17. A | 18. A | 19. B | 20. A |
| 21. A | 22. B | 23. A | 24. B | 25. B |
| 26. B | 27. A | 28. A | 29. A | 30. B |
| 31. A | 32. B | 33. A | 34. B | 35. B |
| 36. A | 37. A | 38. A | 39. A | 40. A |
| 41. B | 42. A | 43. B | 44. B | 45. A |
| 46. A | 47. A | | | |

# 第二章　证券投资基金概述

## 一、本章知识体系

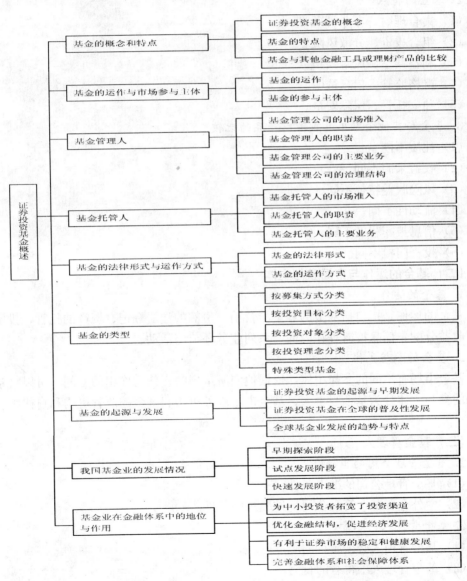

# 二、本章知识要点

### （一）基金的概念和特点

1. 证券投资基金的概念

证券投资基金是指通过公开发售基金份额，将众多投资者的资金集中起来，形成独立财产，由基金托管人托管、基金管理人管理，以投资组合的方式进行证券投资的一种利益共享、风险共担的集合投资方式。

2. 基金的特点

（1）集合理财、专业管理。

（2）组合投资、分散风险。

（3）利益共享、风险共担。

（4）严格监管、信息透明。

（5）独立托管、保障安全。

3. 基金与其他金融工具或理财产品的比较

（1）性质不同。

（2）收益来源不同。

（3）风险收益特征不同。

（4）流动性不同。

（5）信息披露程度不同。

（6）投资门槛不同。

### （二）基金的运作与市场参与主体

1. 基金的运作

基金的运作是指包括基金的募集与营销、份额的注册登记、资产的托管、投资管理、收益分配、信息披露等在内的一系列业务环节与活动。

2. 基金的参与主体

基金市场有不同的参与主体，依据他们所承担的责任与作用的不同，可以将基金市场的参与主体分为基金当事人、基金市场服务机构、基金的监管机构和自律组织三大类。

### （三）基金管理人

1. 基金管理公司的市场准入

（1）基金管理公司的准入条件。

（2）中外合资基金管理公司境外股东的条件。

2. 基金管理人的职责

（1）基金管理人必须履行的职责。

（2）基金管理人不得有的行为。

3. 基金管理公司的主要业务

（1）基金的募集与销售。

（2）基金的投资管理。

（3）特定客户资产管理业务。

（4）基金运营。

（5）投资咨询服务业务。

4. 基金管理公司的治理结构

基金管理公司应当建立组织机构健全、职责划分清晰、制衡监督有效、激励约束合理的治理结构，保持公司规范运作，维护基金份额持有人的利益。

**（四）基金托管人**

基金托管人是证券投资基金的主要当事人之一。在基金运作中引入基金托管人制度，有利于基金财产的安全和投资者利益的保护。基金托管人的职责主要体现在基金资产保管、基金投资运作监督、基金资金清算以及基金会计复核等方面。

1. 基金托管人的市场准入

2. 基金托管人的职责

3. 基金托管人的主要业务

**（五）基金的法律形式与运作方式**

（1）依据法律形式的不同，基金可分为契约型基金与公司型基金。

（2）依据运作方式的不同，可以将基金分为封闭式基金、开放式基金以及介于两者之间的其他运作形式的基金。

**（六）基金的类型**

（1）根据募集方式的不同，可以将基金分为公募基金和私募基金。公募基金是指可以面向社会公众公开发售的一类基金；私募基金只能采取非公开方式，面向特定投资者募集发售的基金。

（2）根据投资目标的不同，可以将基金分为增长型基金、收入型基金和平衡型基金。

（3）依据投资对象的不同，可以将基金分为股票型基金、债券型基金、货币市场基金、混合型基金等。

（4）依据投资理念的不同，可以将基金分为主动型基金与被动（指数）型基金。

（5）特殊类型基金：①系列基金；②基金中的基金；③保本基金；④交易型开放式指数基金（ETF）与ETF联接基金；⑤QDII基金；⑥分级基金。

**（七）基金的起源与发展**

1. 证券投资基金的起源与早期发展

2. 证券投资基金在全球的普及性发展

3. 全球基金业发展的趋势与特点

**（八）我国基金业的发展概况**

1. 早期探索阶段

2. 试点发展阶段

3. 快速发展阶段

（九）基金业在金融体系中的地位与作用

# 三、同步强化练习题及参考答案

## 同步强化练习题

### 一、单项选择题

1. 基金投资者队伍迅速壮大，（　　）成为基金的主要持有者。

　　A. 机构投资者　　　　　　　　B. 个人投资者取代机构投资者

　　C. 政府　　　　　　　　　　　D. 企业

2. 开放式基金推出之前，我国共有（　　）只封闭式基金。

　　A. 44　　　　　　　　　　　　B. 45

　　C. 46　　　　　　　　　　　　D. 47

3. 中国境内第一家较为规范的投资基金——（　　）于 1992 年 11 月经中国人民银行总行批准正式设立。该基金为公司型封闭式基金，募集规模为 1 亿元人民币，60％投向淄博乡镇企业，40％投向上市公司，并于 1993 年 8 月在上海证券交易所最早挂牌上市。

　　A. 国投瑞银瑞福基金

　　B. 南方全球精选基金 QDII 基金

　　C. 淄博乡镇企业投资基金（简称"淄博基金"）

　　D. 兴业社会责任基金

4. 2008 年 4 月推出国内首只社会责任基金——（　　）。

　　A. 国投瑞银瑞福基金

　　B. 南方全球精选基金 QDII 基金

　　C. 淄博乡镇企业投资基金（简称"淄博基金"）

　　D. 兴业社会责任基金

5. 2007 年 9 月推出首只 QDII 基金——（　　）。

　　A. 国投瑞银瑞福基金

　　B. 南方全球精选基金 QDII 基金

　　C. 淄博乡镇企业投资基金（简称"淄博基金"）

　　D. 兴业社会责任基金

6. 2007 年 7 月推出国内首只结构化基金——（　　）。

　　A. 国投瑞银瑞福基金

    B. 南方全球精选基金 QDII 基金

    C. 淄博乡镇企业投资基金（简称"淄博基金"）

    D. 兴业社会责任基金

7. 截至 2009 年末，我国的基金管理公司有（    ）家，共有（    ）家基金管理公司的基金管理资产超过了 1 000 亿元。

    A. 60  7                B. 120  7

    C. 120  14            D. 60  14

8. 上市开放式基金（Listed Open—ended Funds，LOF）是（    ）。

    A. 一种既可以在场内市场进行基金份额申购、赎回，又可以在交易所（场内市场）进行基金份额交易和基金份额申购或赎回的开放式基金。它是我国对证券投资基金的一种本土化创新

    B. 一种既可以在场外市场进行基金份额申购、赎回，又可以在交易所（场内市场）进行基金份额交易和基金份额申购或赎回的开放式基金。它是我国对证券投资基金的一种本土化创新

    C. 一种既可以在场外市场进行基金份额申购、赎回，又可以在场外市场进行基金份额交易和基金份额申购或赎回的开放式基金。它是我国对证券投资基金的一种本土化创新

    D. 一种既可以在场内市场进行基金份额申购、赎回，又可以在场外市场进行基金份额交易和基金份额申购或赎回的开放式基金。它是我国对证券投资基金的一种本土化创新

9. 有关 ETF 和 LOF 的报价说法正确的是（    ）。

    A. ETF 每 30 秒提供一个基金净值报价；而 LOF 的净值报价频率要比 ETF 低，通常 1 天只提供 1 次或几次基金净值报价

    B. ETF 每 15 秒提供一个基金净值报价；而 LOF 的净值报价频率要比 ETF 低，通常 2 天只提供 1 次或几次基金净值报价

    C. ETF 每 15 秒提供一个基金净值报价；而 LOF 的净值报价频率要比 ETF 低，通常 1 天只提供 1 次或几次基金净值报价

    D. ETF 每 30 秒提供一个基金净值报价；而 LOF 的净值报价频率要比 ETF 低，通常 2 天只提供 1 次或几次基金净值报价

10. 中国境内第一家较为规范的投资基金（    ），于 1992 年 11 月经中国人民银行总行批准正式设立。

    A. 汇丰晋信 2016 基金            B. 华夏上证 50ETF

    C. 淄博乡镇企业投资基金        D. 南方积极配置基金

11. 2004 年 10 月成立的国内第一只上市开放式基金（LOF）是（    ）。

    A. 汇丰晋信 2016 基金            B. 华夏上证 50ETF

    C. 淄博乡镇企业投资基金        D. 南方积极配置基金

12. 2004 年年底推出国内首只交易型开放式指数基金（ETF）（    ）。

  A. 汇丰晋信 2016 基金      B. 华夏上证 50ETF

  C. 淄博乡镇企业投资基金     D. 南方积极配置基金

13. 2006 年 5 月推出国内首只生命周期基金(　　)。

  A. 汇丰晋信 2016 基金      B. 华夏上证 50ETF

  C. 淄博乡镇企业投资基金     D. 南方积极配置基金

14. 2004 年 6 月 1 日开始实施的(　　)为我国基金业的发展奠定了重要的法律基础，标志着我国基金业的发展进入了一个新的发展阶段。

  A.《证券投资法》       B.《证券投资基金法》

  C.《证券法》         D.《基金法》

15. 交易型开放式指数基金(　　)。

  A. 通常又被称为交易所外交易基金，是一种在交易所外上市交易的、基金份额可变的一种开放式基金

  B. 通常又被称为交易所交易基金，是一种在交易所上市交易的、基金份额不可变的一种开放式基金

  C. 通常又被称为交易所外交易基金，是一种在交易所上市交易的、基金份额不可变的一种开放式基金

  D. 通常又被称为交易所交易基金（Exchange Traded Funds，ETF)，是一种在交易所上市交易的、基金份额可变的一种开放式基金

16. 我国第一只 ETF 成立于(　　)年。

  A. 2000          B. 2004

  C. 2001          D. 2002

17. 根据中国证监会的相关指引，(　　)。

  A. ETF 联接基金投资于目标 ETF 的资产不得低于基金资产净值的 95%，其余部分应投资于标的指数的成分股和备选成分股以及中国证监会规定的其他证券品种

  B. ETF 联接基金投资于目标 ETF 的资产不得低于基金资产净值的 85%，其余部分应投资于标的指数的成分股和备选成分股以及中国证监会规定的其他证券品种

  C. ETF 联接基金投资于目标 ETF 的资产不得低于基金资产净值的 90%，其余部分应投资于标的指数的成分股和备选成分股以及中国证监会规定的其他证券品种

  D. ETF 联接基金投资于目标 ETF 的资产不得低于基金资产净值的 80%，其余部分应投资于标的指数的成分股和备选成分股以及中国证监会规定的其他证券品种

18. 1924 年 3 月 21 日诞生于美国的"马萨诸塞投资信托基金"成为(　　)。

  A. 世界上第一个开放式基金    B. 世界上第一个基金

  C. 世界上第一个封闭式基金    D. 美国第一个开放式基金

19. 1940 年美国出台的（　　）不但对美国基金业的发展具有基石性作用，同时对基金在全球的普及性发展影响深远。

  A.《投资公司法》      B.《投资公司法》与《投资顾问法》

  C.《投资顾问法》      D.《投资法》

20. 2000 年 10 月 8 日，中国证监会发布了（　　）。

  A.《证券投资基金法》    B.《证券投资基金销售管理办法》

  C.《封闭式证券投资基金试点办法》　D.《开放式证券投资基金试点办法》

21.《暂行办法》对基金管理公司的设立规定了较高的准入条件，即（　　）。

  A. 基金管理公司的主要发起人必须是证券公司或信托投资公司，每个发起人的实收资本不少于 1 亿元人民币

  B. 基金管理公司的主要发起人必须是证券公司或信托投资公司，每个发起人的实收资本不少于 2 亿元人民币

  C. 基金管理公司的主要发起人必须是证券公司或信托投资公司，每个发起人的实收资本不少于 3 亿元人民币

  D. 基金管理公司的主要发起人必须是证券公司或信托投资公司，每个发起人的实收资本不少于 5 亿元人民币

22. 保本基金是指（　　）。

  A. 通过采用投资组合保险技术，保证发行者在投资到期时至少能够获得投资本金或一定回报的证券投资基金

  B. 通过采用投资组合保险技术，保证投资者在投资到期时至少能够获得投资本金或一定回报的证券投资基金

  C. 通过采用投资组合保险技术，保证投资者在投资到期时能够获得投资本金证券投资基金

  D. 通过采用投资组合保险技术，保证投资者在投资到期时能够获得投资本金或较高回报的证券投资基金

23. 基金中的基金是指（　　）。

  A. 以证券为投资对象的基金，其投资组合由其他基金组成

  B. 以金融衍生品为投资对象的基金，其投资组合由其他基金组成

  C. 以股票为投资对象的基金，其投资组合由其他基金组成

  D. 以其他证券投资基金为投资对象的基金，其投资组合由其他基金组成

24. 系列基金又称为伞型基金，是指（　　）。

  A. 多个基金共用一个基金合同，子基金独立运作，子基金之间可以进行相互转换的一种基金结构形式

  B. 多个基金共用一个基金合同，子基金之间可以进行相互转换的一种基金结构形式

  C. 多个基金共用一个基金合同，子基金独立运作，子基金之间不可以进行相互转换的一种基金结构形式

D. 多个基金共用一个基金合同，子基金之间不可以进行相互转换的一种基金结构形式

25. 债券型基金主要以债券为投资对象，（　　）。

　　A. 根据中国证监会对基金类别的分类标准，基金资产 60% 以上投资于债券的为债券型基金

　　B. 根据中国证监会对基金类别的分类标准，基金资产 80% 以上投资于债券的为债券型基金

　　C. 根据中国证监会对基金类别的分类标准，基金资产 90% 以上投资于债券的为债券型基金

　　D. 根据中国证监会对基金类别的分类标准，基金资产 70% 以上投资于债券的为债券型基金

26. （　　）则是既注重资本增值又注重当期收入的一类基金。

　　A. 收入型基金　　　　　　　　B. 平衡型基金

　　C. 增长型基金　　　　　　　　D. 平均型基金

27. 美国相关法律要求，（　　）。

　　A. 私募基金的投资者人数不得超过 200 人，每个投资者的净资产必须在 100 万美元以上

　　B. 私募基金的投资者人数不得超过 100 人，每个投资者的净资产必须在 100 万美元以上

　　C. 私募基金的投资者人数不得超过 100 人，每个投资者的净资产必须在 500 万美元以上

　　D. 私募基金的投资者人数不得超过 200 人，每个投资者的净资产必须在 500 万美元以上

28. 目前，我国封闭式基金的存续期大多在（　　）年左右。

　　A. 10　　　　　　　　　　　　B. 45

　　C. 15　　　　　　　　　　　　D. 30

29. 封闭式基金一般有一个固定的存续期；而开放式基金一般是无期限的（　　）。

　　A. 我国《证券投资基金法》规定，封闭式基金的存续期应在 6 年以上，封闭式基金期满后可以通过一定的法定程序延期

　　B. 我国《证券投资基金法》规定，封闭式基金的存续期应在 10 年以上，封闭式基金期满后可以通过一定的法定程序延期

　　C. 我国《证券投资基金法》规定，封闭式基金的存续期应在 5 年以上，封闭式基金期满后可以通过一定的法定程序延期

　　D. 我国《证券投资基金法》规定，封闭式基金的存续期应在 15 年以上，封闭式基金期满后可以通过一定的法定程序延期

30. 封闭式基金是（　　）。

　　A. 指基金份额总额在基金合同期限内固定不变，基金份额可以在依法设立的证

券交易所交易，但基金份额持有人不得申请赎回的一种基金运作方式

B. 指基金资金总额在基金合同期限内固定不变，基金份额可以在依法设立的证券交易所交易，基金份额持有人申请赎回的一种基金运作方式

C. 依据基金合同设立的一类基金，基金合同是规定基金当事人之间权利义务的基本法律文件

D. 依据基金合同设立的一类基金，基金合同是规定基金当事人之间权利义务的文件

31. 契约型基金是( )。

A. 指基金份额总额在基金合同期限内固定不变，基金份额可以在依法设立的证券交易所交易，但基金份额持有人不得申请赎回的一种基金运作方式

B. 指基金资金总额在基金合同期限内固定不变，基金份额可以在依法设立的证券交易所交易，基金份额持有人申请赎回的一种基金运作方式

C. 依据基金合同设立的一类基金，基金合同是规定基金当事人之间权利义务的基本法律文件

D. 依据基金合同设立的一类基金，基金合同是规定基金当事人之间权利义务的文件

32. 基金管理人( )。

A. 即基金投资者，是基金的出资人、基金资产的所有者和基金投资收益的受益人

B. 是基金的募集者和管理者，在整个基金的运作中起着核心的作用，不仅负责基金的投资管理，而且还承担着产品设计、基金营销、基金注册登记、基金估值、会计核算等多方面的职责

C. 是向基金投资者提供基金投资咨询、建议或者向投资者以及其他参与主体提供基金资料与数据服务的服务机构

D. 是基金资金的托管方

33. 《证券投资基金托管资格管理办法》对托管人的市场准入作了更详细的规定( )。

A. 最近5个会计年度的年末净资产均不低于20亿元人民币；基金托管部门拟从事基金清算、核算、投资监督、信息披露等业务的执业人员不少于5人，并具有基金从业资格；有安全保管基金财产的条件等

B. 最近3个会计年度的年末净资产均不低于50亿元人民币；基金托管部门拟从事基金清算、核算、投资监督、信息披露等业务的执业人员不少于5人，并具有基金从业资格；有安全保管基金财产的条件等

C. 最近3个会计年度的年末净资产均不低于20亿元人民币；基金托管部门拟从事基金清算、核算、投资监督、信息披露等业务的执业人员不少于5人，并具有基金从业资格；有安全保管基金财产的条件等

D. 最近3个会计年度的年末净资产均不低于20亿元人民币；基金托管部门拟从

事基金清算、核算、投资监督、信息披露等业务的执业人员不少于 10 人，并具有基金从业资格；有安全保管基金财产的条件等

34. 有关《证券投资基金托管资格管理办法》对托管人的市场准入详细的规定，说法错误的是（     ）。

    A. 最近 3 个会计年度的年末净资产均不低于 20 亿元人民币

    B. 基金托管部门拟从事基金清算、核算、投资监督、信息披露等业务的执业人员不少于 5 人

    C. 并具有基金从业资格；有安全保管基金财产的条件等

    D. 最近 3 个会计年度的年末净资产均不低于 10 亿元人民币

35. （     ）是开展基金一切活动的中心。

    A. 基金托管人                         B. 基金监管人

    C. 基金份额持有人                     D. 基金管理人

36. 资产核算业务，（     ）。

    A. 即建立基金账册并进行会计核算，复核审查基金管理人计算的基金资产净值和份额净值

    B. 即执行基金管理人的投资指令，办理基金名下的资金往来

    C. 即基金托管人按规定为基金资产设立独立的账户，保证基金全部财产的安全完整

    D. 即执行基金托管人的投资指令，办理基金名下的资金往来

37. 资金清算业务，（     ）。

    A. 即建立基金账册并进行会计核算，复核审查基金管理人计算的基金资产净值和份额净值

    B. 即执行基金管理人的投资指令，办理基金名下的资金往来

    C. 即基金托管人按规定为基金资产设立独立的账户，保证基金全部财产的安全完整

    D. 即执行基金托管人的投资指令，办理基金名下的资金往来

38. 资产保管业务，（     ）。

    A. 即建立基金账册并进行会计核算，复核审查基金管理人计算的基金资产净值和份额净值

    B. 即执行基金管理人的投资指令，办理基金名下的资金往来

    C. 即基金托管人按规定为基金资产设立独立的账户，保证基金全部财产的安全完整

    D. 即执行基金托管人的投资指令，办理基金名下的资金往来

39. 基金托管人的职责主要体现在（     ）。

    A. 基金资产保管、基金投资运作监督、基金资金清算以及基金会计复核等方面

    B. 基金资产保管

    C. 基金投资运作监督

D. 基金资金清算以及基金会计复核

40. 基金管理公司的（    ）不得少于3人，且不得少于董事会人数的1/3。

    A. 董事会                  B. 董事长

    C. 独立董事             D. 经理

41. 基金管理公司的独立董事人数不得少于（    ）人，且不得少于董事会人数的（    ）。

    A. 5  1/5             B. 3  1/5

    C. 3  1/3             D. 5  1/3

42. 作为基金管理人，说法错误的是（    ）。

    A. 不应向基金投资者及时披露基金管理运作的有关信息和定期分配投资收益

    B. 基金管理公司最主要的职责就是组织投资专业人士，按照基金合同或基金章程的规定制定基金资产投资组合策略

    C. 选择投资对象，决定投资时机、数量和价格，运用基金资产进行有价证券的投资

    D. 向基金投资者及时披露基金管理运作的有关信息和定期分配投资收益

43. 在基金的运作中，（    ）发挥着核心作用。

    A. 基金投资者             B. 基金份额持有人

    C. 基金托管公司           D. 基金管理公司

44. 基金投资咨询机构（    ）。

    A. 即基金投资者，是基金的出资人、基金资产的所有者和基金投资收益的受益人

    B. 是基金的募集者和管理者，在整个基金的运作中起着核心的作用，不仅负责基金的投资管理，而且还承担着产品设计、基金营销、基金注册登记、基金估值、会计核算等多方面的职责

    C. 是向基金投资者提供基金投资咨询、建议或者向投资者以及其他参与主体提供基金资料与数据服务的服务机构

    D. 即基金托管者，是基金的出资人、基金资产的所有者和基金投资收益的受益人

45. 基金管理公司除主要股东外的其他股东，注册资本、净资产应当不低于（    ）亿元人民币，且资产质量良好。

    A. 2                   B. 1

    C. 3                   D. 5

46. 我国基金管理公司的注册资本（    ），其主要股东指出资额占基金管理公司注册资本的比例最高，（    ）。

    A. 应不低于2亿元人民币   且不低于25%

    B. 应不低于1亿元人民币   且不低于20%

    C. 应不低于2亿元人民币   且不低于20%

D. 应不低于 1 亿元人民币　且不低于 25%

47. 我国对基金管理公司实行较为严格的市场准入管理。按照我国《证券投资基金法》、《证券投资基金管理公司管理办法》及其他有关规定，我国基金管理公司的注册资本应不低于 1 亿元人民币，其主要股东（指出资额占基金管理公司注册资本的比例最高，且不低于 25% 的股东），对于其有关条件说法错误的是（　　）。

A. 从事证券经营、证券投资咨询、信托资产管理或者其他金融资产管理，注册资本不低于 3 亿元人民币，具有较好的经营业绩，资产质量良好

B. 持续经营 3 个以上完整的会计年度，公司治理健全，内部监控制度完善，最近 3 年没有因违法违规行为受到行政处罚或者刑事处罚，没有挪用客户资产等损害客户利益的行为

C. 没有因违法违规行为正在被监管机构调查，或者正处于整改期间，具有良好的社会信誉，最近 3 年在税务、工商等行政机关以及金融监管、自律管理、商业银行等机构无不良记录

D. 没有因违法违规行为正在被监管机构调查，或者正处于整改期间，具有良好的社会信誉，最近 5 年在税务、工商等行政机关以及金融监管、自律管理、商业银行等机构无不良记录

48. 基金份额持有人（　　）。

A. 即基金投资者，是基金的出资人、基金资产的所有者和基金投资收益的受益人

B. 是基金的募集者和管理者，在整个基金的运作中起着核心的作用，不仅负责基金的投资管理，而且还承担着产品设计、基金营销、基金注册登记、基金估值、会计核算等多方面的职责

C. 是向基金投资者提供基金投资咨询、建议或者向投资者以及其他参与主体提供基金资料与数据服务的服务机构

D. 即基金托管者，是基金的出资人、基金资产的所有者和基金投资收益的受益人

49. 利益共享是指（　　）。

A. 基金管理者是基金的所有者，基金投资收益在扣除应由基金承担费用后的盈余全部归基金投资者所有，并依据各投资者所持有的基金份额按比例进行分配

B. 基金投资者是基金的所有者，盈余全部归基金投资者所有，并依据各投资者所持有的基金份额按比例进行分配

C. 基金投资者是基金的所有者，基金投资收益在扣除应由基金承担费用后的盈余全部归基金投资者所有，并依据各投资者所持有的基金份额按比例进行分配

D. 基金管理者是基金的所有者，盈余全部归基金投资者所有，并依据各投资者所持有的基金份额按比例进行分配

50. 下列说法正确的是(　　　)。

    A. 基金将众多基金管理者的资金集中起来，委托基金管理人进行投资，表现出一种集合理财的特点

    B. 基金将众多投资者的资金集中起来，委托基金管理人进行投资，表现出一种集合理财的特点

    C. 基金将众多投资者的资金集中起来，委托基金管理人进行投资，表现出一种集体理财的特点

    D. 基金将众多基金管理者的资金集中起来，委托基金管理人进行投资，表现出一种集体理财的特点

**二、不定项选择题**

1. 证券投资基金是一种集合理财工具，一般具有以下主要特点(　　　)。

    A. 集合理财、专业管理

    B. 组合投资、分散风险、利益共享、风险共担

    C. 严格监管、信息透明

    D. 独立托管、保障安全

2. 基金的运作是指包括(　　　)等在内的一系列业务环节与活动。

    A. 基金的募集与营销        B. 份额的注册登记

    C. 资产的托管、投资管理      D. 收益分配、信息披露

3. 基金市场有不同的参与主体，依据他们所承担的责任与作用的不同，可以将基金市场的参与主体分为(　　　)三大类。

    A. 证券公司              B. 基金当事人

    C. 基金市场服务机构        D. 基金的监管机构和自律组织

4. 我国的基金依据基金合同设立(　　　)是基金的当事人。

    A. 基金份额持有人       B. 基金管理人

    C. 基金托管人           D. 证券投资人

5. 基金份额持有人在享受权利的同时，必须承担一定的义务，具体包括(　　　)。

    A. 遵守基金合同；缴纳基金认购款项及规定费用；承担基金亏损或终止的有限责任

    B. 不从事任何有损基金及其他基金投资人合法权益的活动

    C. 在封闭式基金存续期间，不得要求赎回基金份额

    D. 在封闭式基金存续期间，交易行为和信息披露必须遵守法律、法规的有关规定；法律、法规及基金契约规定的其他义务

6. 基金托管人的职责主要体现在(　　　)的监督等方面。

    A. 资产保管             B. 资金管理

    C. 资金清算             D. 会计复核以及对投资运作

7. 除基金管理人与基金托管人外，基金市场上还有许多面向基金提供各类服务的其他服务机构。这些机构主要包括(　　　)等。

    A. 基金销售机构               B. 基金投资咨询机构

    C. 注册登记机构               D. 律师事务所、会计师事务所

8. (　　)是我国基金销售的主要渠道。

    A. 基金公司                  B. 商业银行

    C. 证券公司                  D. 证监会

9. 基金的自律组织主要有(　　)。

    A. 证券公司                  B. 基金公司

    C. 证券交易所               D. 基金行业自律组织

10. 基金运营事务是基金投资管理与市场营销工作的后台保障,通常包括(　　)等业务。

    A. 基金注册登记             B. 基金资金的托管

    C. 资金清算和信息披露        D. 资产核算与估值

11. 基金托管人的职责主要体现在(　　)等方面。

    A. 基金资金清算              B. 基金资产保管

    C. 基金会计复核             D. 基金投资运作监督

12. 我国《证券投资基金法》第二十六条规定,基金托管人由依法设立并取得基金托管资格的商业银行担任。申请取得基金托管资格,应当具备下列条件(　　),并经中国证监会和中国银监会核准。

    A. 净资产和资本充足率符合有关规定

    B. 设有专门的基金托管部门。取得基金从业资格的专职人员达到法定人数

    C. 有安全保管基金财产的条件

    D. 有安全高效的清算、交割系统

13. 《证券投资基金法》规定了基金资产托管人承担的职责主要包括(　　)几个方面。

    A. 资产保管                  B. 资金清算

    C. 资产核算                 D. 投资运作监督

14. 依据(　　)的不同,基金可分为契约型基金与公司型基金。

    A. 法律形式                  B. 运作方式

    C. 投资目标                  D. 投资时间长短

15. 依据(　　)的不同,可以将基金分为封闭式基金、开放式基金以及介于两者之间的其他运作形式的基金。

    A. 法律形式                  B. 运作方式

    C. 投资目标                  D. 投资时间长短

16. 根据(　　)的不同,可以将基金分为增长型基金、收入型基金和平衡型基金。

    A. 法律形式                  B. 运作方式

    C. 投资目标                  D. 投资时间长短

17. 有关收入型基金说法正确的是(　　)。

    A. 收入型基金是指以追求稳定的经常性收入为基本目标的基金

B. 收入型基金是指以追求资本增值为基本目标的基金

C. 主要以大盘蓝筹股、公司债、政府债券等稳定收益证券为投资对象

D. 主要以公司股票等稳定收益证券为投资对象

18. 依据（　　）的不同，可以将基金分为股票型基金、债券型基金、货币市场基金、混合型基金等。

  A. 发行者       B. 投资对象

  C. 投资市场       D. 投资理念

19. 按（　　）的不同，股票型基金还可分为国内股票型基金、国外股票型基金和全球股票型基金三大类。

  A. 发行者       B. 投资对象

  C. 投资市场       D. 投资理念

20. 根据（　　）的不同，可以将债券分为政府债券、企业债券、金融债券等。

  A. 发行者       B. 投资对象

  C. 投资市场       D. 投资理念

21. 债券型基金投资风格主要依据（　　）来划分。

  A. 债券的平均到期时间     B. 债券主体的规模

  C. 基金所持债券的久期     D. 债券的信用等级

22. 依据（　　）的不同，可以将基金分为主动型基金与被动（指数）型基金。

  A. 发行者       B. 投资对象

  C. 投资市场       D. 投资理念

23. LOF 与 ETF 都具备开放式基金可以申购、赎回和场内交易的特点，但两者存在本质区别，主要表现在：（　　）。

  A. 申购、赎回的标的不同。ETF 与投资者交换的是基金份额与一篮子股票，而 LOF 的申购、赎回是基金份额与现金的对价

  B. 申购、赎回的场所不同。ETF 的申购、赎回通过交易所进行；LOF 的申购、赎回既可以在代销网点进行，也可以在交易所进行

  C. 对申购、赎回限制不同。只有资金达到一定规模的投资者（基金份额通常要求在 50 万份以上）才能参与 ETF 一级市场的申购、赎回交易；而 LOF 在申购、赎回上没有特别要求；基金投资策略不同。ETF 通常采用完全被动式管理方法，以拟合某一指数为目标；而 LOF 则是普通的开放式基金，增加了交易所的交易方式，它可以是指数型基金，也可以是主动管理型基金

  D. 在二级市场的净值报价上，ETF 每 15 秒提供一个基金净值报价；而 LOF 的净值报价频率要比 ETF 低，通常 1 天只提供 1 次或几次基金净值报价

24. 有关 QDII 的说法正确的是（　　）

  A. QDII 基金是指在一国外内设立，经该国有关部门批准从事境外证券市场的股票、债券等有价证券投资的基金

  B. QDII 是 Qualified Domestic Institutional Investors（合格的境内机构投资者）

的首字母缩写

    C. QDII 基金是指在一国境内设立，经该国有关部门批准从事境外证券市场的股票、债券等有价证券投资的基金

    D. QDII 基金是指在一国境内设立，经该国有关部门批准从事境内证券市场的股票、债券等有价证券投资的基金

25. 全球基金业发展的趋势与特点是（　　　）。

    A. 美国占据主导地位，其他国家和地区发展迅猛

    B. 开放式基金成为证券投资基金的主流产品

    C. 基金市场竞争加剧，行业集中趋势突出

    D. 基金资产的资金来源发生了重大变化

26. 下列说法正确的是（　　　）。

    A. 上海证券交易所与深圳证券交易所相继于 1991 年 12 月、1991 年 7 月开业，标志着中国证券市场正式形成

    B. 上海证券交易所与深圳证券交易所相继于 1990 年 12 月、1991 年 7 月开业，标志着中国证券市场正式形成

    C. 上海证券交易所与深圳证券交易所相继于 1990 年 12 月、1990 年 7 月开业，标志着中国证券市场正式形成

    D. 上海证券交易所与深圳证券交易所相继于 1990 年 7 月、1991 年 7 月开业，标志着中国证券市场正式形成

27. 老基金存在的问题主要表现在以下三个方面：（　　　）。

    A. 缺乏基本的法律规范，普遍存在法律关系不清、无法可依、监管不力的问题

    B. 我国养老金制度非常成熟

    C. 受地方政府要求服务地方经济需要的引导以及当时境内证券市场规模狭小的限制，老基金并不以上市证券为基本投资方向，而是大量投向了房地产、企业等产业部门，因此它们实际上是一种直接投资基金，而非严格意义上的证券投资基金

    D. 这些老基金深受房地产市场降温、实业投资无法变现以及贷款资产无法回收的困扰，资产质量普遍不高。总体而言，这一阶段中国基金业的发展带有很大的探索性与自发性

28. 国务院证券监督管理委员会于（　　　）颁布了《证券投资基金管理暂行办法》。

    A. 1998 年 11 月 14 日　　　　  B. 1999 年 11 月 14 日

    C. 1997 年 11 月 14 日　　　　  D. 1996 年 11 月 14 日

29. 分级基金（　　　）。

    A. 又被称为"结构型基金"、"可分离交易基金"

    B. 是指在一只基金内部通过结构化的设计或安排，将普通基金份额拆分为具有不同预期收益与风险的两类（级）或多类（级）份额并可分离上市交易的一种基金产品

   C. 是指在一只基金内部通过结构化的设计或安排，将普通基金份额拆分为具有不同预期收益与风险的两类（级）或多类（级）份额但不可分离上市交易的一种基金产品

   D. 又被称为"基金中的基金"

30. 基金行业的对外开放主要体现在三个方面（　　）。

   A. 合资基金管理公司数量不断增加

   B. 合格境内机构投资者（QDII）的推出，使我国基金行业开始进入国际投资市场

   C. 自 2008 年 4 月起，部分基金管理公司开始到香港地区设立分公司，从事资产管理相关业务

   D. 自 2008 年 9 月起，部分基金管理公司开始到香港地区设立分公司，从事资产管理相关业务

31. 下列说法正确的是（　　）。

   A. 证券投资基金是一种集中资金、专业理财、组合投资、分散风险的集合投资方式

   B. 一方面，它通过发行基金份额的形式面向投资大众募集资金

   C. 另一方面，将募集的资金通过专业理财、分散投资的方式投资于资本市场

   D. 其独特的制度优势促使其不断发展壮大，在金融体系中的地位和作用也不断上升

32. 基金业在金融体系中的地位与作用：（　　）。

   A. 为中小投资者拓宽了投资渠道

   B. 优化金融结构，促进经济增长

   C. 有利于证券市场的稳定和健康发展

   D. 完善金融体系和社会保障体系

33. 我国对基金管理公司实行较为严格的市场准入管理。按照我国《证券投资基金法》、《证券投资基金管理公司管理办法》及其他有关规定，我国基金管理公司的注册资本应不低于 1 亿元人民币，其主要股东（指出资额占基金管理公司注册资本的比例最高，且不低于 25％的股东）应当具备下列条件：（　　）。

   A. 从事证券经营、证券投资咨询、信托资产管理或者其他金融资产管理；注册资本不低于 3 亿元人民币；具有较好的经营业绩，资产质量良好

   B. 持续经营 3 个以上完整的会计年度，公司治理健全，内部监控制度完善；最近 3 年没有因违法违规行为受到行政处罚或者刑事处罚；没有挪用客户资产等损害客户利益的行为

   C. 没有因违法违规行为正在被监管机构调查，或者正处于整改期间

   D. 具有良好的社会信誉，最近 3 年在税务、工商等行政机关以及金融监管、自律管理、商业银行等机构无不良记录

34. 下列说法正确的是（　　）。

    A. 我国基金管理公司的注册资本应不低于 5 亿元人民币, 其主要股东指出资额占基金管理公司注册资本的比例最高, 且不低于 25%

    B. 我国基金管理公司的注册资本应不低于 1 亿元人民币, 其主要股东指出资额占基金管理公司注册资本的比例最高, 且不低于 25%

    C. 我国基金管理公司的注册资本应不低于 1 亿元人民币, 其主要股东指出资额占基金管理公司注册资本的比例最高, 且不低于 20%

    D. 我国基金管理公司的注册资本应不低于 5 亿元人民币, 其主要股东指出资额占基金管理公司注册资本的比例最高, 且不低于 20%

35. ( )等都由基金管理人负责。

    A. 基金合同的拟定、基金份额的发售

    B. 基金托管人的选择

    C. 基金资产的估值与核算、基金的投资管理

    D. 信息披露以及收益分配

36. 下列说法正确的是( )。

    A. 世界上不同国家和地区对基金的称谓有所不同

    B. 基金在美国被称为"共同基金"

    C. 基金在英国和我国香港特别行政区被称为"单位信托基金"

    D. 基金在欧洲一些国家被称为"集合投资基金"或"集合投资计划", 在日本和我国台湾地区则被称为"证券投资信托基金"

37. ( )等, 都会在基金合同中详细约定。

    A. 募集基金目的和基金名称, 基金财产的投资方向和投资限制, 基金运作方式, 作为基金管理人、基金托管人报酬的管理费、托管费的提取、支付方式与比例

    B. 与基金财产管理、运用有关的其他费用的提取、支付方式, 基金资产净值的计算方法和公告方式, 基金收益分配原则

    C. 基金份额持有人大会召集、议事及表决的程序和规则, 基金募集未达到法定要求的处理方式

    D. 基金合同解除和终止的事由、程序, 基金财产清算方式以及争议解决方式

38. 下列说法正确的是( )。

    A. 从性质上看, 股票、债券是由资金需求方发行的, 用于筹集资金的直接证券

    B. 银行储蓄存款、保险单则是由商业银行、保险公司等金融机构发行的、作为金融机构自身负债的间接证券

    C. 从性质上看, 股票、债券是由资金供给方发行的, 用于筹集资金的直接证券

    D. 银行储蓄存款、保险单则是由商业银行、保险公司等金融机构发行的、作为金融机构自身负债的直接证券

39. 依据发行者的不同, 可以将基金分为( )等。

    A. 股票型基金               B. 债券型基金

C. 货币市场基金　　　　　　　　D. 混合型基金

40. 按(　　)的不同，股票型基金还可分为国内股票型基金、国外股票型基金和全球股票型基金三大类。

A. 发行者　　　　　　　　　　　B. 投资对象

C. 投资市场　　　　　　　　　　D. 投资理念

41. 我国对基金管理公司实行较为严格的市场准入管理。按照我国《证券投资基金法》、《证券投资基金管理公司管理办法》及其他有关规定，我国基金管理公司的注册资本应不低于1亿元人民币，其主要股东(指出资额占基金管理公司注册资本的比例最高，且不低于25%的股东)，对于其有关条件说法正确的是(　　)。

A. 从事证券经营、证券投资咨询、信托资产管理或者其他金融资产管理，注册资本不低于3亿元人民币，具有较好的经营业绩，资产质量良好

B. 持续经营3个以上完整的会计年度，公司治理健全，内部监控制度完善，最近3年没有因违法违规行为受到行政处罚或者刑事处罚，没有挪用客户资产等损害客户利益的行为

C. 没有因违法违规行为正在被监管机构调查，或者正处于整改期间，具有良好的社会信誉，最近3年在税务、工商等行政机关以及金融监管、自律管理、商业银行等机构无不良记录

D. 没有因违法违规行为正在被监管机构调查，或者正处于整改期间，具有良好的社会信誉，最近5年在税务、工商等行政机关以及金融监管、自律管理、商业银行等机构无不良记录

42. 有关《证券投资基金托管资格管理办法》对托管人的市场准入详细的规定，下列说法正确的是：(　　)。

A. 最近3个会计年度的年末净资产均不低于20亿元人民币

B. 基金托管部门拟从事基金清算、核算、投资监督、信息披露等业务的执业人员不少于5人

C. 具有基金从业资格；有安全保管基金财产的条件等

D. 基金托管部门拟从事基金清算、核算、投资监督、信息披露等业务的执业人员不少于10人

43. 基金管理人(　　)。

A. 即基金投资者，是基金的出资人、基金资产的所有者和基金投资收益的受益人

B. 是基金的募集者和管理者，在整个基金的运作中起着核心的作用，不仅负责基金的投资管理，而且还承担着产品设计、基金营销、基金注册登记、基金估值、会计核算等多方面的职责

C. 是向基金投资者提供基金投资咨询、建议或者向投资者以及其他参与主体提供基金资料与数据服务的服务机构

D. 是基金资金的托管方

44.《证券投资基金托管资格管理办法》对托管人的市场准入作了更详细的规定（　　）。

A. 最近 3 个会计年度的年末净资产均不低于 50 亿元人民币；基金托管部门拟从事基金清算、核算、投资监督、信息披露等业务的执业人员不少于 5 人，并具有基金从业资格；有安全保管基金财产的条件等

B. 最近 3 个会计年度的年末净资产均不低于 20 亿元人民币；基金托管部门拟从事基金清算、核算、投资监督、信息披露等业务的执业人员不少于 10 人，并具有基金从业资格；有安全保管基金财产的条件等

C. 最近 3 个会计年度的年末净资产均不低于 20 亿元人民币；基金托管部门拟从事基金清算、核算、投资监督、信息披露等业务的执业人员不少于 5 人，并具有基金从业资格；有安全保管基金财产的条件等

D. 最近 5 个会计年度的年末净资产均不低于 20 亿元人民币；基金托管部门拟从事基金清算、核算、投资监督、信息披露等业务的执业人员不少于 5 人，并具有基金从业资格；有安全保管基金财产的条件等

### 三、判断题

1. 证券投资基金是指通过公开发售基金份额，将众多投资者的资金集中起来，形成独立财产，由基金托管人托管、基金管理人管理，以投资组合的方式进行证券投资的一种利益共享、风险共担的集合投资方式。（　　）

A. 正确　　　　　　　　　　B. 错误

2. 在基金合同中约定，国务院证券监督管理机构，即中国证监会依法对证券投资基金活动实施监督管理。（　　）

A. 正确　　　　　　　　　　B. 错误

3. 基金合同是规范基金管理人、基金托管人和基金份额持有人的权利、义务的基本法律文件。（　　）

A. 正确　　　　　　　　　　B. 错误

4. 但从性质上看，购买股票、债券表现为一种直接投资方式，投资者直接进行投资操作，收益来源也直接来自股票、债券本身的回报，基金投资也表现为一种直接投资方式。一方面，基金以股票、债券等有价证券为投资对象；另一方面，基金投资者通过购买基金份额的方式也间接进行了证券投资。（　　）

A. 正确　　　　　　　　　　B. 错误

5. 基金将众多投资者的资金集中起来，委托基金管理人进行投资，表现出一种集合理财的特点。汇集众多投资者的资金，积少成多，有利于发挥资金的规模优势，降低投资成本。（　　）

A. 正确　　　　　　　　　　B. 错误

6. 中小投资者通常资金量大，一般无法通过购买数量众多的股票来分散投资风险。基金则能够汇集众多中小投资者的小额资金，形成较大的资金规模，通常会把基金资产在股票、债券以及其他金融工具等大类资产上进行配置。（　　）

A. 正确　　　　　　　　　　　　　B. 错误

7. 利益共享是指基金投资者是基金的所有者，基金投资收益在扣除应由基金承担费用后的盈余全部归基金投资者所有，并依据各投资者所持有的基金份额按比例进行分配。（　　　）

A. 正确　　　　　　　　　　　　　B. 错误

8. 基金管理人负责基金的投资操作，本身也参与基金财产的保管；基金财产的保管由独立于基金管理人的基金托管人负责。这种互相制约、互相监督的制衡机制为有效保护投资者利益提供了重要的保障。（　　　）

A. 正确　　　　　　　　　　　　　B. 错误

9. 从性质上看，股票、债券是由资金供给方发行的，用于筹集资金的直接证券。银行储蓄存款、保险单则是由商业银行、保险公司等金融机构发行的、作为金融机构自身负债的间接证券。（　　　）

A. 正确　　　　　　　　　　　　　B. 错误

10. 证券投资基金、银行理财产品、信托产品、券商集合计划则是由各种资产管理机构发行的，不作为自身负债的一种受益凭证。（　　　）

A. 正确　　　　　　　　　　　　　B. 错误

11. 债券可以给投资者带来较为确定的利息收入，波动性较小，通常被认为是一种低风险、低收益的投资品种。（　　　）

A. 正确　　　　　　　　　　　　　B. 错误

12. 银行对存款者不负有法定的还本付息责任，因此银行储蓄存款通常被认为是安全性较高的投资品种。（　　　）

A. 正确　　　　　　　　　　　　　B. 错误

13. 通常来说，股票、债券、活期储蓄存款、证券投资基金具有较好的流动性，投资者可以很方便地实现投资变现。相比之下，银行理财产品、信托产品、券商集合计划通常实行间歇性开放，流动性较高；而保单、定期存款的流动性最好，提前变现通常会遭受一定的损失。（　　　）

A. 正确　　　　　　　　　　　　　B. 错误

14. 股票、证券投资基金作为面向社会公众发行的有价证券，必须执行一系列严格的信息披露规定。如股票上市后要制作并披露季度报告、半年报、年报等，证券投资基金不仅需要披露每日或每周的基金份额净值，还需在季度、半年、一年末定期向投资者披露资产组合情况等。（　　　）

A. 正确　　　　　　　　　　　　　B. 错误

15. 股票、债券、证券投资基金、银行储蓄存款、保险的投资门槛相对较低，而银行理财产品、信托产品、券商集合计划的认购金额通常要求在1万元、2万元，甚至百万元以上，投资门槛较高。（　　　）

A. 正确　　　　　　　　　　　　　B. 错误

16. 在基金的运作中，基金托管公司发挥着核心作用。基金的募集、投资管理、资产估值与会计核算、收益分配以及信息披露等都由基金管理公司直接负责，而基金的市场营销、份额的注册登记、客户服务等既可以由基金管理公司直接承担，也可以根据需要由基金管理公司委托的其他中介服务机构承担，而基金资产的托管则必须由基金管理公司委托独立的托管机构负责。（　　）

    A. 正确                  B. 错误

17. 基金市场有不同的参与主体，依据他们所承担的责任与作用的不同，可以将基金市场的参与主体分为基金当事人、基金市场服务机构、基金的监管机构和自律组织三大类。这三类参与主体相互作用、相互依存，形成了基金市场。（　　）

    A. 正确                  B. 错误

18. 基金的一切投资活动都是为了增加投资者的收益，一切风险管理都是围绕保护投资者利益来考虑的。基金管理人是开展基金一切活动的中心。（　　）

    A. 正确                  B. 错误

19. 按照我国《证券投资基金法》的规定，我国基金份额持有人享有以下权利：分享基金财产收益，参与分配清算后的剩余基金财产，依法转让或者申请赎回其持有的基金份额，按照规定要求召开基金份额持有人大会，对基金份额持有人大会审议事项行使表决权，查阅或者复制公开披露的基金信息资料，对基金管理人、基金托管人、基金销售机构损害其合法权益的行为依法提起诉讼等。（　　）

    A. 正确                  B. 错误

20. 基金管理人是基金的募集者和管理者，在整个基金的运作中起着核心的作用，不仅负责基金的投资管理，而且还承担着产品设计、基金营销、基金注册登记、基金估值、会计核算等多方面的职责。（　　）

    A. 正确                  B. 错误

21. 在我国，基金管理人只能由依法设立的基金管理公司承担。（　　）

    A. 正确                  B. 错误

22. 基金托管人的职责主要体现在资产保管、资金清算、会计复核以及对投资运作的监督等方面。（　　）

    A. 正确                  B. 错误

23. 在我国，基金托管人只能由依法设立并取得基金托管资格的商业银行承担。（　　）

    A. 正确                  B. 错误

24. 除基金管理人与基金托管人外，基金市场没有其他面向基金提供各类服务的其他服务机构。（　　）

    A. 正确                  B. 错误

25. 商业银行、证券公司、证券投资咨询机构、专业基金销售机构以及中国证监会规定的其他机构均可以向中国证监会申请基金销售业务资格，从事基金的销售业务。（　　）

    A. 正确                  B. 错误

26. 通过基金投资咨询机构的服务，投资者可以在基金既往表现业绩评价、基金品种的选择、投资组合搭配、风险收益匹配等方面获得更专业的服务。（　　）

    A. 正确　　　　　　　　　　　　　B. 错误

27. 基金注册登记机构是指负责基金登记、存管、清算和交收业务的机构。在我国，承担基金份额注册登记工作的主要是基金托管公司自身或中国登记结算公司。（　　）

    A. 正确　　　　　　　　　　　　　B. 错误

28. 在我国，国务院证券监督管理机构，即中国证监会依法对证券投资基金活动实施监督管理。（　　）

    A. 正确　　　　　　　　　　　　　B. 错误

29. 基金的自律组织主要有证券交易所和基金行业自律组织。（　　）

    A. 正确　　　　　　　　　　　　　B. 错误

30. 律师事务所和会计师事务所作为专业、独立的中介服务机构，为基金提供法律和会计服务。（　　）

    A. 正确　　　　　　　　　　　　　B. 错误

31. 证券交易所是基金的自律管理机构之一。一方面，封闭式基金、上市开放式基金和交易型开放式指数基金需要通过证券交易所募集和交易，必须遵守证券交易所的规则；另一方面，经中国证监会授权，证券交易所对基金的投资交易行为不承担重要的一线监控管理职责。（　　）

    A. 正确　　　　　　　　　　　　　B. 错误

32. 在整个基金的运作中，基金托管人起着核心作用。（　　）

    A. 正确　　　　　　　　　　　　　B. 错误

33. 我国对基金管理公司实行较为严格的市场准入管理。按照我国《证券投资基金法》、《证券投资基金管理公司管理办法》及其他有关规定，我国基金管理公司的注册资本应不低于1亿元人民币，其主要股东（指出资额占基金管理公司注册资本的比例最高，且不低于30％的股东）。（　　）

    A. 正确　　　　　　　　　　　　　B. 错误

34. 我国《证券投资基金法》规定，基金管理人不得有以下行为：①将其固有财产或者他人财产混同于基金财产从事证券投资；②不公平地对待其管理的不同基金财产。（　　）

    A. 正确　　　　　　　　　　　　　B. 错误

35. 能否将基金成功地推向市场并不断扩大基金财产规模，对基金管理公司的经营有着重要的意义。（　　）

    A. 正确　　　　　　　　　　　　　B. 错误

36. 投资管理业务是指基金管理公司根据专业的投资知识与经验投资运作基金资产的行为，是基金管理公司最基本的一项业务。（　　）

    A. 正确　　　　　　　　　　　　　B. 错误

37. 特定客户资产管理业务是指由基金管理公司作为受托资产管理人、商业银行作为资产托管人，根据有关法律、法规和资产委托人的投资意愿，与资产委托人签订投资管理合同，为资产委托人的利益，将其委托财产集合于特定账户，进行证券投资的活动。（　　）

  A. 正确         B. 错误

38. 基金管理公司应当建立组织机构健全、职责划分清晰、制衡监督有效、激励约束合理的治理结构，保持公司规范运作，维护基金份额持有人的利益。（　　）

  A. 正确         B. 错误

39. 基金管理公司的独立董事人数不得少于 2 人，且不得少于董事会人数的 1/3。独立董事不仅执行法律所赋予董事的一般职责，还要承担保护基金投资者权益的特殊监督责任。因此，基金管理公司在董事会中引进一定比例的独立董事制度，使得独立董事成为制衡大股东的力量，对于基金管理公司与股东之间可能存在不公平关联交易也起到一定的限制作用，能够监督公司经营层严格履行合同承诺，强化内部控制机制，切实保护基金投资者的合法权益。（　　）

  A. 正确         B. 错误

40. 督察长是监督检查基金和公司运作的合法合规情况及公司内部风险控制情况的高级管理人员。督察长由董事长提名，董事会聘任，并应当经全体独立董事同意。督察长负责组织指导公司的监察稽核工作，同时全面落实负责监察稽核部门的监察稽核和风险控制工作。（　　）

  A. 正确         B. 错误

41. 在此基础上，《证券投资基金托管资格管理办法》对托管人的市场准入作了更详细的规定。如：最近 5 个会计年度的年末净资产均不低于 20 亿元人民币；基金托管部门拟从事基金清算、核算、投资监督、信息披露等业务的执业人员不少于 5 人，并具有基金从业资格；有安全保管基金财产的条件等。（　　）

  A. 正确         B. 错误

42. 概括而言，《证券投资基金法》规定了基金资产托管人承担的职责主要包括资产保管、资金清算、资产核算、投资运作监督四个方面。相应地，基金托管人的托管业务也主要围绕这四个方面进行。（　　）

  A. 正确         B. 错误

43. 根据我国《证券投资基金法》，基金合同需对募集基金的目的和基金名称，基金运作方式，基金份额持有人、基金管理人和基金托管人的权利、义务，基金份额发售、交易、申购、赎回的程序、时间、地点、费用计算方式，基金收益分配原则，作为基金管理人、基金托管人报酬的管理费、托管费的提取、支付方式与比例，基金财产的投资方向和投资限制，基金资产净值的计算方法和公告方式等事项，作出明确的规定。（　　）

  A. 正确         B. 错误

44. 封闭式基金一般有一个固定的存续期；而开放式基金一般是无期限的。我国《证券投资基金法》规定,封闭式基金的存续期应在 9 年以上,封闭式基金期满后可以通过一定的法定程序延期。目前,我国封闭式基金的存续期大多在 15 年左右。(    )

A. 正确　　　　　　　　　　B. 错误

45. 封闭式基金的交易价格主要受二级市场供求关系的影响。当需求旺盛时,封闭式基金二级市场的交易价格会超过基金份额净值而出现溢价交易现象;反之,当需求低迷时,交易价格会低于基金份额净值而出现折价交易现象。开放式基金的买卖价格以基金份额净值为基础,不受市场供求关系的影响。(    )

A. 正确　　　　　　　　　　B. 错误

46. 由于封闭式基金份额固定,有赎回压力,基金投资管理人员完全可以根据预先设定的投资计划进行长期投资和全额投资,并将基金资产投资于流动性相对较弱的证券上,这在一定程度上有利于基金长期业绩的提高。(    )

A. 正确　　　　　　　　　　B. 错误

47. 如美国相关法律要求,私募基金的投资者人数不得超过 300 人,每个投资者的净资产必须在 100 万美元以上。(    )

A. 正确　　　　　　　　　　B. 错误

48. 一般而言,增长型基金的风险大、收益高;收入型基金的风险小、收益较低;平衡型基金的风险、收益则介于增长型基金与收入型基金之间。(    )

A. 正确　　　　　　　　　　B. 错误

49. 依据股票型基金所持股票属性的不同,可以将股票型基金分为不同的风格。股票按市值规模不同可分为大盘股、中盘股、小盘股,也可按成长性不同分为成长股和价值股。基金根据其所持股票特点可分为大盘成长、中盘成长、小盘成长、大盘价值、中盘价值、小盘价值、大盘平衡、中盘平衡、小盘平衡九类基金。(    )

A. 正确　　　　　　　　　　B. 错误

50. 依据投资理念的不同,可以将基金分为主动型基金与被动(指数)型基金。主动型基金是一类力图取得超越基准组合表现的基金。与主动型基金不同,被动型基金并不主动寻求取得超越市场的表现,而是试图复制指数的表现。被动型基金一般选取特定的指数作为跟踪的对象,因此通常又称为指数型基金。(    )

A. 正确　　　　　　　　　　B. 错误

## 参考答案

### 一、单项选择题

| | | | | |
|---|---|---|---|---|
| 1. B | 2. D | 3. C | 4. D | 5. B |
| 6. A | 7. A | 8. B | 9. C | 10. C |
| 11. D | 12. B | 13. A | 14. B | 15. D |

| 16. B | 17. C | 18. A | 19. B | 20. D |
|-------|-------|-------|-------|-------|
| 21. C | 22. B | 23. D | 24. A | 25. B |
| 26. B | 27. B | 28. C | 29. C | 30. A |
| 31. C | 32. B | 33. C | 34. D | 35. C |
| 36. A | 37. B | 38. C | 39. A | 40. C |
| 41. C | 42. A | 43. D | 44. C | 45. B |
| 46. D | 47. D | 48. A | 49. C | 50. B |

## 二、不定项选择题

| 1. ABCD | 2. ABCD | 3. BCD | 4. ABC | 5. ABCD |
|---------|---------|--------|--------|---------|
| 6. ACD | 7. ABCD | 8. BC | 9. CD | 10. ACD |
| 11. ABCD | 12. ABCD | 13. ABCD | 14. A | 15. B |
| 16. C | 17. AC | 18. B | 19. C | 20. A |
| 21. CD | 22. D | 23. ABCD | 24. BC | 25. ABCD |
| 26. B | 27. ACD | 28. C | 29. AB | 30. ABC |
| 31. ABCD | 32. ABCD | 33. ABCD | 34. B | 35. ABCD |
| 36. ABCD | 37. ABCD | 38. AB | 39. ABCD | 40. C |
| 41. ABC | 42. ABC | 43. B | 44. C | |

## 三、判断题

| 1. A | 2. B | 3. A | 4. B | 5. A |
|------|------|------|------|------|
| 6. B | 7. A | 8. B | 9. B | 10. A |
| 11. A | 12. B | 13. B | 14. A | 15. B |
| 16. B | 17. A | 18. B | 19. A | 20. A |
| 21. A | 22. A | 23. A | 24. B | 25. A |
| 26. A | 27. B | 28. A | 29. A | 30. A |
| 31. B | 32. B | 33. B | 34. A | 35. A |
| 36. A | 37. A | 38. A | 39. B | 40. B |
| 41. B | 42. A | 43. A | 44. B | 45. A |
| 46. B | 47. B | 48. A | 49. A | 50. A |

# 第三章　证券投资基金的运作

## 一、本章知识体系

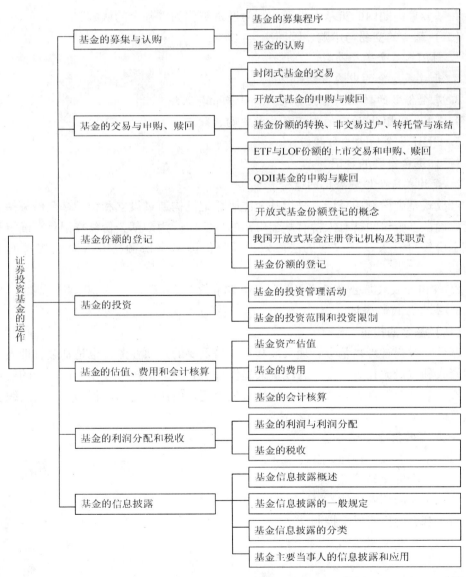

# 二、本章知识要点

## （一）基金的募集与认购

### 1. 基金的募集程序

基金的募集是指基金管理公司根据有关规定向中国证监会提交募集申请文件、发售基金份额、募集基金的行为。基金的募集一般要经过申请、核准、发售、基金合同生效四个步骤。

### 2. 基金的认购

在基金募集期内购买基金份额的行为通常被称为"基金的认购"。

## （二）基金的交易与申购、赎回

1. 封闭式基金的交易

2. 开放式基金的申购与赎回

3. 基金份额的转换、非交易过户、转托管与冻结

4. ETF 与 LOF 份额的上市交易和申购、赎回

5. QDII 基金的申购与赎回

## （三）基金份额的登记

### 1. 开放式基金份额登记的概念

开放式基金份额的登记，是指基金注册登记机构通过设立和维护基金份额持有人名册，确认基金份额持有人持有基金份额的事实的行为。基金份额登记具有确定和变更基金份额持有人及其权利的法律效力，是保障基金份额持有人合法权益的重要环节。

### 2. 我国开放式基金注册登记机构及其职责

### 3. 基金份额的登记

## （四）基金的投资

基金的投资管理是基金管理人最基本、最重要的一项业务，也是基金管理人以实现投资人利益最大化为目标，为投资人提供理财服务的最核心工作。在基金的投资管理过程中，基金管理人要严格遵守法律法规规定，按照一定的流程和方法，组织实施投资管理活动。

### 1. 基金的投资管理活动

（1）基金的投资管理。

（2）基金的交易管理。

（3）基金的绩效评估。

（4）基金的投资风险控制。

2. 基金的投资范围和投资限制

**（五）基金的估值、费用和会计核算**

1. 基金资产估值

基金资产估值是指通过对基金所拥有的全部资产及所有负债按一定的原则和方法进行估算，进而确定基金资产公允价值的过程。基金资产总值是指基金全部资产的价值总和。

基金资产净值＝基金资产总值－基金负债

基金份额净值＝基金资产净值/基金总份额

基金份额净值是计算投资者申购基金份额、赎回资金金额的基础，也是评价基金投资业绩的基础指标之一。

2. 基金的费用

在基金运作过程中涉及的费用可以分为两大类：一类是基金销售过程中发生的由基金投资者承担的费用，主要包括申购费（认购费）、赎回费及基金转换费等；另一类是基金管理过程中发生的费用，主要包括基金管理费、基金托管费、信息披露费等，这些费用由基金资产承担。

3. 基金的会计核算

基金会计核算是指收集、整理、加工有关基金投资运作的会计信息，准确记录基金资产变化情况，及时向相关各方提供财务数据以及会计报表的过程。

**（六）基金的利润分配和税收**

1. 基金的利润与利润分配

（1）基金利润是指基金利息收入、投资收益、公允价值变动收益和其他收入扣除相关费用后的余额。基金已实现收益是指基金利润减去公允价值变动收益后的余额。基金可供分配利润是指截至收益分配基准日基金未分配利润与未分配利润中已实现收益的孰低数。

（2）基金的利润分配。基金管理公司在设计基金产品时，应当根据基金产品特性拟定相应的收益分配条款，使基金的收益分配行为与基金产品特性相匹配。

2. 基金的税收

**（七）基金的信息披露**

1. 基金信息披露

（1）概述。基金的信息披露是指基金信息披露义务人按照法律、行政法规和中国证监会的规定披露基金信息，并保证所披露信息的真实性、准确性和完整性的活动。基金信息披露义务人包括基金管理人、基金托管人、召集基金份额持有人大会的基金份额持有人等法律、行政法规和中国证监会规定的自然人、法人和其他组织。

（2）基金信息披露的作用：①有利于防止利益冲突与利益输送。②有利于投资的价值判断。③有利于提高证券市场的效率。④有利于防止信息滥用。

（3）我国基金信息披露法规体系。

2. 基金信息披露的一般规定

（1）禁止进行虚假记载、误导性陈述或者重大遗漏。

（2）禁止对基金的证券投资业绩进行预测。

（3）禁止违规承诺收益或者承担损失。

（4）禁止诋毁其他基金管理人、托管人或者基金销售机构。

（5）禁止登载任何自然人、法人或者其他组织的祝贺性、恭维性或推荐性的文字。

3. 基金信息披露的分类

基金信息披露大致可分为基金募集信息披露、运作信息披露和临时信息披露三大类。

4. 基金主要当事人的信息披露和应用

在基金募集和运作过程中，信息披露义务人应当依法及时披露基金信息，并保证所披露信息的真实性、准确性和完整性。

# 三、同步强化练习题及参考答案

## 同步强化练习题

### 一、单项选择题

1. 基金资产估值是（　　）。

A. 指基金在日常投资经营活动中发生的、会导致所有者权益减少的、向与基金持有人分配利润无关的经济利益的总流出。具体包括管理人报酬、托管费、销售服务费、交易费用、利息支出和其他费用等

B. 收集、整理、加工有关基金投资运作的会计信息，准确记录基金资产变化情况，及时向相关各方提供财务数据以及会计报表的过程

C. 指通过对基金所拥有的全部资产及所有负债按一定的原则和方法进行估算，进而确定基金资产公允价值的过程

D. 基金利息收入、投资收益、公允价值变动收益和其他收入扣除相关费用后的余额，基金已实现收益指基金利润减去公允价值变动收益后的余额

2. 基金利润是指（　　）。

A. 基金在日常投资经营活动中发生的、会导致所有者权益减少的、向与基金持有人分配利润无关的经济利益的总流出。具体包括管理人报酬、托管费、销售服务费、交易费用、利息支出和其他费用等

B. 收集、整理、加工有关基金投资运作的会计信息，准确记录基金资产变化情况，及时向相关各方提供财务数据以及会计报表的过程

    C. 通过对基金所拥有的全部资产及所有负债按一定的原则和方法进行估算，进而确定基金资产公允价值的过程

    D. 基金利息收入、投资收益、公允价值变动收益和其他收入扣除相关费用后的余额，基金已实现收益指基金利润减去公允价值变动收益后的余额

3. 基金的费用是（　　）。

    A. 指基金在日常投资经营活动中发生的、会导致所有者权益减少的、向与基金持有人分配利润无关的经济利益的总流出。具体包括管理人报酬、托管费、销售服务费、交易费用、利息支出和其他费用等

    B. 收集、整理、加工有关基金投资运作的会计信息，准确记录基金资产变化情况，及时向相关各方提供财务数据以及会计报表的过程

    C. 指通过对基金所拥有的全部资产及所有负债按一定的原则和方法进行估算，进而确定基金资产公允价值的过程

    D. 基金利息收入、投资收益、公允价值变动收益和其他收入扣除相关费用后的余额，基金已实现收益指基金利润减去公允价值变动收益后的余额

4. 根据《证券投资基金运作管理办法》有关规定，（　　）。

    A. 封闭式基金的收益分配每年不得少于一次，封闭式基金年度收益分配比例不得低于基金年度已实现收益的80%

    B. 封闭式基金的收益分配每年不得少于一次，封闭式基金年度收益分配比例不得低于基金年度已实现收益的90%

    C. 封闭式基金的收益分配每年不得少于一次，封闭式基金年度收益分配比例不得低于基金年度已实现收益的70%

    D. 封闭式基金的收益分配每年不得少于一次，封闭式基金年度收益分配比例不得低于基金年度已实现收益的60%

5. 从2008年4月24日起，基金买卖股票按照（　　）的税率征收印花税。

    A. 1%　　　　　　　　　　　　　　B. 0.5%

    C. 0.1%　　　　　　　　　　　　　D. 2%

6. 基金的会计主体是（　　）。

    A. 证券投资基金　　　　　　　　　B. 基金管理人

    C. 基金托管人　　　　　　　　　　D. 基金投资者

7. 基金会计核算是指（　　）。

    A. 基金在日常投资经营活动中发生的、会导致所有者权益减少的、向与基金持有人分配利润无关的经济利益的总流出。具体包括管理人报酬、托管费、销售服务费、交易费用、利息支出和其他费用等

    B. 收集、整理、加工有关基金投资运作的会计信息，准确记录基金资产变化情况，及时向相关各方提供财务数据以及会计报表的过程

    C. 通过对基金所拥有的全部资产及所有负债按一定的原则和方法进行估算，进而确定基金资产公允价值的过程

D. 基金利息收入、投资收益、公允价值变动收益和其他收入扣除相关费用后的余额，基金已实现收益指基金利润减去公允价值变动收益后的余额

8. 货币市场基金和债券型基金可以从基金资产列支基金销售服务费，年费率一般为（　　）。

A. 0.2%～0.3%　　　　　　　　　　B. 0.25%～0.35%

C. 0.3%～0.35%　　　　　　　　　　D. 0.3%～0.4%

9. 我国积极管理的股票型基金一般按照年管理费率（　　）。

A. 1%的比例计提管理费，指数型基金和债券型基金的年管理费率一般在0.5%～1.0%，货币市场基金的年管理费率一般为0.33%。股票型基金的年托管费率一般为0.25%，指数型基金和债券型基金的年托管费率一般在0.1%～0.25%，货币市场基金的年托管费率一般为0.1%

B. 1.5%的比例计提管理费，指数型基金和债券型基金的年管理费率一般在0.5%～1.0%，货币市场基金的年管理费率一般为0.33%。股票型基金的年托管费率一般为0.25%，指数型基金和债券型基金的年托管费率一般在0.1%～0.25%，货币市场基金的年托管费率一般为1%

C. 1.5%的比例计提管理费，指数型基金和债券型基金的年管理费率一般在0.5%～1.0%，货币市场基金的年管理费率一般为0.33%。股票型基金的年托管费率一般为0.25%，指数型基金和债券型基金的年托管费率一般在0.1%～0.25%，货币市场基金的年托管费率一般为0.1%

D. 1.5%的比例计提管理费，指数型基金和债券型基金的年管理费率一般在0.5%～1.0%，货币市场基金的年管理费率一般为0.25%。股票型基金的年托管费率一般为0.25%，指数型基金和债券型基金的年托管费率一般在0.1%～0.25%，货币市场基金的年托管费率一般为0.1%

10. 基金托管费是指（　　）。

A. 基金托管人为基金提供托管服务而向基金收取的费用

B. 用于基金的持续销售和为基金份额持有人提供服务而收取的费用

C. 基金管理人管理基金资产而向基金收取的费用

D. 基金托管人管理基金资产而向基金收取的费用

11. 基金销售服务费是指（　　）。

A. 基金托管人为基金提供托管服务而向基金收取的费用

B. 用于基金的持续销售和为基金份额持有人提供服务而收取的费用

C. 基金管理人管理基金资产而向基金收取的费用

D. 基金托管人管理基金资产而向基金收取的费用

12. 基金管理费是指（　　）。

A. 基金托管人为基金提供托管服务而向基金收取的费用

B. 用于基金的持续销售和为基金份额持有人提供服务而收取的费用

C. 基金管理人管理基金资产而向基金收取的费用

D. 基金托管人管理基金资产而向基金收取的费用

13. 目前，我国境内基金申购款一般能在( )日内到达基金的银行存款账户；赎回款一般于( )日内从基金的银行存款账户划出；货币市场基金的赎回资金划付更快一些，一般( )日即可从基金的银行存款账户划出，最快可在划出当天到达投资者资金账户。

 A. T+3 T+4 T+1      B. T+2 T+3 T+2

 C. T+2 T+2 T+1      D. T+2 T+3 T+1

14. 下列说法正确的是( )。

 A. 基金份额的跨系统转托管需要两个交易日的时间，即持有人 T 日提交基金份额跨系统转托管申请，如处理成功，T+1 日起，转托管转入的基金份额可赎回或卖出

 B. 基金份额的跨系统转托管需要两个交易日的时间，即持有人 T 日提交基金份额跨系统转托管申请，如处理成功，T+2 日起，转托管转入的基金份额可赎回或卖出

 C. 基金份额的跨系统转托管需要两个交易日的时间，即持有人 T 日提交基金份额跨系统转托管申请，如处理成功，T+3 日起，转托管转入的基金份额可赎回或卖出

 D. 基金份额的跨系统转托管需要两个交易日的时间，即持有人 T 日提交基金份额跨系统转托管申请，如处理成功，T+4 日起，转托管转入的基金份额可赎回或卖出

15. 下列说法正确的是( )。

 A. 基金连续 3 个开放日以上发生巨额赎回，如基金管理人认为有必要，可暂停接受赎回申请；已经接受的赎回申请可以延缓支付赎回款项，但不得超过正常支付时间 20 个工作日，并应当在至少一种中国证监会指定的信息披露媒体公告

 B. 基金连续 2 个开放日以上发生巨额赎回，如基金管理人认为有必要，可暂停接受赎回申请；已经接受的赎回申请可以延缓支付赎回款项，但不得超过正常支付时间 25 个工作日，并应当在至少一种中国证监会指定的信息披露媒体公告

 C. 基金连续 2 个开放日以上发生巨额赎回，如基金管理人认为有必要，可暂停接受赎回申请；已经接受的赎回申请可以延缓支付赎回款项，但不得超过正常支付时间 20 个工作日，并应当在至少一种中国证监会指定的信息披露媒体公告

 D. 基金连续 3 个开放日以上发生巨额赎回，如基金管理人认为有必要，可暂停接受赎回申请；已经接受的赎回申请可以延缓支付赎回款项，但不得超过正常支付时间 25 个工作日，并应当在至少一种中国证监会指定的信息披露媒体公告

16. 下列说法错误的是(　　)。

    A. 基金的转换业务可视为从一只基金赎回份额，我们称为转出

    B. 同时申购另外一只基金的基金份额，我们称为转入

    C. 基金转换、转入的基金份额可赎回的时间为 T＋2 日

    D. 基金转换、转入的基金份额可赎回的时间为 T＋1 日

17. 下列说法正确的是(　　)。

    A. 一般最小申购、赎回单位为 50 万份，基金管理人有权对其进行更改，并在更改前至少 3 个工作日在至少一种中国证监会指定的信息披露媒体公告

    B. 一般最小申购、赎回单位为 50 万份或 100 万份，基金管理人有权对其进行更改，并在更改前至少 3 个工作日在至少一种中国证监会指定的信息披露媒体公告

    C. 一般最小申购、赎回单位为 100 万份，基金管理人有权对其进行更改，并在更改前至少 3 个工作日在至少一种中国证监会指定的信息披露媒体公告

    D. 一般最小申购、赎回单位为 50 万份或 100 万份，基金管理人有权对其进行更改，并在更改前至少 5 个工作日在至少一种中国证监会指定的信息披露媒体公告

18. 有关 LOF 说法错误的是(　　)。

    A. LOF 采取"金额申购、份额赎回"原则，即申购以金额申报，赎回以份额申报

    B. LOF 份额的场内、场外申购、赎回均采取"金额申购、份额赎回"原则

    C. 申购申报单位为 1 元人民币，赎回申报单位为 1 份基金份额

    D. 申购申报单位为 10 元人民币，赎回申报单位为 1 份基金份额

19. 下列说法正确的是(　　)。

    A. 当发生巨额赎回及部分延期赎回时，基金管理人应立即向中国证监会备案，在 5 个工作日内在至少一种中国证监会指定的信息披露媒体公告，并说明有关处理方法

    B. 当发生巨额赎回及部分延期赎回时，基金管理人应立即向中国证监会备案，在 3 个工作日内在至少一种中国证监会指定的信息披露媒体公告，并说明有关处理方法

    C. 当发生巨额赎回及部分延期赎回时，基金管理人应立即向中国证监会备案，在 2 个工作日内在至少一种中国证监会指定的信息披露媒体公告，并说明有关处理方法

    D. 当发生巨额赎回及部分延期赎回时，基金管理人应立即向中国证监会备案，在 1 个工作日内在至少一种中国证监会指定的信息披露媒体公告，并说明有关处理方法

20. 下列说法正确的是(　　)。

    A. 投资者申购基金成功后，注册登记机构一般在 T＋2 日为投资者办理增加权

益的登记手续，投资者在 T＋2 日起有权赎回该部分的基金份额。投资者赎回基金份额成功后，注册登记机构一般在 T＋1 日为投资者办理扣除权益的登记手续

B. 投资者申购基金成功后，注册登记机构一般在 T＋1 日为投资者办理增加权益的登记手续，投资者在 T＋2 日起有权赎回该部分的基金份额。投资者赎回基金份额成功后，注册登记机构一般在 T＋2 日为投资者办理扣除权益的登记手续

C. 投资者申购基金成功后，注册登记机构一般在 T＋1 日为投资者办理增加权益的登记手续，投资者在 T＋2 日起有权赎回该部分的基金份额。投资者赎回基金份额成功后，注册登记机构一般在 T＋1 日为投资者办理扣除权益的登记手续

D. 投资者申购基金成功后，注册登记机构一般在 T＋3 日为投资者办理增加权益的登记手续，投资者在 T＋2 日起有权赎回该部分的基金份额。投资者赎回基金份额成功后，注册登记机构一般在 T＋1 日为投资者办理扣除权益的登记手续

21. 基金管理人可以在法律法规允许的范围内，对登记办理时间进行调整，并最迟于开始实施前（　　）个工作日内在至少一种中国证监会指定的信息披露媒体公告。
A. 1　　　　　　　　　　　　B. 2
C. 4　　　　　　　　　　　　D. 3

22. 投资者提交赎回申请成交后，基金管理人应通过销售机构按规定向投资者支付赎回款项。对一般基金而言，基金管理人应当自受理基金投资者有效赎回申请之日起（　　）个工作日内支付赎回款项。
A. 7　　　　　　　　　　　　B. 6
C. 5　　　　　　　　　　　　D. 4

23. 两步转托管为（　　）。
A. 基金托管人在原销售机构办理转出手续后，还需到转入机构办理转入手续
B. 基金持有人在原销售机构办理转出手续后，还需到转入机构办理转入手续
C. 基金监管人在原销售机构办理转出手续后，还需到转入机构办理转入手续
D. 基金管理人在原销售机构办理转出手续后，还需到转入机构办理转入手续

24. 一步转托管为（　　）。
A. 基金持有人在原销售机构同时办理转出、转入手续，投资人在转出方进行申报，基金份额转托管一次完成
B. 基金持有人在原销售机构同时办理转出、转入手续，投资人在转出方进行申报，基金份额转托管多次完成
C. 基金持有人在原销售机构同时办理转出、转入手续，管理人在转出方进行申报，基金份额转托管一次完成
D. 基金持有人在原销售机构同时办理转出、转入手续，投资人在转入方进行申

报，基金份额转托管一次完成

25. 在日常交易中，下列说法正确的是(　　　)。

　　A. T日闭市后，中国结算深圳分公司根据LOF基金的交易数据，计算每个投资者买卖LOF的数量，并于T日晚根据清算结果对投资者的证券账户余额进行相应的记增或记减处理，完成LOF份额的交收，T日买入基金份额自T+2日起即可在深圳证券交易所卖出

　　B. T日闭市后，中国结算深圳分公司根据LOF基金的交易数据，计算每个投资者买卖LOF的数量，并于T日晚根据清算结果对投资者的证券账户余额进行相应的记增或记减处理，完成LOF份额的交收，T日买入基金份额自T+1日起即可在深圳证券交易所卖出

　　C. T日闭市后，中国结算深圳分公司根据LOF基金的交易数据，计算每个投资者买卖LOF的数量，并于T日晚根据清算结果对投资者的证券账户余额进行相应的记增或记减处理，完成LOF份额的交收，T日买入基金份额自T+3日起即可在深圳证券交易所卖出

　　D. T日闭市后，中国结算深圳分公司根据LOF基金的交易数据，计算每个投资者买卖LOF的数量，并于T日晚根据清算结果对投资者的证券账户余额进行相应的记增或记减处理，完成LOF份额的交收，T日买入基金份额自T+4日起即可在深圳证券交易所卖出

26. 在日常交易中，下列说法正确的是(　　　)。

　　A. T日闭市后，中国结算深圳分公司根据LOF基金的交易数据，计算每个投资者买卖LOF的数量，并于T+1日晚根据清算结果对投资者的证券账户余额进行相应的记增或记减处理，完成LOF份额的交收，T日买入基金份额自T+1日起即可在深圳证券交易所卖出

　　B. T日闭市后，中国结算深圳分公司根据LOF基金的交易数据，计算每个投资者买卖LOF的数量，并于T日晚根据清算结果对投资者的证券账户余额进行相应的记增或记减处理，完成LOF份额的交收，T日买入基金份额自T日起即可在深圳证券交易所卖出

　　C. T日闭市后，中国结算深圳分公司根据LOF基金的交易数据，计算每个投资者买卖LOF的数量，并于T+2日晚根据清算结果对投资者的证券账户余额进行相应的记增或记减处理，完成LOF份额的交收，T日买入基金份额自T+1日起即可在深圳证券交易所卖出

　　D. T日闭市后，中国结算深圳分公司根据LOF基金的交易数据，计算每个投资者买卖LOF的数量，并于T日晚根据清算结果对投资者的证券账户余额进行相应的记增或记减处理，完成LOF份额的交收，T日买入基金份额自T+1日起即可在深圳证券交易所卖出

27. 投资者在办理开放式基金赎回时，一般需要缴纳赎回费，货币市场基金及中国证监会规定的其他品种除外。赎回费率(　　　)。

A. 得超过基金份额赎回金额的 10％，赎回费总额的 25％归入基金财产

B. 得超过基金份额赎回金额的 5％，赎回费总额的 20％归入基金财产

C. 得超过基金份额赎回金额的 5％，赎回费总额的 25％归入基金财产

D. 得超过基金份额赎回金额的 5％，赎回费总额的 30％归入基金财产

28. 对于在当日基金业务办理时间内提交的申购申请，（　　）。

A. 投资者可以在当日 15：00 前提交撤销申请，予以撤销；15：00 后则无法撤销申请

B. 投资者可以在当日 15：00 前提交撤销申请，予以撤销；15：30 后则无法撤销申请

C. 投资者可以在当日 15：30 前提交撤销申请，予以撤销；15：00 后则无法撤销申请

D. 投资者可以在当日 15：30 前提交撤销申请，予以撤销；15：30 后则无法撤销申请

29. 下列说法正确的是（　　）。

A. 认购期购买的基金份额一般要经过封闭期才能赎回，申购的基金份额要在申购成功后的第三个工作日才能赎回

B. 认购期购买的基金份额一般要经过封闭期才能赎回，申购的基金份额要在申购成功后的第二个工作日才能赎回

C. 认购期购买的基金份额一般要经过封闭期才能赎回，申购的基金份额要在申购成功后的第四个工作日才能赎回

D. 认购期购买的基金份额一般要经过封闭期才能赎回，申购的基金份额要在申购成功的当个工作日才能赎回

30. 按照沪、深证券交易所截至 2008 年 9 月公布的收费标准，（　　）。

A. 我国基金交易佣金不得高于成交金额的 0.3％（深圳证券交易所特别规定该佣金水平不得低于代收的证券交易监管费和证券交易经手费，上海证券交易所无此规定），起点 5 元，由证券公司向投资者收取。目前，封闭式基金交易不收取印花税

B. 我国基金交易佣金不得高于成交金额的 0.5％（深圳证券交易所特别规定该佣金水平不得低于代收的证券交易监管费和证券交易经手费，上海证券交易所无此规定），起点 5 元，由证券公司向投资者收取。目前，封闭式基金交易不收取印花税

C. 我国基金交易佣金不得高于成交金额的 0.3％（深圳证券交易所特别规定该佣金水平不得低于代收的证券交易监管费和证券交易经手费，上海证券交易所无此规定），起点 10 元，由证券公司向投资者收取。目前，封闭式基金交易不收取印花税

D. 我国基金交易佣金不得高于成交金额的 0.5％（深圳证券交易所特别规定该佣金水平不得低于代收的证券交易监管费和证券交易经手费，上海证券交易所

无此规定），起点 10 元，由证券公司向投资者收取。目前，封闭式基金交易不收取印花税

31. 下列说法正确的是（　　）。

   A. 沪、深证券交易所对封闭式基金交易实行与对 A 股交易同样的 10％的涨跌幅限制；同时，与 A 股一样实行 T 交割、交收，即达成交易后，相应的基金交割与资金交收在交易日的下一个营业日（T＋1）完成

   B. 沪、深证券交易所对封闭式基金交易实行与对 A 股交易同样的 5％的涨跌幅限制；同时，与 A 股一样实行 T＋1 交割、交收，即达成交易后，相应的基金交割与资金交收在交易日的下一个营业日（T＋1）完成

   C. 沪、深证券交易所对封闭式基金交易实行与对 A 股交易同样的 10％的涨跌幅限制；同时，与 A 股一样实行 T＋2 交割、交收，即达成交易后，相应的基金交割与资金交收在交易日的下一个营业日（T＋1）完成

   D. 沪、深证券交易所对封闭式基金交易实行与对 A 股交易同样的 10％的涨跌幅限制；同时，与 A 股一样实行 T＋1 交割、交收，即达成交易后，相应的基金交割与资金交收在交易日的下一个营业日（T＋1）完成

32. 有关封闭式基金的说法正确的是（　　）。

   A. 封闭式基金的报价单位为每份基金价格。基金的申报价格最小变动单位为 0.01 元人民币，买入与卖出封闭式基金份额申报数量应当为 100 份或其整数倍，单笔最大数量应低于 100 万份

   B. 封闭式基金的报价单位为每份基金价格。基金的申报价格最小变动单位为 0.1 元人民币，买入与卖出封闭式基金份额申报数量应当为 100 份或其整数倍，单笔最大数量应低于 100 万份

   C. 封闭式基金的报价单位为每份基金价格。基金的申报价格最小变动单位为 0.001 元人民币，买入与卖出封闭式基金份额申报数量应当为 100 份或其整数倍，单笔最大数量应低于 100 万份

   D. 封闭式基金的报价单位为每份基金价格。基金的申报价格最小变动单位为 0.001 元人民币，买入与卖出封闭式基金份额申报数量应当为 50 份或其整数倍，单笔最大数量应低于 50 万份

33. 有关 LOF 说法正确的是（　　）。

   A. 场外认购 LOF 份额，应持深圳人民币普通证券账户或证券投资基金账户；场外认购 LOF 份额，应使用中国结算公司深圳开放式基金账户

   B. 场内认购 LOF 份额，应持深圳人民币普通证券账户或证券投资基金账户；场内认购 LOF 份额，应使用中国结算公司深圳开放式基金账户

   C. 场内认购 LOF 份额，应持深圳人民币普通证券账户或证券投资基金账户；场外认购 LOF 份额，应使用中国结算公司深圳开放式基金账户

   D. 场外认购 LOF 份额，应持深圳人民币普通证券账户或证券投资基金账户；场内认购 LOF 份额，应使用中国结算公司深圳开放式基金账户

34. 我国投资者一般可选择(    )等方式认购 ETF 份额。

    A. 场内现金认购

    B. 场外现金认购

    C. 证券认购

    D. 场内现金认购、场外现金认购以及证券认购

35. 封闭式基金的认购价格一般采用(    )的方式加以确定。

    A. 1 元基金份额面值加计 0.1 元发售费用

    B. 1 元基金份额面值加计 1 元发售费用

    C. 1 元基金份额面值加计 0.01 元发售费用

    D. 1 元基金份额面值加计 0.001 元发售费用

36. 为统一规范基金认购费用及认购份额的计算方法,更好地保护基金投资者的合法权益,中国证监会于(    )对认购费用及认购份额计算方法进行了统一规定。

    A. 2006 年 3 月                    B. 2008 年 3 月

    C. 2009 年 3 月                    D. 2007 年 3 月

37. 下列说法正确的是(    )。

    A. 我国股票型基金的认购费率大多在 1%～1.5%,债券型基金的认购费率通常在 3% 以下,货币市场基金一般不收取认购费

    B. 我国股票型基金的认购费率大多在 1%～2.5%,债券型基金的认购费率通常在 1% 以下,货币市场基金一般不收取认购费

    C. 我国股票型基金的认购费率大多在 1%～2%,债券型基金的认购费率通常在 1% 以下,货币市场基金一般不收取认购费

    D. 我国股票型基金的认购费率大多在 1%～1.5%,债券型基金的认购费率通常在 1% 以下,货币市场基金一般不收取认购费

38. 我国《证券投资基金销售管理办法》规定(    )。

    A. 开放式基金的认购费率不得超过认购金额的 6%

    B. 开放式基金的认购费率不得超过认购金额的 5%

    C. 开放式基金的认购费率不得超过认购金额的 4%

    D. 开放式基金的认购费率不得超过认购金额的 3%

39. 下列说法正确的是(    )。

    A. 投资者 T 日提交认购申请后,可于 T+1 日起到办理认购的网点查询认购申请的受理情况

    B. 投资者 T 日提交认购申请后,可于 T+3 日起到办理认购的网点查询认购申请的受理情况

    C. 投资者 T 日提交认购申请后,可于 T 日起到办理认购的网点查询认购申请的受理情况

    D. 投资者 T 日提交认购申请后,可于 T+2 日起到办理认购的网点查询认购申请的受理情况

40. 投资人在办理基金认购申请时，须填写认购申请表，并需按销售机构规定的方式全额缴款。投资者在募集期内可以（    ）次认购基金份额。

A. 1                                          B. 2

C. 3                                          D. 多

41. 基金的运作是指（    ）。

A. 基金募集、基金份额的申购赎回

B. 包括基金募集、基金份额的申购赎回、基金财产的投资、基金收益分配、基金后台管理、基金信息披露以及其他基金运作活动在内的所有相关环节

C. 基金财产的投资、基金收益分配

D. 基金后台管理、基金信息披露

42. 有关基金，下列说法错误的是（    ）。

A. 基金募集期限届满，封闭式基金满足募集的基金份额总额达到核准规模的80%以上、基金份额持有人不少于200人的要求

B. 开放式基金满足募集份额总额不少于2亿份、基金募集金额不少于2亿元人民币、基金份额持有人不少于200人的要求

C. 基金管理人应当自募集期限届满之日起10日内聘请法定验资机构验资。自收到验资报告起10日内，向中国证监会提交备案申请和验资报告，办理基金的备案手续

D. 基金管理人应当自募集期限届满之日起20日内聘请法定验资机构验资。自收到验资报告起10日内，向中国证监会提交备案申请和验资报告，办理基金的备案手续

43. 基金募集期限届满，封闭式基金满足募集的基金份额总额达到核准规模的（    ）以上、基金份额持有人不少于（    ）人的要求。

A. 90%    200                              B. 80%    100

C. 70%    100                              D. 80%    200

44. 根据《证券投资基金法》的规定，中国证监会应当自受理基金募集申请之日起（    ）个月内作出核准或不予核准的决定。基金募集申请经中国证监会核准后方可发售基金份额。

A. 4                                          B. 5

C. 6                                          D. 7

45. 下列说法正确的是（    ）。

A. 基金管理人应当自收到核准文件之日起9个月内进行基金份额的发售。基金的募集期限自基金份额发售日开始计算，募集期限不得超过3个月

B. 基金管理人应当自收到核准文件之日起6个月内进行基金份额的发售。基金的募集期限自基金份额发售日开始计算，募集期限不得超过4个月

C. 基金管理人应当自收到核准文件之日起5个月内进行基金份额的发售。基金的募集期限自基金份额发售日开始计算，募集期限不得超过3个月

D. 基金管理人应当自收到核准文件之日起 6 个月内进行基金份额的发售。基金的募集期限自基金份额发售日开始计算，募集期限不得超过 3 个月

46. 基金的募集是指（ ）。

A. 基金管理公司根据有关规定向中国证监会提交募集申请文件、发售基金份额、募集基金的行为

B. 基金管理公司根据有关规定向中国证监会提交募集申请文件、募集基金的行为

C. 基金管理公司根据有关规定向中国证监会提交募集申请文件、发售基金份额

D. 基金管理公司根据有关规定向中国证监会提交发售基金份额、募集基金的行为

47. 基金信息披露义务人是指（ ）。

A. 基金管理人

B. 基金托管人

C. 包括基金管理人、基金托管人、召集基金份额持有人大会的基金份额持有人等法律、行政法规和中国证监会规定的自然人、法人和其他组织

D. 基金投资者

48. 有关基金，下列说法错误的是（ ）。

A. 基金募集期限届满，封闭式基金满足募集的基金份额总额达到核准规模的 80% 以上、基金份额持有人不少于 200 人的要求

B. 开放式基金满足募集份额总额不少于 2 亿份、基金募集金额不少于 2 亿元人民币、基金份额持有人不少于 200 人的要求

C. 基金管理人应当自募集期限届满之日起 10 日内聘请法定验资机构验资。自收到验资报告起 10 日内，向中国证监会提交备案申请和验资报告，办理基金的备案手续

D. 开放式基金满足募集份额总额不少于 1 亿份、基金募集金额不少于 2 亿元人民币、基金份额持有人不少于 200 人的要求

二、不定项选择题

1. 基金的运作包括：（ ）。

A. 基金募集、基金份额的申购赎回

B. 基金财产的投资、基金收益分配

C. 基金后台管理、基金信息披露

D. 其他基金运作活动在内的所有相关环节

2. 基金的募集一般要经过（ ）的步骤。

A. 申请  B. 核准

C. 发售  D. 基金合同生效

3. 申请募集基金应提交的主要文件包括：（ ）。

A. 募集基金的申请报告  B. 基金合同草案

  C. 基金托管协议草案     D. 招募说明书草案

4. 基金募集期限届满，基金不满足有关募集要求的，基金募集失败，基金管理人应承担以下责任：（  ）。

  A. 以受托财产承担因募集行为而产生的债务和费用

  B. 以固有财产承担因募集行为而产生的债务和费用

  C. 在基金募集期限届满后 60 日内返还投资者已缴纳的款项，并加计银行同期存款利息

  D. 在基金募集期限届满后 30 日内返还投资者已缴纳的款项，并加计银行同期存款利息

5. 认购开放式基金通常分三个步骤：（  ）。

  A. 闭户        B. 开户

  C. 认购        D. 确认

6. 与普通的开放式基金不同，ETF 份额可以用（  ）。

  A. 现金认购      B. 证券认购

  C. 外币认购      D. 资产认购

7. 下列说法正确的是：（  ）。

  A. LOF 份额的认购分场外认购和场内认购两种方式

  B. 场外认购的基金份额注册登记在中国结算公司的开放式基金注册登记系统

  C. 场内认购的基金份额登记在中国结算公司的证券登记结算系统

  D. LOF 份额的认购分场外认购和场间认购两种方式

8. 下列有关 QDII 说法，正确的有：（  ）。

  A. QDII 基金份额的认购程序与一般开放式基金的认购程序基本相同

  B. 主要包括开户、认购、确认三个步骤

  C. QDII 基金份额的认购程序与一般开放式基金的认购程序相差很多

  D. QDII 基金份额的认购程序与一般封闭式基金的认购程序基本相同

9. 由于 QDII 基金主要投资于境外市场，与仅投资于境内证券市场的其他开放式基金相比，在募集认购的具体规定上有如下特点：（  ）。

  A. 发售 QDII 基金的基金管理人，必须具备合格境内机构投资者资格和经营外汇业务资格

  B. 基金管理人可以根据产品特点确定 QDII 基金份额及面值的大小

  C. QDII 基金份额除可以用人民币进行认购外，也可以用美元或其他外汇货币为计价货币认购

  D. QDII 基金份额除可以用人民币进行认购，不可以用美元或其他外汇货币为计价货币认购

10. 封闭式基金的基金份额，经基金管理人申请，中国证监会核准，可以在证券交易所上市交易。中国证监会可以授权证券交易所依照法定条件和程序核准基金份额上市交易。基金份额上市交易应符合下列条件：（  ）。

A. 基金的募集符合《证券投资基金法》的规定

B. 基金合同期限为 5 年以上

C. 基金募集金额不低于 2 亿元人民币

D. 基金份额持有人不少于 1 000 人

11. 下列有关封闭式基金报价的说法，正确的是：（    ）。

A. 封闭式基金的报价单位为每份基金价格

B. 基金的申报价格最小变动单位为 0.001 元人民币

C. 买入与卖出封闭式基金份额申报数量应当为 100 份或其整数倍

D. 单笔最大数量应低于 100 万份

12. 封闭式基金的交易遵从（    ）的原则。

A. 价值优先          B. 地点优先

C. 价格优先          D. 时间优先

13. 下列说法正确的是：（    ）。

A. 沪、深证券交易所对封闭式基金交易实行与对 A 股交易同样的 10% 的涨跌幅
限制

B. 实行 T+1 交割、交收，即达成交易后

C. 相应的基金交割与资金交收在交易日的下一个营业日（T+1）完成

D. 实行 T+2 交割、交收，即达成交易后

14. 目前，开放式基金所遵循的申购、赎回主要原则为（    ）。

A. "未知价"交易原则          B. "已知价"交易原则

C. 金额申购、份额赎回          D. 份额申购、份额赎回

15. 投资者在办理开放式基金申购时，一般需要缴纳申购费，但申购费率不得超过申
购金额的（    ）。

A. 6%          B. 5%

C. 10%          D. 1%

16. 对于短期交易的投资人，基金管理人可以在基金合同、招募说明书中约定按以下
费用标准收取赎回费：（    ）。

A. 对于持续持有期少于 7 日的投资人，收取不低于赎回金额 3% 的赎回费

B. 对于持续持有期少于 7 日的投资人，收取不低于赎回金额 1.5% 的赎回费

C. 对于持续持有期少于 30 日的投资人，收取不低于赎回金额 0.75% 的赎回费

D. 对于持续持有期少于 7 日的投资人，收取不低于赎回金额 1% 的赎回费

17. 下列说法错误的有：（    ）。

A. 投资者申购基金成功后，注册登记机构一般在 T 日为投资者办理增加权益的
登记手续，投资者在 T+2 日起有权赎回该部分的基金份额。投资者赎回基
金份额成功后，注册登记机构一般在 T+1 日为投资者办理扣除权益的登记
手续

B. 投资者申购基金成功后，注册登记机构一般在 T+1 日为投资者办理增加权益

的登记手续，投资者在 T＋2 日起有权赎回该部分的基金份额。投资者赎回基金份额成功后，注册登记机构一般在 T＋1 日为投资者办理扣除权益的登记手续

C. 投资者申购基金成功后，注册登记机构一般在 T＋1 日为投资者办理增加权益的登记手续，投资者在 T＋3 日起有权赎回该部分的基金份额。投资者赎回基金份额成功后，注册登记机构一般在 T＋1 日为投资者办理扣除权益的登记手续

D. 投资者申购基金成功后，注册登记机构一般在 T＋1 日为投资者办理增加权益的登记手续，投资者在 T＋2 日起有权赎回该部分的基金份额。投资者赎回基金份额成功后，注册登记机构一般在 T 日为投资者办理扣除权益的登记手续

18. 下列说法错误的是：（　　）。

A. 当基金管理人认为兑付投资者的赎回申请有困难，或认为兑付投资者的赎回申请进行的资产变现可能使基金份额净值发生较大波动时，基金管理人可以在当日接受赎回比例不低于上一日基金总份额 5％ 的前提下，对其余赎回申请延期办理

B. 当基金管理人认为兑付投资者的赎回申请有困难，或认为兑付投资者的赎回申请进行的资产变现可能使基金份额净值发生较大波动时，基金管理人可以在当日接受赎回比例不低于上一日基金总份额 15％ 的前提下，对其余赎回申请延期办理

C. 当基金管理人认为兑付投资者的赎回申请有困难，或认为兑付投资者的赎回申请进行的资产变现可能使基金份额净值发生较大波动时，基金管理人可以在当日接受赎回比例不低于上一日基金总份额 10％ 的前提下，对其余赎回申请延期办理

D. 当基金管理人认为兑付投资者的赎回申请有困难，或认为兑付投资者的赎回申请进行的资产变现可能使基金份额净值发生较大波动时，基金管理人可以在当日接受赎回比例不低于上一日基金总份额 20％ 的前提下，对其余赎回申请延期办理

19. 开放式基金非交易过户是指不采用申购、赎回等交易方式，将一定数量的基金份额按照一定规则从某一投资者基金账户转移到另一投资者基金账户的行为，主要包括：（　　）。

A. 继承

B. 捐赠

C. 司法强制执行

D. 经注册登记机构认可的其他情况下的非交易过户

20. 国内开放式基金转托管业务的办理有（　　）两种方式。

A. 多步转托管　　　　　　　　　　B. 两步转托管

C. 一步转托管          D. 三步转托管

21. ETF 基金合同生效后，基金管理人可以向证券交易所申请上市，上市后要遵循以下交易规则：（    ）。

     A. 上市首日的开盘参考价为前一工作日的基金份额净值

     B. 实行价格涨跌幅限制，涨跌幅设置为 10%，从上市首日开始实行

     C. 买入申报数量为 100 份及其整数倍，不足 100 份的部分可以卖出

     D. 基金申报价格最小变动单位为 0.001 元

22. ETF 份额的申购、赎回应遵循以下原则：（    ）。

     A. 申购、赎回 ETF 采用份额申购、份额赎回的方式，即申购和赎回均以份额申请

     B. 申购、赎回 ETF 的申购对价、赎回对价包括组合证券、现金替代、现金差额及其他对价

     C. 申购、赎回申请提交后不得撤销

     D. 申购、赎回申请提交后可撤销

23. LOF 的上市须由基金管理人及基金托管人共同向深圳证券交易所提交上市申请。基金申请在交易所上市应当具备下列条件：（    ）。

     A. 基金的募集符合《证券投资基金法》的规定

     B. 募集金额不少于 2 亿元人民币

     C. 持有人不少于 1 000 人

     D. 交易所规定的其他条件

24. 基金上市后，投资者可在交易时间内通过交易所各会员单位证券营业部买卖基金份额，以交易系统撮合价成交。LOF 在交易所的交易规则与封闭式基金基本相同，具体内容如下：（    ）。

     A. 买入 LOF 申报数量应为 100 份或其整数倍，申报价格最小变动单位为 0.01 元人民币

     B. 买入 LOF 申报数量应为 100 份或其整数倍，申报价格最小变动单位为 0.001 元人民币

     C. 买入 LOF 申报数量应为 100 份或其整数倍，申报价格最小变动单位为 0.1 元人民币

     D. 深圳证券交易所对 LOF 交易实行价格跌涨幅限制，涨跌幅比例为 10%，自上市首日起执行

25. 下列说法正确的有：（    ）。

     A. LOF 采取"金额申购、份额赎回"原则，即申购以金额申报，赎回以份额申报。LOF 份额的场内、场外申购、赎回均采取"金额申购、份额赎回"原则，申购申报单位为 1 元人民币，赎回申报单位为 1 份基金份额

     B. T 日，场内投资者以深圳证券交易所账户通过证券经营机构向交易所交易系统申报基金申购、赎回申请。场外投资者以深圳证券交易所开放式基金账户

通过代销机构提交基金申购、赎回申请

C. T＋1日，中国结算公司根据基金管理人传送的申购、赎回确认数据，进行场内、场外申购、赎回的基金份额登记过户处理

D. 自T＋2日起，投资者申购份额可用

26. QDII基金的申购、赎回与一般开放式基金申购、赎回的相似点是：（　　）。

A. 申购与赎回的程序、原则，申购份额和赎回金额的确定，巨额赎回的处理办法等都与一般封闭式基金类似

B. 申购和赎回渠道。QDII的申购、赎回渠道与一般开放式基金基本相同，投资者可通过基金管理人的直销中心及代销机构的网点进行QDII基金的申购与赎回。基金管理人可根据情况变更或增减代销机构，并予以公告

C. 申购与赎回的开放日及时间。与一般开放式基金相同，QDII基金申购和赎回的开放日也为证券交易所的交易日（基金管理人公告暂停申购或赎回时除外），投资者应当在开放日的开放时间办理申购和赎回申请。开放时间为9：30～11：30和13：00～15：00

D. 申购与赎回的程序、原则，申购份额和赎回金额的确定，巨额赎回的处理办法等都与一般开放式基金类似

27. 目前，我国开放式基金的注册登记体系有以下几种模式：（　　）。

A. 基金管理人自建注册登记系统的"内置"模式

B. 委托中国结算公司作为注册登记机构的"外置"模式

C. 以上两种情况兼有的"混合"模式

D. 基金管理人自建注册登记系统的"外置"模式

28. 基金份额登记过程实际上是注册登记机构通过注册登记系统对基金投资者所投资基金份额及其变动的确认、记账的过程。这个过程与基金的申购、赎回过程是一致的，具体流程如下：（　　）。

A. T日，投资者的申购、赎回申请信息通过代销机构网点传送至代销机构总部，由代销机构总部将本代销机构的申购、赎回申请信息汇总后统一传送至注册登记机构

B. T＋2日，投资者的申购、赎回申请信息通过代销机构网点传送至代销机构总部，由代销机构总部将本代销机构的申购、赎回申请信息汇总后统一传送至注册登记机构

C. T＋1日，注册登记机构根据T日各代销机构的申购、赎回申请数据及T日的基金份额净值统一进行确认处理，并将确认的基金份额登记至投资者的账户，然后将确认后的申购、赎回数据信息下发至各代销机构。各代销机构再下发至各所属网点

D. T＋1日，投资者的申购、赎回申请信息通过代销机构网点传送至代销机构总部，由代销机构总部将本代销机构的申购、赎回申请信息汇总后统一传送至注册登记机构

29. 基金管理公司的投资管理部门主要包括：（    ）。

    A. 投资部　　　　　　　　　　B. 研究部

    C. 投行部　　　　　　　　　　D. 交易部

30. 基金投资管理的流程包括以下环节：（    ）。

    A. 研究部门提供研究报告。研究部门通过自身研究及借助外部研究机构形成有
       关上市公司分析、行业分析、宏观经济分析、证券市场分析等各类报告，为
       基金的投资管理提供决策依据

    B. 投资决策委员会决定基金总体投资计划。投资决策委员会在认真分析研究部
       门提供的研究报告及投资建议的基础上，根据现行法规、基金合同的有关规
       定，制定包括基金投资原则、策略、投资限制及投资权限等在内的总体投资
       计划

    C. 基金经理制订投资组合具体方案。根据投资决策委员会的决议，基金经理在
       研究部门的研究支持下，结合自身对证券市场和上市公司的分析判断，拟订
       投资组合和投资方案，向交易部下达投资指令

    D. 交易部依据基金经理的投资指令执行交易

31. 对于基金管理人而言，建立完整的基金投资绩效评估体系的目的主要在
    于：（    ）。

    A. 明确各基金及所管理的全部资产组合的时序表现及各种收益风险特征，使公
       司对各基金的总体表现有一个概览

    B. 分析基金投资目标与投资计划之间的差异，为投资计划的进一步完善提供
       参考

    C. 分析基金经理实际投资结果与投资计划间的差异，通过对各基金投资的时机
       把握、个股选择、业绩归因、风险控制等方面的分析，充分了解投资过程中
       各种因素对实现投资结果的影响，从而有助于基金经理的进一步分析，调整
       投资组合，促进投资目标的实现

    D. 完善公司投资决策体制中的反馈机制，为投资决策委员会的决策提供一定的
       参考，并通过对基金投资组合业绩的客观分析，为公司的业绩考核提供部分
       量化指标

32. 作为金融工具的一种，在基金管理人的投资管理活动中，基金投资面临着外部风
    险与内部风险，其中，外部风险包括(    )；内部风险包括：（    ）。

    A. 市场风险　政策风险等系统性风险

    B. 信用风险　经营风险等非系统性风险

    C. 信用风险　经营风险等系统性风险

    D. 基金管理人的合规风险　管理水平风险和职业道德风险等

33. 基金管理人的(    )都将影响到基金的收益水平。

    A. 管理方法　　　　　　　　　B. 管理水平

    C. 管理手段　　　　　　　　　D. 管理技术

34. 基金管理人的风险控制程序由(　　　)等步骤组成。

　　A. 风险评估、确定风险管理战略　　　　B. 风险管理的组织实施

　　C. 监控风险管理业绩　　　　　　　　　D. 改进风险管理能力

35. 在风险控制的组织体系中，参与预防和控制各类风险的组织有：(　　　)。

　　A. 督察长　　　　　　　　　　　　　　B. 风险控制委员会

　　C. 投资决策委员会　　　　　　　　　　D. 监察稽核部门

36. 基金管理人风险控制制度体系由不同层次的制度构成，即：(　　　)。

　　A. 公司章程　　　　　　　　　　　　　B. 内部控制大纲

　　C. 公司基本管理制度　　　　　　　　　D. 部门规章制度

37. 基金投资风险控制的具体措施包括：(　　　)。

　　A. 建立科学的部门分离、岗位分离的基金投资管理的组织机构

　　B. 建立完善的基金投资管理制度、内部风险控制制度

　　C. 采取投资风险管理技术和控制程序

　　D. 实行内部监察稽核控制

38. 基金管理人运用基金财产进行证券投资，不得有下列情形：(　　　)。

　　A. 一只基金持有一家上市公司的股票，其市值超过基金资产净值的10%，同一
　　　　基金管理人管理的全部基金持有一家公司发行的证券，超过该证券的10%

　　B. 基金财产参与股票发行申购，单只基金所申报的金额超过该基金的总资产，
　　　　单只基金所申报的股票数量超过拟发行股票公司本次发行股票的总量

　　C. 违反基金合同关于投资范围、投资策略和投资比例等约定

　　D. 中国证监会规定禁止的其他情形

39. 基金资产估值需考虑的因素是：(　　　)。

　　A. 估值频率。基金一般都按照固定的时间间隔对基金资产进行估值，通常相关
　　　　法规会规定一个最小的估值频率

　　B. 交易价格。当基金投资标的为交易活跃的证券时，对其资产进行估值较为
　　　　容易

　　C. 价格操纵及滥估问题

　　D. 估值方法的一致性及公开性

40. 下列说法错误的是：(　　　)。

　　A. 我国基金资产估值的责任人是基金托管人，但基金托管人对基金管理人的估
　　　　值及净值计算结果负有复核义务和责任

　　B. 我国基金资产估值的责任人是基金投资人，但基金托管人对基金管理人的估
　　　　值及净值计算结果负有复核义务和责任

　　C. 我国基金资产估值的责任人是基金管理人，但基金托管人对基金管理人的估
　　　　值及净值计算结果负有复核义务和责任

　　D. 我国基金资产估值的责任人是基金监管人，但基金托管人对基金管理人的估
　　　　值及净值计算结果负有复核义务和责任

41. 估值程序：（　　）。

    A. 基金份额净值是按照每日收市、闭市后，基金资产净值除以当日基金份额的余额数量计算

    B. 基金份额净值是按照每个开放交易日收市、闭市后，基金资产净值除以当日基金份额的余额数量计算

    C. 基金日常估值由基金管理人进行。基金管理人于每个工作日对基金资产估值后，将基金份额净值结果告知基金托管人

    D. 基金托管人按基金合同规定的估值方法、时间、程序对基金管理人的计算结果进行复核无误后，由基金管理人对外公布。月末、年中和年末估值复核与基金会计账目的核对同时进行

42. 估值的基本原则：（　　）。

    A. 对存在活跃市场的投资品种，如估值日有市价的，应采用市价确定公允价值；估值日无市价的，但最近交易日后经济环境未发生重大变化，应采用最近交易市价确定公允价值；估值日无市价的，且最近交易日后经济环境发生了重大变化的，应参考类似投资品种的现行市价及重大变化因素，调整最近交易市价，确定公允价值

    B. 对不存在活跃市场的投资品种，应采用市场参与者普遍认同且被以往市场实际交易价格验证具有可靠性的估值技术确定公允价值。运用估值技术得出的结果，应反映估值日在公平条件下进行正常商业交易所采用的交易价格。采用估值技术确定公允价值时，应尽可能使用市场参与者在定价时考虑的所有市场参数，并应通过定期校验确保估值技术的有效性

    C. 有充足理由表明按以上估值原则仍不能客观反映相关投资品种公允价值的，基金管理公司应根据具体情况与托管银行进行商定，按最能恰当反映公允价值的价格估值

    D. 有充足理由表明按以上估值原则仍不能客观反映相关投资品种公允价值的，基金管理公司应根据具体情况不需与托管银行进行商定，按最能恰当反映公允价值的价格估值

43. 基金运作费是指为保证基金正常运作而发生的应由基金承担的费用，包括：（　　）。

    A. 审计费、律师费、上市年费　　　　B. 信息披露费、分红手续费

    C. 持有人大会费、开户费　　　　　　D. 银行汇划手续费

44. 下列费用不列入基金管理过程中发生费用：（　　）。

    A. 基金管理人和基金托管人因未履行或未完全履行义务导致的费用支出或基金财产的损失

    B. 基金管理人和基金托管人处理与基金运作无关的事项发生的费用

    C. 基金合同生效前的相关费用，包括但不限于验资费、会计师和律师费、信息披露费等费用

D. 基金管理人和基金投资人处理与基金运作无关的事项发生的费用

45. 界定证券投资基金会计主体的意义在于：（　　）。

　A. 将证券投资基金的管理主体即基金管理公司的经营活动与证券投资基金的投资管理活动联系开来

　B. 将证券投资基金的管理主体即基金管理公司的经营活动与证券投资基金的投资管理活动区别开来

　C. 将基金管理公司管理的不同基金之间的投资管理活动联系开来

　D. 将基金管理公司管理的不同基金之间的投资管理活动区别开来

46. 金融负债在初始确认时划分为：（　　）。

　A. 以实际价值计量且其变动计入当期损益的金融负债

　B. 以公允价值计量且其变动计入当期损益的金融负债

　C. 其他金融负债

　D. 其他负债

47. 基金会计核算的内容主要包括以下几类业务：（　　）。

　A. 证券和衍生工具交易及其清算的核算

　B. 各类资产的利息核算

　C. 开放式基金份额变化的核算

　D. 本期利润及利润分配的核算

48. 投资者从基金分配中获得的股票的（　　），由上市公司和发行债券的企业在向基金派发股息、红利、利息时代扣代缴 20% 的个人所得税。

　A. 利息　　　　　　　　　　　B. 股息

　C. 红利收入　　　　　　　　　D. 企业债券的利息收入

49. 强制性的基金信息披露制度有利于培育和完善市场运行机制，增强市场参与各方对市场的理解和信心。具体而言，基金信息披露的作用主要表现在以下几个方面：（　　）。

　A. 有利于防止利益冲突与利益输送　B. 有利于投资的价值判断

　C. 有利于提高证券市场的效率　　　D. 有利于防止信息滥用

50. 基金信息披露大致可分为（　　）。

　A. 基金募集信息披露　　　　　B. 投资者信息披露

　C. 运作信息披露　　　　　　　D. 临时信息披露

### 三、判断题

1. 基金管理人应当自收到核准文件之日起 5 个月内进行基金份额的发售。基金的募集期限自基金份额发售日开始计算，募集期限不得超过 3 个月。（　　）

　A. 正确　　　　　　　　　　　B. 错误

2. 基金募集期限届满，封闭式基金满足募集的基金份额总额达到核准规模的 80% 以上、基金份额持有人不少于 300 人的要求；开放式基金满足募集份额总额不少于 2 亿份、基金募集金额不少于 2 亿元人民币、基金份额持有人不少于 300 人的要求。

基金管理人应当自募集期限届满之日起 10 日内聘请法定验资机构验资。（　　）

  A. 正确 　　　　　　　　　　　　B. 错误

3. 在基金募集期限届满后 25 日内返还投资者已缴纳的款项，并加计银行同期存款利息。（　　）

  A. 正确 　　　　　　　　　　　　B. 错误

4. 销售机构对认购申请的受理并不代表该申请一定成功，而仅代表销售机构接受了认购申请，申请的成功与否应以注册登记机构的确认结果为准。投资者 T 日提交认购申请后，可于 T＋1 日起到办理认购的网点查询认购申请的受理情况。（　　）

  A. 正确 　　　　　　　　　　　　B. 错误

5. 我国股票型基金的认购费率大多在 1％～1.5％，债券型基金的认购费率通常在 1％以下，货币市场基金一般不收取认购费。（　　）

  A. 正确 　　　　　　　　　　　　B. 错误

6. 后端收费模式设计的目的是为了鼓励投资者能长期持有基金，所以后端收费的认购费率一般设计为随着基金份额持有时间的延长而递减，持有至一定时间后，费率不可降为零。（　　）

  A. 正确 　　　　　　　　　　　　B. 错误

7. 封闭式基金的认购价格一般采用 1 元基金份额面值加计 0.1 元发售费用的方式加以确定。（　　）

  A. 正确 　　　　　　　　　　　　B. 错误

8. 与普通的开放式基金不同，ETF 份额可以用现金认购，也可以用证券认购。现金认购是投资者使用现金认购 ETF 份额的行为；证券认购是投资者使用指定的证券换购 ETF 份额的行为。（　　）

  A. 正确 　　　　　　　　　　　　B. 错误

9. 投资者进行场内现金认购时需具有沪、深证券账户；投资者进行场外现金认购时需具有开放式基金账户或沪、深证券账户；投资者进行证券认购时需具有沪、深 A 股账户。（　　）

  A. 正确 　　　　　　　　　　　　B. 错误

10. LOF 份额的认购分场外认购和场内认购两种方式。场外认购的基金份额注册登记在中国结算公司的开放式基金注册登记系统；场内认购的基金份额登记在中国结算公司的证券登记结算系统。（　　）

  A. 正确 　　　　　　　　　　　　B. 错误

11. 场内认购 LOF 份额，应持深圳人民币普通证券账户或证券投资基金账户；场外认购 LOF 份额，应使用中国结算公司深圳开放式基金账户。（　　）

  A. 正确 　　　　　　　　　　　　B. 错误

12. 发售 QDII 基金的基金管理人，必须具备合格境内机构投资者资格和经营外汇业务资格。（　　）

  A. 正确 　　　　　　　　　　　　B. 错误

13. 封闭式基金的基金份额，经基金管理人申请，中国证监会核准，可以在证券交易所上市交易。（　　）

　　A．正确　　　　　　　　　　　　B．错误

14. 中国证监会可以授权证券交易所依照法定条件和程序核准基金份额上市交易。基金份额上市交易应符合下列条件：

　　（1）基金的募集符合《证券投资基金法》的规定。

　　（2）基金合同期限为5年以上。

　　（3）基金募集金额不低于2亿元人民币。

　　（4）基金份额持有人不少于2000人。

　　（5）基金份额上市交易规则规定的其他条件。（　　）

　　A．正确　　　　　　　　　　　　B．错误

15. 个人投资者开立基金账户，需持本人身份证到证券注册登记机构办理开户手续，办理资金账户需持本人身份证和已经办理的证券账户卡或基金账户卡，到证券经营机构办理。每个有效证件允许开设多个基金账户，已开设证券账户的不能再重复开设基金账户。每位投资者只能开设和使用1个证券账户或基金账户。（　　）

　　A．正确　　　　　　　　　　　　B．错误

16. 封闭式基金的交易遵从"价格优先、时间优先"的原则。"价格优先"指较高价格的买进申报优先于较低价格的买进申报，较低价格的卖出申报优先于较高价格的卖出申报；"时间优先"指买卖方向相同、申报价格相同的，先申报者优先于后申报者，先后顺序按照交易主机接受申报的时间确定。（　　）

　　A．正确　　　　　　　　　　　　B．错误

17. 按照沪、深证券交易所截至2008年9月公布的收费标准，我国基金交易佣金不得高于成交金额的0.2%（深圳证券交易所特别规定该佣金水平不得低于代收的证券交易监管费和证券交易经手费，上海证券交易所无此规定），起点5元，由证券公司向投资者收取。目前，封闭式基金交易不收取印花税。（　　）

　　A．正确　　　　　　　　　　　　B．错误

18. 开放式基金的赎回是指基金份额持有人要求基金管理人购回其所持有的开放式基金份额的行为。（　　）

　　A．正确　　　　　　　　　　　　B．错误

19. 一般情况下，认购期购买基金的费率要比申购期优惠。认购期购买的基金份额一般要经过封闭期才能赎回，申购的基金份额要在申购成功后的第二个工作日才能赎回。（　　）

　　A．正确　　　　　　　　　　　　B．错误

20. 在购买过程中，无论是认购还是申购，在交易时间内，投资者可以多次提交认购/申购申请，注册登记人对投资者认购/申购费用按单个交易账户单笔分别计算。不过，一般来说，投资者在份额发售期内已经正式受理的认购申请不得撤销。对于在当日基金业务办理时间内提交的申购申请，投资者可以在当日15：00

前提交撤销申请，予以撤销；15：00后则无法撤销申请。（ ）

A. 正确 B. 错误

21."金额申购、份额赎回"原则，即申购以金额申请，赎回以份额申请。（ ）

A. 正确 B. 错误

22.投资者在办理开放式基金申购时，一般需要缴纳申购费，但申购费率不得超过申购金额的10%。（ ）

A. 正确 B. 错误

23.和认购费一样，申购费可以采用在基金份额申购时收取的前端收费方式，也可以采用在赎回时从赎回金额中扣除的后端收费方式。基金产品同时设置前端收费模式和后端收费模式的，其前端收费的最高档申购费率应低于对应的后端最高档申购费率。（ ）

A. 正确 B. 错误

24.投资者在办理开放式基金赎回时，一般需要缴纳赎回费，货币市场基金及中国证监会规定的其他品种除外。赎回费率不得超过基金份额赎回金额的5%，赎回费总额的20%归入基金财产。（ ）

A. 正确 B. 错误

25.对于短期交易的投资人，基金管理人可以在基金合同、招募说明书中约定按以下费用标准收取赎回费：

(1) 对于持续持有期少于7日的投资人，收取不低于赎回金额1.5%的赎回费。

(2) 对于持续持有期少于30日的投资人，收取不低于赎回金额0.75%的赎回费。

（ ）

A. 正确 B. 错误

26.投资者申购基金成功后，注册登记机构一般在T+1日为投资者办理增加权益的登记手续，投资者在T+2日起有权赎回该部分的基金份额。投资者赎回基金份额成功后，注册登记机构一般在T+1日为投资者办理扣除权益的登记手续。（ ）

A. 正确 B. 错误

27.单个开放日基金净赎回申请超过基金总份额的10%时，为巨额赎回。单个开放日的净赎回申请，是指该基金的赎回申请加上基金转换中该基金的转出申请之和，扣除当日发生的该基金申购申请及基金转换中该基金的转入申请之和后得到的余额。（ ）

A. 正确 B. 错误

28.当基金管理人认为兑付投资者的赎回申请有困难，或认为兑付投资者的赎回申请进行的资产变现可能使基金份额净值发生较大波动时，基金管理人可以在当日接受赎回比例不低于上一日基金总份额5%的前提下，对其余赎回申请延期办理。对单个基金份额持有人的赎回申请，应当按照其申请赎回份额占申请赎回总份额的比例确定该单个基金份额持有人当日办理的赎回份额。（ ）

A. 正确 B. 错误

29. 当发生巨额赎回及部分延期赎回时，基金管理人应立即向中国证监会备案，在 2 个工作日内在至少一种中国证监会指定的信息披露媒体公告，并说明有关处理方法。（　　）

A. 正确 B. 错误

30. 基金连续 2 个开放日以上发生巨额赎回，如基金管理人认为有必要，可暂停接受赎回申请；已经接受的赎回申请可以延缓支付赎回款项，但不得超过正常支付时间 10 个工作日，并应当在至少一种中国证监会指定的信息披露媒体公告。（　　）

A. 正确 B. 错误

31. 基金的转换业务可视为从一只基金赎回份额，我们称为转出，同时申购另外一只基金的基金份额，我们称为转入。基金转出、转入的基金份额可赎回的时间为 T＋2 日。（　　）

A. 正确 B. 错误

32. 由于不同基金的申购费率、赎回费率不同，基金份额持有人进行基金份额转换的，基金管理人应当按照转出基金的赎回费用加上转出与转入基金申购费用补差的标准收取费用。当转出基金申购费率低于转入基金申购费率时，费用补差为按照转出基金金额计算的申购费用差额；当转出基金申购费率高于转入基金申购费率时，不收取费用补差。（　　）

A. 正确 B. 错误

33. 继承指基金份额持有人死亡，其持有的基金份额由其合法的继承人继承；捐赠指基金份额持有人将其合法持有的基金份额捐赠给福利性质的基金会或社会团体的情形；司法强制执行是指司法机构依据生效司法文书，将基金份额持有人持有的基金份额强制划转给其他自然人、法人、社会团体或其他组织。无论在上述何种情况下，接受划转的主体应符合相关法律法规和基金合同规定的可持有本基金份额的投资者的条件。（　　）

A. 正确 B. 错误

34. 目前，国内开放式基金转托管业务的办理有两步转托管和一步转托管两种方式。两步转托管为基金持有人在原销售机构办理转出手续后，还需到转入机构办理转入手续；一步转托管为基金持有人在原销售机构同时办理转出、转入手续，投资人在转出方进行申报，基金份额转托管一次完成。具体办理方法参照基金管理公司的有关业务规则以及基金代销机构的业务规则。（　　）

A. 正确 B. 错误

35. 通常，基金注册登记机构只受理国家有权机关依法要求的基金份额的冻结与解冻，以及注册登记机构认可的其他情况下的冻结与解冻。基金份额被冻结的，被冻结部分产生的权益不冻结。（　　）

A. 正确 B. 错误

36. ETF 份额的申购、赎回。投资者可办理申购、赎回业务的开放日为证券交易所的交易日，开放时间为 9：30～11：30 和 13：00～15：00。在此时间之外不办理

基金份额的申购、赎回。（　　）

 A. 正确        B. 错误

37. 投资者申购、赎回的基金份额须为最小申购、赎回单位的整数倍。一般最小申购、赎回单位为50万份，基金管理人有权对其进行更改，并在更改前至少3个工作日在至少一种中国证监会指定的信息披露媒体公告。（　　）

 A. 正确        B. 错误

38. ETF的基金管理人每日开市前会根据基金资产净值、投资组合以及标的指数的成分股情况，公布证券申购与赎回清单。投资者可依据清单内容，将成分股票交付ETF的基金管理人以取得"证券申购基数"或其整数倍的ETF。以上流程将创造出新的ETF份额，使得ETF份额总量增加，称为"证券申购"。（　　）

 A. 正确        B. 错误

39. T日，投资者的申购、赎回申请信息通过代销机构网点传送至代销机构总部，由代销机构总部将本代销机构的申购、赎回申请信息汇总后统一传送至注册登记机构。T+2日，注册登记机构根据T日各代销机构的申购、赎回申请数据及T日的基金份额净值统一进行确认处理，并将确认的基金份额登记至投资者的账户，然后将确认后的申购、赎回数据信息下发至各代销机构。（　　）

 A. 正确        B. 错误

40. 基金份额申购、赎回的资金清算是由注册登记机构根据确认的投资者申购、赎回数据信息进行的。按照清算结果，投资者的申购、赎回资金将会从投资者的资金账户转移至基金在托管银行开立的基金的银行存款账户或从基金的银行存款转移至投资者的资金账户。（　　）

 A. 正确        B. 错误

41. 基金的投资管理就是基金管理人严格按照基金合同的约定，在规定的投资范围内，按照既定的投资策略，实现基金的投资目标的过程。（　　）

 A. 正确        B. 错误

42. 基金管理公司的投资管理部门主要包括投资部、研究部以及交易部。投资部负责根据投资决策委员会制定的投资原则和计划进行股票选择和组合管理，向交易部下达投资指令；同时，投资部还担负投资计划反馈的职能，及时向投资决策委员会提供市场动态信息。研究部是基金投资运作的支持部门，主要从事宏观经济分析、行业发展状况分析和上市公司价值分析。交易部是基金投资运作的具体执行部门，负责组织、制定和执行交易计划。（　　）

 A. 正确        B. 错误

43. 投资决策委员会决定基金总体投资计划。投资决策委员会在认真分析研究部门提供的研究报告及投资建议的基础上，根据现行法规、基金合同的有关规定，制定包括基金投资原则、策略、投资限制及投资权限等在内的总体投资计划。（　　）

 A. 正确        B. 错误

44. 基金的交易管理是基金经理投资指令具体执行的重要环节。基金的交易实行集中交易管理制度，基金管理人设有中央交易室，以公正、公平为原则，实行统一交易、统一管理，确保各投资组合享有公平的交易执行机会。（　　）

A. 正确　　　　　　　　　　　　B. 错误

45. 基金的绩效评估是指基金管理人采取一定的方法，它不能准确反映基金投资管理的综合绩效水平。（　　）

A. 正确　　　　　　　　　　　　B. 错误

46. 在基金管理人的投资管理活动中，基金投资面临着外部风险与内部风险，其中，外部风险包括市场风险、政策风险等系统性风险和信用风险、经营风险等非系统性风险；内部风险包括基金管理人的合规风险、管理水平风险和职业道德风险等。（　　）

A. 正确　　　　　　　　　　　　B. 错误

47. 为了建立健全基金管理人内部风险控制体系，保证基金长期稳健运作，防范和化解基金运作中的各种风险，保护基金份额持有人的利益，基金管理人通过建立风险控制组织体系与风险控制制度体系，建立严格、合理的风险控制程序，对基金运作中可能出现的风险加以控制。（　　）

A. 正确　　　　　　　　　　　　B. 错误

48. 基金资产估值是指通过对基金所拥有的全部资产及所有负债按一定的原则和方法进行估算，进而确定基金资产公允价值的过程。基金资产总值是指基金全部资产的价值总和。从基金资产总值中扣除所有负债即基金资产净值。基金资产净值除以基金当前的总份额，就是基金的份额净值。（　　）

A. 正确　　　　　　　　　　　　B. 错误

49. 当基金投资标的为交易活跃的证券时，对其资产进行估值较为容易。在这种情况下，市场交易价格是可获得并被接受的，也是公允的，直接采用市场交易价格就可以对标的资产估值。对于交易不活跃的证券，则需要根据不同的情况采取不同的方法。同时，我国针对投资标的交易不活跃的情况，在相关法律法规中明确规定了相应的估值方法。（　　）

A. 正确　　　　　　　　　　　　B. 错误

50. 为准确、及时进行基金估值和份额净值计价，基金管理公司应制定基金估值和份额净值计价的业务管理制度，明确基金估值的原则和程序；建立健全估值决策体系；使用合理、可靠的估值业务系统；加强对业务人员的培训，确保估值人员熟悉各类投资品种的估值原则及具体估值程序；不断完善相关风险监测、控制和报告机制；根据基金投资策略定期审阅估值原则和程序，确保其持续适用性。（　　）

A. 正确　　　　　　　　　　　　B. 错误

## 参考答案

一、单项选择题

1. C　　　　　2. D　　　　　3. A　　　　　4. B　　　　　5. C

| 6. A | 7. B | 8. B | 9. C | 10. A |
|------|------|------|------|-------|
| 11. B | 12. C | 13. D | 14. B | 15. C |
| 16. D | 17. B | 18. D | 19. B | 20. C |
| 21. D | 22. A | 23. B | 24. D | 25. B |
| 26. D | 27. C | 28. A | 29. B | 30. A |
| 31. D | 32. C | 33. C | 34. D | 35. C |
| 36. D | 37. D | 38. B | 39. D | 40. D |
| 41. B | 42. D | 43. D | 44. C | 45. D |
| 46. A | 47. C | 48. D | | |

## 二、不定项选择题

| 1. ABCD | 2. ABCD | 3. ABCD | 4. BD | 5. BCD |
|---------|---------|---------|-------|--------|
| 6. AB | 7. ABC | 8. AB | 9. ABC | 10. ABCD |
| 11. ABCD | 12. CD | 13. ABC | 14. AC | 15. B |
| 16. BC | 17. ACD | 18. ABD | 19. ABCD | 20. BC |
| 21. ABCD | 22. ABC | 23. ABCD | 24. BD | 25. ABCD |
| 26. BCD | 27. ABC | 28. AC | 29. ABD | 30. ABCD |
| 31. ABCD | 32. ABD | 33. BCD | 34. ABCD | 35. ABCD |
| 36. ABCD | 37. ABCD | 38. ABCD | 39. ABCD | 40. ABD |
| 41. BCD | 42. ABC | 43. ABCD | 44. ABC | 45. BD |
| 46. BC | 47. ABCD | 48. BCD | 49. ABCD | 50. ACD |

## 三、判断题

| 1. B | 2. B | 3. B | 4. B | 5. A |
|------|------|------|------|------|
| 6. B | 7. B | 8. A | 9. A | 10. A |
| 11. A | 12. A | 13. A | 14. B | 15. B |
| 16. A | 17. B | 18. A | 19. A | 20. A |
| 21. A | 22. B | 23. A | 24. B | 25. A |
| 26. A | 27. A | 28. B | 29. B | 30. B |
| 31. A | 32. A | 33. A | 34. A | 35. B |
| 36. A | 37. B | 38. A | 39. B | 40. A |
| 41. A | 42. A | 43. A | 44. A | 45. B |
| 46. A | 47. A | 48. A | 49. A | 50. A |

# 第四章　证券投资基金的销售

## 一、本章知识体系

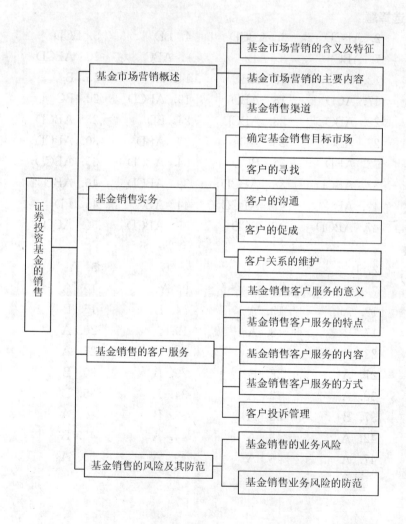

## 二、本章知识要点

**(一) 基金市场营销概述**

1. 基金市场营销的含义与特征

(1) 基金市场营销的含义。证券投资基金的市场营销是指基金销售机构从客户基金投资需求出发所进行的基金产品组合设计、销售、售后服务等一系列活动的总称。

(2) 基金市场营销的特征：①规范性；②服务性；③专业性；④持续性；⑤适用性。

2. 基金市场营销的主要内容

本部分主要介绍开放式基金的市场营销，其涉及的内容包括目标市场与投资者的确定、营销环境的分析、营销组合的设计、营销过程的管理。

3. 基金销售渠道

(1) 国际基金销售渠道的状况。

(2) 我国基金销售渠道的现状。

**(二) 基金营销实务**

1. 确定基金销售目标市场

2. 客户的寻找

3. 客户的沟通

4. 客户的促成

5. 客户关系的维护

**(三) 基金销售的客户服务**

基金是金融产品，客户购买基金时无法体验实物，产品的品质也体现为基金未来的收益和销售人员的持续服务。服务性是基金营销的最大特性，也贯穿了基金销售工作的整个过程。本节介绍的服务指的是基金销售机构和基金营销人员为客户提供的各类服务。

1. 基金销售客户服务的意义

2. 基金销售客户服务的特点

3. 基金销售客户服务的内容

4. 基金销售客户服务的方式

5. 客户投诉管理

**(四) 基金销售的风险及其防范**

1. 基金销售的业务风险

(1) 合规风险。

(2) 操作风险。

(3) 技术风险。

2. 基金销售业务风险的防范

(1) 合规风险防范。

(2) 操作风险防范。

(3) 技术风险防范。

# 三、同步强化练习题及参考答案

## 同步强化练习题

### 一、单项选择题

1. 证券投资基金的市场营销是指(　　)。

A. 销售机构根据客户不同的需求特征将整体市场区分成若干个不同群体的过程，区分后的客户需求在一个或若干个方面具有相同或相近的特征，以便销售机构采取相应的特定营销战略来满足这些客户群的需要，以期顺利完成经营目标

B. 基金销售机构从客户基金投资需求出发所进行的基金产品组合设计、销售、售后服务等一系列活动的总称

C. 一种通过银行、证券公司、保险公司、财务顾问公司、独立投资顾问等代销机构销售基金的方法

D. 对基金销售机构进行基金营销的各种内部、外部因素的统称

2. 规范性是指(　　)。

A. 投资基金所有的产品都一样

B. 基金是一种金融产品，投资者购买基金时无法体验实物，产品的品质也体现为基金未来的收益和营销人员的持续服务。为克服无形服务本身的困难，营销人员不但要向投资者说明基金产品的本质，还必须以高质量的服务、投资者的口耳相传、公司的品牌形象宣传等，增强可靠的信誉，扩大投资者基础

C. 基金是面向广大投资者的金融理财产品，为了保护投资者的利益，监管部门从基金销售机构、基金营销人员、基金销售费用、基金销售宣传推介等多个角度制定了基金营销活动的监管规定。基金销售机构、基金营销人员在开展基金营销活动时，必须严格遵守这些规定

D. 基金是投资于股票、债券、货币市场工具等多种金融产品的组合投资工具，客观上要求营销人员广泛了解和掌握股票市场、债券市场、货币市场等各种金融工具，在营销过程中将有关知识以服务的方式传递给投资者。与一般有形产品的营销相比，基金对营销人员的专业水平有更高的要求

3. 服务性是指(　　)。

A. 投资基金对基金托管人具有服务性质

B. 基金是一种金融产品，投资者购买基金时无法体验实物，产品的品质也体现为基金未来的收益和营销人员的持续服务。为克服无形服务本身的困难，营销人员不但要向投资者说明基金产品的本质，还必须以高质量的服务、投资者的口耳相传、公司的品牌形象宣传等，增强可靠的信誉，扩大投资者基础

C. 基金是面向广大投资者的金融理财产品，为了保护投资者的利益，监管部门从基金销售机构、基金营销人员、基金销售费用、基金销售宣传推介等多个角度制定了基金营销活动的监管规定。基金销售机构、基金营销人员在开展基金营销活动时，必须严格遵守这些规定

D. 基金是投资于股票、债券、货币市场工具等多种金融产品的组合投资工具，客观上要求营销人员广泛了解和掌握股票市场、债券市场、货币市场等各种金融工具，在营销过程中将有关知识以服务的方式传递给投资者。与一般有形产品的营销相比，基金对营销人员的专业水平有更高的要求

4. 专业性是指（　　）。

A. 基金管理人具有专业性

B. 基金是一种金融产品，投资者购买基金时无法体验实物，产品的品质也体现为基金未来的收益和营销人员的持续服务。为克服无形服务本身的困难，营销人员不但要向投资者说明基金产品的本质，还必须以高质量的服务、投资者的口耳相传、公司的品牌形象宣传等，增强可靠的信誉，扩大投资者基础

C. 基金是面向广大投资者的金融理财产品，为了保护投资者的利益，监管部门从基金销售机构、基金营销人员、基金销售费用、基金销售宣传推介等多个角度制定了基金营销活动的监管规定。基金销售机构、基金营销人员在开展基金营销活动时，必须严格遵守这些规定

D. 基金是投资于股票、债券、货币市场工具等多种金融产品的组合投资工具，客观上要求营销人员广泛了解和掌握股票市场、债券市场、货币市场等各种金融工具，在营销过程中将有关知识以服务的方式传递给投资者。与一般有形产品的营销相比，基金对营销人员的专业水平有更高的要求

5. 营销环境是指（　　）。

A. 销售机构根据客户不同的需求特征将整体市场区分成若干个不同群体的过程，区分后的客户需求在一个或若干个方面具有相同或相近的特征，以便销售机构采取相应的特定营销战略来满足这些客户群的需要，以期顺利完成经营目标

B. 基金销售机构从客户基金投资需求出发所进行的基金产品组合设计、销售、售后服务等一系列活动的总称

C. 一种通过银行、证券公司、保险公司、财务顾问公司、独立投资顾问等代销机构销售基金的方法

D. 对基金销售机构进行基金营销的各种内部、外部因素的统称

6. 下列说法正确的是（　　）。

A. 基金销售机构对未来销售的预测数据等进行收集、评价、总结，针对拟销售基

金的目标市场，认真分析经济发展趋势与结构、证券市场发展情况、法律法规及政策预期以及竞争者及竞争产品、目标客户潜力等要素，以避开威胁因素，找到有吸引力的市场机会

B. 基金销售机构对以往销售的历史数据等进行收集、评价、总结，针对拟销售基金的目标市场，认真分析经济发展趋势与结构、证券市场发展情况、法律法规及政策预期以及竞争者及竞争产品、目标客户潜力等要素，以避开威胁因素，找到具有绝对优势的市场机会

C. 基金销售机构对以往销售的历史数据等进行收集、评价、总结，针对拟销售基金的目标市场，认真分析经济发展趋势与结构、证券市场发展情况、法律法规及政策预期以及竞争者及竞争产品、目标客户潜力等要素，以避开威胁因素，找到有吸引力的市场机会

D. 基金销售机构不用对以往销售的历史数据等进行收集、评价、总结，就可以找到有吸引力的市场机会

7. 代销是指（　　）。

A. 销售机构根据客户不同的需求特征将整体市场区分成若干个不同群体的过程，区分后的客户需求在一个或若干个方面具有相同或相近的特征，以便销售机构采取相应的特定营销战略来满足这些客户群的需要，以期顺利完成经营目标

B. 基金销售机构从客户基金投资需求出发所进行的基金产品组合设计、销售、售后服务等一系列活动的总称

C. 一种通过银行、证券公司、保险公司、财务顾问公司、独立投资顾问等代销机构销售基金的方法

D. 对基金销售机构进行基金营销的各种内部、外部因素的统称

8. 基金销售市场细分是指（　　）。

A. 销售机构根据客户不同的需求特征将整体市场区分成若干个不同群体的过程，区分后的客户需求在一个或若干个方面具有相同或相近的特征，以便销售机构采取相应的特定营销战略来满足这些客户群的需要，以期顺利完成经营目标

B. 基金销售机构从客户基金投资需求出发所进行的基金产品组合设计、销售、售后服务等一系列活动的总称

C. 一种通过银行、证券公司、保险公司、财务顾问公司、独立投资顾问等代销机构销售基金的方法

D. 对基金销售机构进行基金营销的各种内部、外部因素的统称

9. 易入原则是指（　　）。

A. 完成市场细分后，销售机构有能力向某一细分市场提供其所需的基金产品和服务，即该细分市场易于开发，便于进入

B. 细分市场在今后的一段时期内，市场规模会不断扩大，市场容量会稳步增长，并且有可能引申出更多的营销机会

C. 根据市场调查、专业咨询等途径提供的各个细分市场的特征要素，能够测算出

　　细分市场的客户数量、销售规模、购买潜力等量化指标

　　D. 每个细分市场有明显的区分标准，让销售机构能够清楚地认识不同细分市场的客户差异，提供个性化的产品和服务，以确保营销策略具有针对性

10. 可测原则是指（　　）。

　　A. 完成市场细分后，销售机构有能力向某一细分市场提供其所需的基金产品和服务，即该细分市场易于开发，便于进入

　　B. 细分市场在今后的一段时期内，市场规模会不断扩大，市场容量会稳步增长，并且有可能引申出更多的营销机会

　　C. 根据市场调查、专业咨询等途径提供的各个细分市场的特征要素，能够测算出细分市场的客户数量、销售规模、购买潜力等量化指标

　　D. 每个细分市场有明显的区分标准，让销售机构能够清楚地认识不同细分市场的客户差异，提供个性化的产品和服务，以确保营销策略具有针对性

11. 成长原则是指（　　）。

　　A. 完成市场细分后，销售机构有能力向某一细分市场提供其所需的基金产品和服务，即该细分市场易于开发，便于进入

　　B. 细分市场在今后的一段时期内，市场规模会不断扩大，市场容量会稳步增长，并且有可能引申出更多的营销机会

　　C. 根据市场调查、专业咨询等途径提供的各个细分市场的特征要素，能够测算出细分市场的客户数量、销售规模、购买潜力等量化指标

　　D. 每个细分市场有明显的区分标准，让销售机构能够清楚地认识不同细分市场的客户差异，提供个性化的产品和服务，以确保营销策略具有针对性

12. 识别原则是指（　　）。

　　A. 完成市场细分后，销售机构有能力向某一细分市场提供其所需的基金产品和服务，即该细分市场易于开发，便于进入

　　B. 细分市场在今后的一段时期内，市场规模会不断扩大，市场容量会稳步增长，并且有可能引申出更多的营销机会

　　C. 根据市场调查、专业咨询等途径提供的各个细分市场的特征要素，能够测算出细分市场的客户数量、销售规模、购买潜力等量化指标

　　D. 每个细分市场有明显的区分标准，让销售机构能够清楚地认识不同细分市场的客户差异，提供个性化的产品和服务，以确保营销策略具有针对性

13. 地理因素的具体变量不包括（　　）。

　　A. 国家、地区、乡村城市规模　　　　B. 交通通信条件、不同气候

　　C. 人类心理不同　　　　　　　　　　D. 不同的地形地貌、人口密度

14. 下列说法错误的是（　　）。

　　A. 按照人口因素细分是指根据人口统计因素的具体变量来细分市场

　　B. 主要的人口因素变量包括年龄、性别、家庭规模、家庭收入、职业、教育程度

C. 国籍、家庭生命周期、宗教、民族、社会阶层等也会属于人口因素

D. 按照人口因素细分是指根据人口心理因素的具体变量来细分市场

15. 按照心理因素细分就是(　　)。

A. 按人口统计等因素将市场进行细分。由于社会阶层、生活方式、性格、投资动机、性别、年龄、兴趣爱好以及对市场营销因素的反应程度等存在差异，投资者往往会有不同的投资需求和不同的投资心理

B. 按客户的个性特点、心理特征等因素将市场进行细分。由于社会阶层、生活方式、性格、投资动机、性别、年龄、兴趣爱好以及对市场营销因素的反应程度等存在差异，管理者往往会有不同的投资需求和不同的投资心理

C. 按客户的个性特点、心理特征等因素将市场进行细分。由于社会阶层、生活方式、性格、投资动机、性别、年龄、兴趣爱好以及对市场营销因素的反应程度等存在差异，投资者往往会有不同的投资需求和不同的投资心理

D. 按客户的个性特点、心理特征等因素将市场进行细分。由于社会阶层、生活方式、性格、投资动机、性别、年龄、兴趣爱好以及对市场营销因素的反应程度等存在差异，托管者往往会有不同的投资需求和不同的投资心理

16. 目标市场就是(　　)。

A. 销售机构寻求适合的具有共同需求或特征的客户群体，可以是一个细分市场，也可能是一系列细分市场

B. 销售机构寻求适合的具有不同需求或特征的客户群体，可以是一个细分市场，也可能是一系列细分市场

C. 在目标客户中寻找有需求、有购买能力、未来有望成为现实客户的将来购买者

D. 在目标客户中寻找有需求、有购买能力、已经成为现实客户的购买者

17. 无差异目标市场策略是指(　　)。

A. 不考虑各细分市场的差异性，将它们视为一个分开的具体市场，认为所有客户对基金投资有共同的需求

B. 不考虑各细分市场的差异性，将它们视为一个统一的整体市场，认为所有客户对基金投资有共同的需求

C. 销售机构在市场细分的基础上，根据自身条件和营销环境，选择两个或者更多的细分市场作为目标市场，并对应每一个目标市场分别设计出满足不同客户需求的产品和服务的一种策略

D. 销售机构在市场细分的基础上，根据自身条件和营销环境，选择一个细分市场作为目标市场，并对应每一个目标市场分别设计出满足不同客户需求的产品和服务的一种策略

18. 差异性目标市场策略是指(　　)。

A. 考虑各细分市场的差异性，将它们视为一个统一的整体市场，认为所有客户对基金投资有共同的需求

B. 不考虑各细分市场的差异性，将它们视为一个统一的整体市场，认为所有客户对基金投资有共同的需求

C. 销售机构在市场细分的基础上，根据自身条件和营销环境，选择两个或者更多的细分市场作为目标市场，并对应每一个目标市场分别设计出满足不同客户需求的产品和服务的一种策略

D. 销售机构在市场细分的基础上，根据自身条件和营销环境，选择一个细分市场作为目标市场，并对应每一个目标市场分别设计出满足不同客户需求的产品和服务的一种策略

19. 客户的寻找是指(　　)。

A. 销售机构寻求适合的具有共同需求或特征的客户群体，可以是一个细分市场，也可能是一系列细分市场

B. 销售机构寻求适合的具有不同需求或特征的客户群体，可以是一个细分市场，也可能是一系列细分市场

C. 在目标客户中寻找有需求、有购买能力、未来有望成为现实客户的将来购买者

D. 在目标客户中寻找有需求、有购买能力、已经成为现实客户的购买者

20. 根据客户对销售机构的重要程度，潜在客户不可划分为(　　)。

　　A. 重要客户　　　　　　　　　B. 次要客户

　　C. 客户　　　　　　　　　　　D. 普通客户

21. 根据客户购买基金的行为，不可以分为(　　)。

　　A. 未来购买　　　　　　　　　B. 潜在购买（从未购买基金产品）

　　C. 持续购买（购买已有基金产品）　D. 更新购买（更换基金产品）

22. 根据客户与营销人员的关系来划分，不可分为(　　)。

　　A. 直接关系型　　　　　　　　B. 间接关系型

　　C. 陌生关系型　　　　　　　　D. 熟悉关系型

23. 客户的促成是(　　)。

A. 建立客户关系的第一个环节，客户通过销售机构购买基金产品，标志着客户关系已经建立，双方合作关系正式开展

B. 建立客户关系的最后一个环节，客户通过销售机构购买基金产品，不能标志客户关系已经建立

C. 建立客户关系的最后一个环节，客户通过销售机构购买基金产品，标志着客户关系已经建立，双方合作关系正式开展

D. 建立客户关系的最后一个环节，客户通过销售机构购买基金产品，标志着客户关系已经建立，但是双方并不是合作关系

24. 定期定额是(　　)。

A. 为了集中风险、提高收益，按照既定的预期收益和风险程度要求精心挑选出由一定数量的基金有机组合而成的基金产品组合

B. 为了进一步分散风险、提高收益，按照既定的预期收益和风险程度要求精心挑选出由一定数量的基金有机组合而成的基金产品组合

C. 基金申购业务的一种方式，客户可以通过销售机构提交申请，约定扣款周期、扣款日期、扣款金额，由销售机构于约定扣款日在客户指定资金账户内自动完成扣款及基金申购业务

D. 开放式基金份额的转换，是指投资者不需要先赎回已持有的基金份额，就可以将其持有的基金份额转换为同一基金管理人管理，并在同一注册登记人处登记的另一基金份额的业务模式

25. 基金转换是指(　　)。

A. 为了集中风险、提高收益，按照既定的预期收益和风险程度要求精心挑选出由一定数量的基金有机组合而成的基金产品组合

B. 为了进一步分散风险、提高收益，按照既定的预期收益和风险程度要求精心挑选出由一定数量的基金有机组合而成的基金产品组合

C. 基金申购业务的一种方式，客户可以通过销售机构提交申请，约定扣款周期、扣款日期、扣款金额，由销售机构于约定扣款日在客户指定资金账户内自动完成扣款及基金申购业务

D. 开放式基金份额的转换，是指投资者不需要先赎回已持有的基金份额，就可以将其持有的基金份额转换为同一基金管理人管理，并在同一注册登记人处登记的另一基金份额的业务模式

26. 基金组合投资是指(　　)。

A. 为了集中风险、提高收益，按照既定的预期收益和风险程度要求精心挑选出由一定数量的基金有机组合而成的基金产品组合

B. 为了进一步分散风险、提高收益，按照既定的预期收益和风险程度要求精心挑选出由一定数量的基金有机组合而成的基金产品组合

C. 基金申购业务的一种方式，客户可以通过销售机构提交申请，约定扣款周期、扣款日期、扣款金额，由销售机构于约定扣款日在客户指定资金账户内自动完成扣款及基金申购业务

D. 开放式基金份额的转换，是指投资者不需要先赎回已持有的基金份额，就可以将其持有的基金份额转换为同一基金管理人管理，并在同一注册登记人处登记的另一基金份额的业务模式

27. 客户维护的核心主要是(　　)。

A. 销售

B. 推销

C. 促销

D. 对销售核心业务的维护，同时附加产品及人际关系的维护

28. 有关客户追踪的理解不正确的是(　　)。

A. 客户追踪就是建立起连接销售机构与客户之间的桥梁，持续有效地追踪销售

业务中的薄弱环节，及时解决问题

B. 追踪工作的目标是保证并提高客户对销售机构产品和服务的满意度，维护销售机构与客户关系的稳定和发展

C. 追踪工作的目标是进一步促销

D. 定期向客户提供有用的信息服务，包括宏观经济信息、证券市场信息、基金产品信息等；对客户的财务情况、投资情况进行跟踪并及时做出反应；客户资料发生变更时，及时更新原有的客户记录等

29. 基金销售的客户服务是指（　　）。

A. 客户在投资基金的过程中，基金销售机构或人员为解决客户有关问题而提供的系列活动

B. 托管人在投资基金的过程中，基金销售机构或人员为解决客户有关问题而提供的系列活动

C. 管理人在投资基金的过程中，基金销售机构或人员为解决客户有关问题而提供的系列活动

D. 监管人在投资基金的过程中，基金销售机构或人员为解决客户有关问题而提供的系列活动

30. 基金在营销活动上具有专业性是指（　　）。

A. 基金是投资于股票、债券、货币市场工具等多种金融产品的组合投资工具，产品本身具有很强的专业性，而且随着基金公司规模的扩大和业务的发展，基金产品线也在日益完善，产品种类日益增多

B. 在基金销售的过程中，基金的认购、申购、赎回等交易都有详细的业务规则，销售机构开展营销活动、营销人员向客户推介基金等都需要遵守相关的法规规定，因此销售机构在提供服务时必须遵守法规规定和业务规则，还要积极开展投资者教育活动，让客户了解基金、了解基金投资、了解自身的风险承受能力，向客户做好规则解释和风险揭示的工作，提高客户自身的风险防范意识

C. 客户到销售机构购买基金份额不是一次简单的买卖行为，销售机构要保持长时间、持续的服务。如一般投资者购买基金以后，首先会比较关心基金购买是否成功

D. 开放式基金每个工作日的份额净值都有可能发生变化，而份额净值的高低直接关系到投资者的利益，任何失误与迟误都会造成很大问题

31. 基金在营销活动上的持续性是指（　　）。

A. 基金是投资于股票、债券、货币市场工具等多种金融产品的组合投资工具，产品本身具有很强的专业性，而且随着基金公司规模的扩大和业务的发展，基金产品线也在日益完善，产品种类日益增多，要求服务人员除了具有金融基础知识外，还需要深入掌握各类基金产品的专业基本知识

B. 在基金销售的过程中，基金的认购、申购、赎回等交易都有详细的业务规则，

销售机构开展营销活动、营销人员向客户推介基金等都需要遵守相关的法规规定，因此销售机构在提供服务时必须遵守法规规定和业务规则，还要积极开展投资者教育活动，让客户了解基金、了解基金投资、了解自身的风险承受能力，向客户做好规则解释和风险揭示的工作，提高客户自身的风险防范意识

C. 客户到销售机构购买基金份额不是一次简单的买卖行为，销售机构要保持长时间、持续的服务。如一般投资者购买基金以后，首先会比较关心基金购买是否成功

D. 基金产品时效性的特点决定了客户服务的时效性。开放式基金每个工作日的份额净值都有可能发生变化，而份额净值的高低直接关系到投资者的利益，任何失误与迟误都会造成很大问题

32. 售前服务是指（　　　）。

A. 销售服务

B. 在开始基金投资操作前为客户提供的各项服务。主要内容包括：向客户介绍证券市场基础知识、基金基础知识，普及基金相关法律规定；介绍基金管理人投资运作情况，让客户充分了解基金投资的特点、不同类型基金的风险收益特征；开展投资者风险教育，介绍基金投资的风险及化解风险的办法等

C. 客户在基金投资操作过程中享受的服务。主要包括：协助客户完成风险承受能力测试并细致解释测试结果；为客户提供投资咨询建议，推介符合适用性原则的基金；介绍基金产品信息、费率信息、基金业务办理流程及注意事项；协助客户办理开立账户、买卖、资料变更等基金业务

D. 在完成基金投资操作后为投资者提供的服务。主要包括：提醒客户及时核对交易确认；向客户介绍客户服务、信息查询、客户投资的办法和路径；在基金公司、基金产品发生变动时及时通知客户等

33. 售中服务是指（　　　）。

A. 销售服务

B. 在开始基金投资操作前为客户提供的各项服务。主要内容包括：向客户介绍证券市场基础知识、基金基础知识，普及基金相关法律规定；介绍基金管理人投资运作情况，让客户充分了解基金投资的特点、不同类型基金的风险收益特征；开展投资者风险教育，介绍基金投资的风险及化解风险的办法等

C. 客户在基金投资操作过程中享受的服务。主要包括：协助客户完成风险承受能力测试并细致解释测试结果；为客户提供投资咨询建议，推介符合适用性原则的基金；介绍基金产品信息、费率信息、基金业务办理流程及注意事项；协助客户办理开立账户、买卖、资料变更等基金业务

D. 在完成基金投资操作后为投资者提供的服务。主要包括：提醒客户及时核对交易确认；向客户介绍客户服务、信息查询、客户投资的办法和路径；在基金公司、基金产品发生变动时及时通知客户等

34. 售后服务是指( )。

    A. 销售服务

    B. 在开始基金投资操作前为客户提供的各项服务。主要内容包括：向客户介绍证券市场基础知识、基金基础知识，普及基金相关法律规定；介绍基金管理人投资运作情况，让客户充分了解基金投资的特点、不同类型基金的风险收益特征；开展投资者风险教育，介绍基金投资的风险及化解风险的办法等

    C. 客户在基金投资操作过程中享受的服务。主要包括：协助客户完成风险承受能力测试并细致解释测试结果；为客户提供投资咨询建议，推介符合适用性原则的基金；介绍基金产品信息、费率信息、基金业务办理流程及注意事项；协助客户办理开立账户、买卖、资料变更等基金业务

    D. 在完成基金投资操作后为投资者提供的服务。主要包括：提醒客户及时核对交易确认；向客户介绍客户服务、信息查询、客户投资的办法和路径；在基金公司、基金产品发生变动时及时通知客户等

35. 客户投诉的根本原因是( )。

    A. 客户没有得到预期的服务，即使销售机构提供了良好的服务、对基金业务规则解释详尽，但只要与客户的预期存在差距，依然会产生客户投诉

    B. 服务不到位

    C. 促销不成功

    D. 客户维护不好

36. 下列说法不正确的是( )。

    A. 客户投诉因为客户的无理要求过多

    B. 客户投诉的原因是客户没有得到预期的服务，即使销售机构提供了良好的服务、对基金业务规则解释详尽，但只要与客户的预期存在差距，依然会产生客户投诉

    C. 客户投诉是客户主动反馈问题的方式，也是客户信任销售机构的一种表现，客户相信销售机构能够帮助其解决遇到的问题，因此，客户的投诉对销售机构来讲也是非常珍贵的

    D. 应该尽量回避客户的投诉

37. 下列有关基金销售人员的合规风险的说法，不正确的是( )。

    A. 基金销售机构聘用的员工违反法律法规或机构内部规章等有关规定，致使基金投资者或基金销售机构利益遭受损失的可能

    B. 向他人提供基金未公开的信息

    C. 不得散布虚假信息，扰乱市场秩序；接受投资者全权委托，直接代理客户进行基金认购、申购、赎回等交易；对投资者做出盈亏承诺，或与投资者以口头或书面形式约定利益分成或亏损分担；挪用投资者的交易资金或基金份额等

    D. 销售人员可以透露投资者的信息

38. 基金销售的操作风险主要是指（　　　）。

A. 销售的风险

B. 在办理基金销售业务中，由于业务制度不健全或有章不循、违章操作、操作失误等人为因素而使基金销售业务出现差错，使投资者和销售机构遭受损失的可能性。主要包括：投资者开户时审核证件、资料不严导致的风险；销售人员处理投资者申请出现差错引起的风险；资金清算交收失误引起的风险等

C. 服务的风险

D. 资产管理的风险

39. 基金销售的客户服务是指（　　　）。

A. 基金托管人的服务

B. 基金管理人的服务

C. 客户在投资基金的过程中，基金销售机构或人员为解决客户有关问题而提供的系列活动

D. 基金监管人的服务

40. 客户维护的核心主要是（　　　）。

A. 对销售核心业务的维护，同时附加产品及人际关系的维护

B. 产品维护

C. 销售维护

D. 经营维护

41. 客户流失的原因不包括（　　　）。

A. 价格原因
B. 服务原因
C. 技术原因
D. 人为原因

42. 基金组合投资是指（　　　）。

A. 为了进一步集中风险、提高收益，按照既定的预期收益和风险程度要求精心挑选出由一定数量的基金有机组合而成的基金产品组合

B. 为了进一步分散风险、提高收益，按照既定的预期收益和风险程度要求精心挑选出由一定数量的基金有机组合而成的基金产品组合

C. 为了进一步分散风险、提高收益，按照当期收益和风险程度要求精心挑选出由一定数量的基金有机组合而成的基金产品组合

D. 为了进一步集中风险、提高收益，按照当期收益和风险程度要求精心挑选出由一定数量的基金有机组合而成的基金产品组合

43. 基金转换一般在（　　　）个工作日就可以得到交易确认，而赎回再申购基金一般至少需要（　　　）个工作日才能够得到确认。

A. 2　5
B. 3　5
C. 3　4
D. 2　4

44. 基金转换是指（　　　）。

A. 开放式基金份额的转换，是指投资者需要先赎回已持有的基金份额，然后才

能将其持有的基金份额转换为同一基金管理人管理，并在同一注册登记人处登记的另一基金份额的业务模式

　　B. 开放式基金份额的转换，是指投资者不需要先赎回已持有的基金份额，就可以将其持有的基金份额转换为同一基金管理人管理，并在同一注册登记人处登记的另一基金份额的业务模式

　　C. 基金申购业务的一种方式，客户可以通过销售机构提交申请，约定扣款周期、扣款日期、扣款金额，由销售机构于约定扣款日在客户指定资金账户内自动完成扣款及基金申购业务

　　D. 基金申购业务的一种方式，销售者可以通过销售机构提交申请，约定扣款周期、扣款日期、扣款金额，由销售机构于约定扣款日在客户指定资金账户内自动完成扣款及基金申购业务

45. 定期定额是指（　　）。

　　A. 开放式基金份额的转换，是指投资者需要先赎回已持有的基金份额，然后才能将其持有的基金份额转换为同一基金管理人管理，并在同一注册登记人处登记的另一基金份额的业务模式

　　B. 开放式基金份额的转换，是指投资者不需要先赎回已持有的基金份额，就可以将其持有的基金份额转换为同一基金管理人管理，并在同一注册登记人处登记的另一基金份额的业务模式

　　C. 基金申购业务的一种方式，客户可以通过销售机构提交申请，约定扣款周期、扣款日期、扣款金额，由销售机构于约定扣款日在客户指定资金账户内自动完成扣款及基金申购业务

　　D. 基金申购业务的一种方式，销售者可以通过销售机构提交申请，约定扣款周期、扣款日期、扣款金额，由销售机构于约定扣款日在客户指定资金账户内自动完成扣款及基金申购业务

46. 基金销售中常用的营业推广手段主要不包括（　　）。

　　A. 销售网点宣传　　　　　　　　B. 投资者交流

　　C. 推销　　　　　　　　　　　　D. 费率优惠

47. 缘故法针对直接关系型群体，就是（　　）。

　　A. 利用营销人员个人的生活与工作经历所建立的人际关系进行客户开发。这些群体主要包括营销人员的亲戚朋友、街坊邻居、师生、同事等，属于间接关系性

　　B. 利用营销人员工作中认识的客户

　　C. 利用营销人员个人的生活与工作经历所建立的人际关系进行客户开发。这些群体主要包括营销人员的亲戚朋友、街坊邻居、师生、同事等，属于直接关系性

　　D. 潜在的客户

48. 以潜在客户与营销人员关系为例，针对直接关系型、间接关系型、陌生关系型这

三种不同关系类型的客户群，常用的寻找潜在客户的方法不包括(     )。

    A. 缘故法                    B. 介绍法

    C. 陌生拜访法            D. 推销法

49. 差异性目标市场策略是指(     )。

    A. 销售机构在市场细分的基础上，根据自身条件和营销环境，选择一个细分市场作为目标市场，并对应每一个目标市场分别设计出满足不同客户需求的产品和服务的一种策略

    B. 销售机构在市场细分的基础上，根据自身条件和营销环境，选择两个或者更多的细分市场作为目标市场，并对应每一个目标市场分别设计出满足不同客户需求的产品和服务的一种策略

    C. 销售机构在市场细分的基础上，根据自身条件和营销环境，选择一个细分市场作为目标市场，并对应该目标市场分别设计出满足客户需求的产品和服务的一种策略

    D. 基金经理在市场细分的基础上，根据自身条件和营销环境，选择两个或者更多的细分市场作为目标市场，并对应每一个目标市场分别设计出满足不同客户需求的产品和服务的一种策略

**二、不定项选择题**

1. 证券投资基金属于金融服务行业，其市场营销不同于有形产品营销，有其特殊性。具体表现在以下方面：(     )。

    A. 规范性                    B. 服务性

    C. 专业性                    D. 持续性

2. 在营销环境的诸多因素中，基金销售机构最需要关注以下方面：(     )。

    A. 政治环境

    B. 基金销售机构本身的情况。如公司股权结构、经营目标、经营策略、资本实力、营销团队都会对基金营销产生重要的影响

    C. 影响投资者决策的因素。投资者对基金产品的选择依赖于两个因素：外在因素和内在因素

    D. 监管机构对基金营销的监管

3. 营销组合的四大要素中(     )是基金营销的核心内容。

    A. 产品（Product）           B. 费率（Price）

    C. 渠道（Place）             D. 促销（Promotion）

4. 为找到和实施适当的营销组合策略，基金销售机构要进行市场营销的(     )。

    A. 分析                    B. 计划

    C. 实施                    D. 控制

5. 市场营销控制包括估计市场营销战略和计划的成果，并采取正确的行动以保证实现目标。控制过程主要包括以下步骤：(     )。

    A. 管理部门设定具体的市场营销目标，通常对不同的营销活动或单独的项目，如

新基金的发行等制定不同的预算

    B. 衡量企业在市场中的销售业绩，检查销售时间表是否得到执行

    C. 分析目标业绩和实际业绩之间存在差异的原因以及预算收支不平衡的原因等

    D. 管理部门评估广告投入效果、不同渠道的资源投入，及时采取正确的行动，以此弥补目标与业绩之间的差距。这可能要求改变行动方案，甚至改变目标

6. 易入原则是指（　　　）。

    A. 完成市场细分后，销售机构有能力向某一细分市场提供其所需的基金产品和服务，即该细分市场易于开发，便于进入

    B. 根据市场调查、专业咨询等途径提供的各个细分市场的特征要素，能够测算出细分市场的客户数量、销售规模、购买潜力等量化指标

    C. 细分市场在今后的一段时期内，市场规模会不断扩大，市场容量会稳步增长，并且有可能引申出更多的营销机会

    D. 是指每个细分市场有明显的区分标准，让销售机构能够清楚地认识不同细分市场的客户差异，提供个性化的产品和服务，以确保营销策略具有针对性

7. 市场细分的依据包括（　　　）。

    A. 地理因素                  B. 人口因素

    C. 投资者心理因素         D. 行为因素

8. 根据所选择的细分市场数目和范围，目标市场选择策略可以分为：（　　　）。

    A. 无差异目标市场策略        B. 差异性目标市场策略

    C. 集中性目标市场策略        D. 发散策略

9. 以潜在客户与营销人员关系为例，针对（　　　）的客户群，常用的寻找潜在客户的方法有缘故法、介绍法和陌生拜访法。

    A. 直接关系型             B. 间接关系型

    C. 陌生关系型             D. 同事关系型

10. 缘故法针对直接关系型群体，就是：（　　　）。

    A. 随机发展客户

    B. 利用营销人员个人的生活与工作经历所建立的人际关系进行客户开发

    C. 从亲戚中发展客户

    D. 从朋友中发展客户

11. 基金销售机构在销售基金产品时，必须与目标市场进行沟通，告知目标市场所提供的产品，并通过（　　　）来达到沟通的目的，也就是所谓的促销组合四要素。

    A. 人员推销              B. 广告促销

    C. 营业推广              D. 公共关系

12. 下列有关广告说法正确的是：（　　　）。

    A. 根据美国营销协会的定义，广告是由营利性和非营利性组织、政府机构和个体以付酬的方式，通过各种传播媒体，在时间或空间上安排通知和劝告类信息

B. 目的是向特定的目标市场成员或客户传达信息，以使他们相信产品、服务、组织或构思

C. 广告的目的就是通知、影响和劝说目标市场

D. 广告就是推销

13. 基金销售中常用的营业推广手段主要包括：（　　）。

    A. 销售网点宣传            B. 投资者交流

    C. 促销                      D. 费率优惠

14. 基金营销人员应熟悉各种类型基金的特征，包括基金的（　　）等，根据投资者的风险偏好为投资者构建合适的基金组合，从而既在控制风险的前提下有效地帮助投资者实现投资需求，又在基金销售的过程中贯彻了适用性的原则。

    A. 投资方向            B. 投资目标

    C. 管理费率            D. 申购和赎回手续费率

15. 客户流失的原因包括：（　　）。

A. 价格原因：客户为了较低的手续费或服务价格而转移购买

B. 产品原因：客户为了购买合适的基金产品而转移购买。如现有销售机构未销售客户需要的基金产品，客户只能选择其他销售机构

C. 服务原因：客户不满意销售机构的服务而转移购买

D. 市场原因：客户因为市场变化而退出基金投资市场

16. 维护客户关系的基本方法有以下几类：（　　）。

    A. 客户追踪            B. 业务跟进

    C. 客户调查            D. 加强沟通

17. 基金在营销活动上具有专业性、持续性和适用性的特点，基金的客户服务也具有了相应的特点。销售机构提供的服务还具有以下特点：（　　）。

    A. 专业性             B. 规范性

    C. 持续性             D. 时效性

18. 销售人员的客户服务内容可以分为：（　　）。

    A. 售前促销            B. 售前服务

    C. 售中服务            D. 售后服务

19. 售前服务是指（　　）。

A. 销售服务中的理财服务

B. 在开始基金投资操作前为客户提供的各项服务。主要内容包括：向客户介绍证券市场基础知识、基金基础知识，普及基金相关法律规定；介绍基金管理人投资运作情况，让客户充分了解基金投资的特点、不同类型基金的风险收益特征；开展投资者风险教育，介绍基金投资的风险及化解风险的办法等

C. 客户在基金投资操作过程中享受的服务。主要包括：协助客户完成风险承受能力测试并细致解释测试结果；为客户提供投资咨询建议，推介符合适用性原则的基金；介绍基金产品信息、费率信息、基金业务办理流程及注意事项；

协助客户办理开立账户、买卖、资料变更等基金业务

D. 在完成基金投资操作后为投资者提供的服务。主要包括：提醒客户及时核对交易确认；向客户介绍客户服务、信息查询、客户投资的办法和路径；在基金公司、基金产品发生变动时及时通知客户等

20. 售中服务是指：（　　）。

A. 销售服务中的理财服务

B. 在开始基金投资操作前为客户提供的各项服务。主要内容包括：向客户介绍证券市场基础知识、基金基础知识，普及基金相关法律规定；介绍基金管理人投资运作情况，让客户充分了解基金投资的特点、不同类型基金的风险收益特征；开展投资者风险教育，介绍基金投资的风险及化解风险的办法等

C. 客户在基金投资操作过程中享受的服务。主要包括：协助客户完成风险承受能力测试并细致解释测试结果；为客户提供投资咨询建议，推介符合适用性原则的基金；介绍基金产品信息、费率信息、基金业务办理流程及注意事项；协助客户办理开立账户、买卖、资料变更等基金业务

D. 在完成基金投资操作后为投资者提供的服务。主要包括：提醒客户及时核对交易确认；向客户介绍客户服务、信息查询、客户投资的办法和路径；在基金公司、基金产品发生变动时及时通知客户等

21. 售后服务是指：（　　）。

A. 销售服务中的理财服务

B. 在开始基金投资操作前为客户提供的各项服务。主要内容包括：向客户介绍证券市场基础知识、基金基础知识，普及基金相关法律规定；介绍基金管理人投资运作情况，让客户充分了解基金投资的特点、不同类型基金的风险收益特征；开展投资者风险教育，介绍基金投资的风险及化解风险的办法等

C. 客户在基金投资操作过程中享受的服务。主要包括：协助客户完成风险承受能力测试并细致解释测试结果；为客户提供投资咨询建议，推介符合适用性原则的基金；介绍基金产品信息、费率信息、基金业务办理流程及注意事项；协助客户办理开立账户、买卖、资料变更等基金业务

D. 在完成基金投资操作后为投资者提供的服务。主要包括：提醒客户及时核对交易确认；向客户介绍客户服务、信息查询、客户投资的办法和路径；在基金公司、基金产品发生变动时及时通知客户等

22. 基金销售机构通常建立一个独立的客户服务部门，通过一套完整的客户服务流程，一系列完备的软、硬件设施，以系统化的方式，应用各种不同的手段实现并优化客户服务。主要有：（　　）。

A. 电话服务中心；邮寄服务

B. 自动传真、电子信箱与手机短信；"一对一"专人服务

C. 互联网的应用；媒体和宣传手册的应用

D. 讲座、推介会和座谈会

23. 依照产生风险原因的不同，基金销售的风险主要包括：（　　）。
    A. 合规风险　　　　　　　　　　B. 操作风险
    C. 资产风险　　　　　　　　　　D. 技术风险

24. 合规风险包括：（　　）。
    A. 基金管理人的合规风险　　　　B. 基金销售机构的合规风险
    C. 基金托管人的合规风险　　　　D. 基金销售人员的合规风险

25. 基金销售机构的合规风险主要是：（　　）。
    A. 指基金销售机构在开展基金销售业务中出现违反有关法律、行政法规以及监管部门规章及规范性文件、行业规范、业务规则和自律规则的行为，可能使销售机构受到法律制裁、监管部门处罚、遭受财产损失或声誉损失的风险
    B. 指基金托管人的合规风险
    C. 指基金销售机构聘用的员工违反法律法规或机构内部规章等有关规定，致使基金投资者或基金销售机构利益遭受损失的可能
    D. 指在办理基金销售业务中，由于业务制度不健全或有章不循、违章操作、操作失误等人为因素而使基金销售业务出现差错，使投资者和销售机构遭受损失的可能性

26. 基金销售人员的合规风险主要是：（　　）。
    A. 指基金销售机构在开展基金销售业务中出现违反有关法律、行政法规以及监管部门规章及规范性文件、行业规范、业务规则和自律规则的行为，可能使销售机构受到法律制裁、监管部门处罚、遭受财产损失或声誉损失的风险
    B. 指基金托管人的合规风险
    C. 指基金销售机构聘用的员工违反法律法规或机构内部规章等有关规定，致使基金投资者或基金销售机构利益遭受损失的可能。销售人员的合规风险主要有以下情形：向他人提供基金未公开的信息；散布虚假信息，扰乱市场秩序；接受投资者全权委托，直接代理客户进行基金认购、申购、赎回等交易；对投资者作出盈亏承诺，或与投资者以口头或书面形式约定利益分成或亏损分担；挪用投资者的交易资金或基金份额等
    D. 指在办理基金销售业务中，由于业务制度不健全或有章不循、违章操作、操作失误等人为因素而使基金销售业务出现差错，使投资者和销售机构遭受损失的可能性。主要包括：投资者开户时审核证件、资料不严导致的风险；销售人员处理投资者申请出现差错引起的风险；资金清算交收失误引起的风险等

27. 基金销售的操作风险主要是：（　　）。
    A. 指基金销售机构在开展基金销售业务中出现违反有关法律、行政法规以及监管部门规章及规范性文件、行业规范、业务规则和自律规则的行为，可能使销售机构受到法律制裁、监管部门处罚、遭受财产损失或声誉损失的风险
    B. 指基金托管人的合规风险

C. 指基金销售机构聘用的员工违反法律法规或机构内部规章等有关规定，致使基金投资者或基金销售机构利益遭受损失的可能。销售人员的合规风险主要有以下情形：向他人提供基金未公开的信息；散布虚假信息，扰乱市场秩序；接受投资者全权委托，直接代理客户进行基金认购、申购、赎回等交易；对投资者作出盈亏承诺，或与投资者以口头或书面形式约定利益分成或亏损分担；挪用投资者的交易资金或基金份额等

D. 指在办理基金销售业务中，由于业务制度不健全或有章不循、违章操作、操作失误等人为因素而使基金销售业务出现差错，使投资者和销售机构遭受损失的可能性。主要包括：投资者开户时审核证件、资料不严导致的风险；销售人员处理投资者申请出现差错引起的风险；资金清算交收失误引起的风险等

28. 防范基金销售机构的合规风险，（　　　）。

A. 要增强法制观念，提高遵纪守法、合规经营的意识，充分认识违法违规经营带来的巨大损失

B. 要建立健全规章制度，完善内部控制体系，各项业务操作规程都应有章可循

C. 基金销售机构应建立健全有效的内部监督和反馈系统，查错防弊，堵塞漏洞，消除隐患

D. 要加强业务管理和重点业务环节的控制，强化岗位制约和监督，做到遵章守纪、规范操作

29. 防范基金销售操作风险的措施主要有以下几点：（　　　）。

A. 基金销售机构应按照国家有关法律法规及销售业务的性质和自身特点严格制定管理规章、操作流程和岗位手册，明确揭示不同业务环节可能存在的风险点并采取控制措施

B. 在业务基本规程中，应对重要业务环节实施有效复核，确保重要环节业务操作的准确性

C. 加强员工业务培训和考核，提高员工业务素质

D. 应建立业务差错处理预案，提高差错或纠纷的处理效率

30. 防范基金销售的技术风险主要从营业场所、信息系统的基本配置、数量和质量以及管理和预防等几个方面着手。（　　　）。

A. 基金销售机构的营业场所和信息系统设施必须符合有关信息系统的基本管理规定，硬件设备应当可靠、先进、高效，软件运行稳定、业务处理高效

B. 信息系统的硬件和软件在满足基本业务需要的同时，保持必要的冗余

C. 关键的硬件、软件应当有必要的替代设备，信息技术运营有完善的备份措施和方案

D. 基金销售机构应做好业务保障设施的日常管理与维护保养，并定期组织信息系统运营的应急演练

31. 防范基金销售人员的合规风险需要从以下几个方面着手：（　　　）。

A. 基金销售机构必须加强对员工的法律法规培训，切实提高员工的职责意识和法律意识

B. 基金销售机构应建立健全相应的授权控制体系，基金销售机构各业务部门、各级分支机构在其规定的业务、财务、人事等授权范围内行使相应的职能

C. 销售业务和管理程序必须严格遵从操作规程，经办人员的每一项工作必须在其业务授权范围内进行

D. 重要岗位实行相互分离、相互制约

32. 基金销售机构的技术系统风险主要指：（    ）。

A. 销售系统的故障风险

B. 基金销售机构的电子信息系统发生技术故障，从而使销售业务无法正常进行而可能带来的损失

C. 基金销售机构在开展基金销售业务中出现违反有关法律、行政法规以及监管部门规章及规范性文件、行业规范、业务规则和自律规则的行为，可能使销售机构受到法律制裁、监管部门处罚、遭受财产损失或声誉损失的风险

D. 销售系统的违规风险

33. 基金销售机构的合规风险主要是指：（    ）。

A. 销售系统的故障风险

B. 基金销售机构的电子信息系统发生技术故障，从而使销售业务无法正常进行而可能带来的损失

C. 基金销售机构在开展基金销售业务中出现违反有关法律、行政法规以及监管部门规章及规范性文件、行业规范、业务规则和自律规则的行为，可能使销售机构受到法律制裁、监管部门处罚、遭受财产损失或声誉损失的风险

D. 销售系统的违规风险

34. 下列说法正确的是：（    ）。

A. 客户投诉的根本原因是客户没有得到预期的服务，即使销售机构提供了良好的服务、对基金业务规则解释详尽，但只要与客户的预期存在差距，依然会产生客户投诉

B. 客户投诉是客户主动反馈问题的方式，也是客户信任销售机构的一种表现，客户相信销售机构能够帮助其解决遇到的问题，因此，客户的投诉对销售机构来讲也是非常珍贵的

C. 销售机构可以从客户的投诉意见中发现自身经营上的不足，改善和提升服务水平

D. 销售机构妥善处理客户投诉，是再次赢得客户、建立和巩固良好企业形象的最好时机

35. 售后服务指在完成基金投资操作后为投资者提供的服务。主要包括：（    ）。

A. 提醒客户及时核对交易确认

B. 向客户介绍客户服务、信息查询

C. 介绍客户投资的办法和路径

D. 在基金公司、基金产品发生变动时及时通知客户

36. 售前服务指在开始基金投资操作前为客户提供的各项服务。主要内容包括：（　　）。

A. 向客户介绍证券市场基础知识、基金基础知识，普及基金相关法律规定

B. 介绍基金管理人投资运作情况

C. 让客户充分了解基金投资的特点、不同类型基金的风险收益特征

D. 开展投资者风险教育，介绍基金投资的风险及化解风险的办法等

37. 基金转换有两个突出的特点：（　　）。

A. 浪费时间　　　　　　　　　　　B. 节省时间

C. 节省费用　　　　　　　　　　　D. 增加费用

38. 基金转换业务适合于（　　）的投资者。

A. 有一定投资经验　　　　　　　　B. 熟悉基金市场

C. 不了解基金市场　　　　　　　　D. 有波段操作习惯

39. 基金销售人员的合规风险主要是：（　　）。

A. 指基金销售机构在开展基金销售业务中出现违反有关法律、行政法规以及监管部门规章及规范性文件、行业规范、业务规则和自律规则的行为，可能使销售机构受到法律制裁、监管部门处罚、遭受财产损失或声誉损失的风险

B. 基金托管人的违规风险

C. 指基金销售机构聘用的员工违反法律法规或机构内部规章等有关规定，致使基金投资者或基金销售机构利益遭受损失的可能

D. 指在办理基金销售业务中，由于业务制度不健全或有章不循、违章操作、操作失误等人为因素而使基金销售业务出现差错，使投资者和销售机构遭受损失的可能性

40. 维护客户关系的基本方法有以下几类：（　　）。

A. 客户追踪　　　　　　　　　　　B. 业务跟进

C. 客户调查　　　　　　　　　　　D. 加强沟通

### 三、判断题

1. 基金是面向广大投资者的金融理财产品，为了保护投资者的利益，监管部门从基金销售机构、基金营销人员、基金销售费用、基金销售宣传推介等多个角度制定了基金营销活动的监管规定。（　　）

A. 正确　　　　　　　　　　　　　B. 错误

2. 为克服无形服务本身的困难，营销人员不但要向投资者说明基金产品的本质，还必须以高质量的服务、投资者的口耳相传、公司的品牌形象宣传等，增强可靠的信誉，扩大投资者基础。（　　）

A. 正确　　　　　　　　　　　　　B. 错误

3. 基金营销作为一种理财产品服务，是"一锤子买卖"，只为销售而销售，不需要制

度化、规范化的持续性服务。（　　）

A. 正确　　　　　　　　　　　B. 错误

4. 确定目标市场与投资者是基金营销部门的一项关键工作。只有细致地分析投资者，针对不同的市场、不同的投资者推出不同的基金产品，才能更有效地实现营销目标。（　　）

A. 正确　　　　　　　　　　　B. 错误

5. 在确定目标市场与投资者方面，基金销售机构面临的重要问题之一就是分析投资者的真实需求，包括投资者的投资规模，风险偏好，对投资资金流动性、安全性的要求等。（　　）

A. 正确　　　　　　　　　　　B. 错误

6. 对于基金营销而言，营销环境能提供机遇，不能造成威胁。通常，营销环境由微观环境和宏观环境组成。（　　）

A. 正确　　　　　　　　　　　B. 错误

7. 影响投资者决策的因素。投资者对基金产品的选择依赖于两个因素：外在因素和内在因素。外在因素如个人心理因素。（　　）

A. 正确　　　　　　　　　　　B. 错误

8. 产品是满足投资者需求的手段。基金销售机构需要根据代销基金产品的类型，结合自身业务特点，提供差异化服务，满足不同投资者需求，才能不断扩大基金销售的业务规模。（　　）

A. 正确　　　　　　　　　　　B. 错误

9. 基金营销渠道的主要任务是为投资者提供便捷购买基金产品的平台，为投资人提供暂时的服务。（　　）

A. 正确　　　　　　　　　　　B. 错误

10. 促销是将产品或服务的信息传达到市场上，通过各种有效媒体在目标市场上宣传基金产品的特点和优点，让投资者了解产品在设计、分销、价格上的潜在好处，最后通过市场将产品销售给投资者。（　　）

A. 正确　　　　　　　　　　　B. 错误

11. 基金销售机构对以往销售的历史数据等进行收集、评价、总结，针对拟销售基金的目标市场，认真分析经济发展趋势与结构、证券市场发展情况、法律法规及政策预期以及竞争者及竞争产品、目标客户潜力等要素，以避开威胁因素，找到有吸引力的市场机会。（　　）

A. 正确　　　　　　　　　　　B. 错误

12. 营销计划是指销售机构实现营销战略总目标应采取的策略、措施和步骤的具体方案。每一类业务、产品或品牌都需要一个详细的营销计划。营销计划不需要以下内容：计划实施概要、市场营销现状、市场威胁和市场机会、目标市场和可能存在的问题、市场营销战略、行动方案、预算和控制等。（　　）

A. 正确　　　　　　　　　　　B. 错误

13. 成功的市场营销实施取决于公司能否将行动方案、组织结构、决策和奖励制度、人力资源和企业文化等相关要素组合出一个能支持企业战略的、结合紧密的行动方案。（　　）

　　A. 正确　　　　　　　　　　　　B. 错误

14. 国际上，开放式基金的销售主要分为直销和代销两种方式。直销是通过服务机构，由基金管理公司附属的销售机构把基金份额直接出售给投资者的模式，一般通过邮寄、电话、互联网、直属的分支机构网点、直销队伍等实现。（　　）

　　A. 正确　　　　　　　　　　　　B. 错误

15. 从历史上来看，欧洲大陆的券商占据了基金销售的绝对市场份额。银行的典型行为是给潜在的投资者销售本银行发起的基金（在欧洲大陆、印度没有这方面的法律障碍）。近年来，银行也开始向潜在投资者提供其他机构发起的基金产品，以扩大投资者的选择范围，防止在本银行基金表现不佳的时候，损害银行的投资者基础。（　　）

　　A. 正确　　　　　　　　　　　　B. 错误

16. 保险公司一般具有强大的销售力量和网络渠道，在推销保险产品的同时可以销售基金产品。但保险公司的销售渠道还没有成为一个"开放式平台"，保险公司只是在销售自己产品的时候"搭售"其他基金管理公司的产品。（　　）

　　A. 正确　　　　　　　　　　　　B. 错误

17. 代销是指基金管理公司将基金直接销售给公众，而不经过银行等服务机构进行的销售。直销一般通过广告宣传、直接邮寄宣传单、直销人员上门服务以及公司网站等方式使投资者与基金管理公司直接达成交易。（　　）

　　A. 正确　　　　　　　　　　　　B. 错误

18. 目前，我国开放式基金的销售逐渐形成了以银行、证券公司代销，基金管理公司直销的销售体系，专业基金销售公司也在酝酿起步。但与国外相比，我国开放式基金销售还需要拓宽渠道，加强服务。由于广大投资者对基金产品尤其是开放式基金还比较陌生，基金营销还主要依赖银行、证券公司等代销渠道。（　　）

　　A. 正确　　　　　　　　　　　　B. 错误

19. 在我国，大众投资群体仍以银行储蓄为主要金融资产，商业银行具有广泛的客户基础。选择大型国有商业银行作为开放式基金的代销渠道，有利于争取银行储户这一细分市场。（　　）

　　A. 正确　　　　　　　　　　　　B. 错误

20. 实际上，投资者对营销渠道所提供的投资建议、服务质量的心理感受在其购买决策过程中的作用是不容忽视的。为此，基金管理人必须加强与代销银行的合作，通过对银行人员的持续培训、组织客户推介会以及代销手续费的合理分配，增强银行代销的积极性，提高银行人员的营销能力。（　　）

　　A. 正确　　　　　　　　　　　　B. 错误

21. 针对投资意识较强的股票投资人群体，利用证券公司网点销售基金是争取这类客

户的有效手段。同时，相比商业银行，证券公司网点拥有更多的专业投资咨询人员，可以为投资者提供个性化的服务。（　　　）

A. 正确　　　　　　　　　　　B. 错误

22. 在基金规模不断壮大、品种逐步增加的形势下，对投资基金提供专业咨询服务已经不再是一种市场需求。为顺应这种需要，《证券投资基金销售管理办法》出台后，证券咨询机构和专业基金销售公司开展基金代销业务成为监管机构鼓励的发展方向。专业营销人员可以为客户提供个性化的理财服务，帮助投资者提高对基金的认识以及选择符合自身投资需要的基金品种。（　　　）

A. 正确　　　　　　　　　　　B. 错误

23. 基金管理公司的直销人员对金融市场、基金产品具有相当程度的专业知识和投资理财经验，尤其对本公司整体情况及本公司基金产品有着深刻的理解，能够以专业水准面对投资人。虽然基金管理公司的直销队伍规模相对较小，但人员素质较高，可以加强与客户之间的沟通和交流，提供更好的、持续性的理财服务，更容易留住客户并发展一些大客户，形成忠实的客户群。（　　　）

A. 正确　　　　　　　　　　　B. 错误

24. 按照心理因素细分就是根据客户对基金产品的了解程度、态度、投资基金的动机、偏好以及基金投资和持有情况等特征来细分客户。行为因素的具体变量包括投资者追求的利益、购买渠道、购买时机、使用状况、使用率、忠诚度等。（　　　）

A. 正确　　　　　　　　　　　B. 错误

25. 在市场细分时，确定细分市场的变量越多越好，不用分清主要变量、次要变量，否则既不经济，又不实用；细分市场也不是越细越好，市场是动态的，要根据市场环境变化对市场细分的情况进行分析研究，并做出相应调整。（　　　）

A. 正确　　　　　　　　　　　B. 错误

26. 目标市场就是销售机构寻求适合的具有共同需求或特征的客户群体，可以是一个细分市场，也可能是一系列细分市场。在市场细分的基础上，销售机构必须对每一个细分市场进行评估，即先要预测每个细分市场的成长性、易入性和盈利能力，然后根据自己的资源、产品特性选定一个或几个细分市场作为实施营销计划的目标。（　　　）

A. 正确　　　　　　　　　　　B. 错误

27. 无差异目标市场策略是指不考虑各细分市场的差异性，将它们视为一个统一的整体市场，认为所有客户对基金投资有共同的需求。采用无差异目标市场策略无视各细分市场客户群体的特殊需求，在此情况下，营销人员可以设计单一营销组合直接面对整个市场，去迎合整个市场最大范围的客户的需求，凭借大规模的广告宣传和促销，吸引尽可能多的客户。（　　　）

A. 正确　　　　　　　　　　　B. 错误

28. 差异性目标市场策略是指销售机构在市场细分的基础上，根据自身条件和营销环

境，选择多个细分市场作为目标市场，并对应每一个目标市场分别设计出满足不同客户需求的产品和服务的一种策略。（ ）

A. 正确 B. 错误

29. 发散性目标市场策略是指销售机构以一个或几个细分市场作为目标市场，针对一部分特定目标客户的需求，集中营销力量，在局部形成优势的一种战略。（ ）

A. 正确 B. 错误

30. 销售机构采取集中性市场营销策略时，可以针对该细分市场的特点规划，设计专门的营销策略。（ ）

A. 正确 B. 错误

31. 客户的寻找就是指在目标客户中寻找有需求、有购买能力、未来有望成为现实客户的将来购买者。基金销售的客户寻找，就是指在目标市场中寻找有基金投资需求、有投资能力、有一定的风险承受能力、有可能购买或者再次购买基金的客户。（ ）

A. 正确 B. 错误

32. 基金销售机构可以通过多种形式与客户建立联系，如通过各种广告宣传等方式让潜在客户了解销售机构，从而主动与销售机构建立联系；也可以通过基金营销人员主动接触客户，寻找潜在客户。（ ）

A. 正确 B. 错误

33. 缘故法针对间接关系型群体，就是利用营销人员个人的生活与工作经历所建立的人际关系进行客户开发。（ ）

A. 正确 B. 错误

34. 由于营销人员自身资源有限，缘故法和介绍法往往不能满足其不断开发市场寻找新的客户的需要。而开发陌生关系，潜在客户资源较多，营销人员可以逐步建立属于自己的营销网络。（ ）

A. 正确 B. 错误

35. 人员推销是一种面对面的沟通形式。为了获得最佳效果，销售队伍的宣传推介必须与销售机构其他的沟通方式协调一致，如广告、营业推广和宣传等。一般来说，针对机构投资者、中高收入阶层这样的大投资者，基金销售机构大多会通过专业团队进行一对一的人员推销，以达到最佳的营销效果。（ ）

A. 正确 B. 错误

36. 根据美国营销协会的定义，广告是"由营利性组织、政府机构和个体以付酬的方式，通过各种传播媒体，在时间或空间上安排通知和劝告类信息，目的是向特定的目标市场成员或客户传达信息，以使他们相信产品、服务、组织或构思"。（ ）

A. 正确 B. 错误

37. 基金销售机构针对保险公司、财务公司、工商企业等机构投资者和广大的公众投资者，可以通过召开研讨会、推介会等方式，向特定的或不特定的投资者群体传

达投资理念和投资策略，争取投资者的认同，以达到促销目的。（　　）

A. 正确　　　　　　　　　　　　B. 错误

38. 公共关系所关注的是基金管理人为赢得公众尊敬所做的努力。这些公众包括新闻媒介、股东、业内机构、监管机构、人员、客户等。与媒体保持良好的关系对于处理危急情况十分重要，因为处理这种情况的方式会影响公司的声誉和业务能力。加强与投资者的关系包括编制和发布年度、季度等报告，进行客户交流等。（　　）

A. 正确　　　　　　　　　　　　B. 错误

39. 基金首次发行指基金首次募集。基金首次发行具有手续费高、无封闭期等特点。对在短期市场趋势不明朗时有投资需求的投资者、希望享受手续费优惠的投资者以及偏好购买新基金产品的投资者，都可以推荐考虑参与基金首次发行。（　　）

A. 正确　　　　　　　　　　　　B. 错误

40. 基金持续营销是指对已经设立的基金开展再营销的行为。持续营销的基金产品都是已经设立一段时间的基金产品，相对于首次发行基金，投资风格可能更趋于不稳定。（　　）

A. 正确　　　　　　　　　　　　B. 错误

41. 在基金营销的工作中，无论选择"新基金"还是选择"老基金"，基金营销人员都应该始终把客户利益放在第一位，综合考虑投资者的投资需求、风险承担能力、资产配置等诸多因素，为客户选择合适的基金。（　　）

A. 正确　　　　　　　　　　　　B. 错误

42. 定期定额是基金申购业务的一种方式，客户可以通过销售机构提交申请，约定扣款周期、扣款日期、扣款金额，由销售机构于约定扣款日在客户指定资金账户内自动完成扣款及基金申购业务。（　　）

A. 正确　　　　　　　　　　　　B. 错误

43. 在同一家基金管理公司的产品进行转换时，基金转换的手续费一般也会低于赎回再申购基金的费用。（　　）

A. 正确　　　　　　　　　　　　B. 错误

44. 基金组合投资是指为了进一步集中风险、降低收益，按照既定的预期收益和风险程度要求精心挑选出由一定数量的基金有机组合而成的基金产品组合。（　　）

A. 正确　　　　　　　　　　　　B. 错误

45. 对客户来说，付出的成本不只是购买基金产品的手续费，还包括付出的时间成本以及在投资中可能承担的风险，而客户也只接受他们认同的价值。销售机构希望通过价格手段促进客户转化时，不能简单考虑降低手续费，应通过专业、便利的服务，降低客户的综合成本，为客户创造真正的价值。（　　）

A. 正确　　　　　　　　　　　　B. 错误

46. 市场竞争就是客户竞争，销售机构既要不断开辟新市场，争取新客户，提高市场占有率，还要努力维持已有客户，稳定市场占有率。然而，在实际的基金营销中，往往一方面新客户大批增加，另一方面许多现有客户悄然流失。现有的客户

是销售机构最好的广告，其行为或口碑的结果可能带来更多的客户。（　　）

A. 正确　　　　　　　　　　　　　B. 错误

47. 客户维护的核心主要是对销售核心业务的维护，同时附加产品及人际关系的维护。维护的目的在于保持和扩大双方已有的合作关系，并建立更为长期稳定的合作关系，获得双方合作基础上的利益最大化。（　　）

A. 正确　　　　　　　　　　　　　B. 错误

48. 永远忠诚的客户是存在的，基金销售机构或人员不用依靠高质量的产品、服务和必要的感情维系，就可以保证客户不流失。（　　）

A. 正确　　　　　　　　　　　　　B. 错误

49. 基金销售的客户服务是指客户在投资基金的过程中，基金销售机构或人员为解决客户有关问题而提供的系列活动。随着越来越多的金融机构进入基金销售领域，基金产品的种类不断增加，客户选择基金产品和销售机构的空间也越来越大，基金销售市场的竞争日趋加剧，客户服务工作受到销售机构的普遍重视。（　　）

A. 正确　　　　　　　　　　　　　B. 错误

50. 售前服务指在开始基金投资操作前为客户提供的各项服务。主要内容包括：向客户介绍证券市场基础知识、基金基础知识，普及基金相关法律规定；介绍基金管理人投资运作情况，让客户充分了解基金投资的特点、不同类型基金的风险收益特征；开展投资者风险教育，介绍基金投资的风险及化解风险的办法等。（　　）

A. 正确　　　　　　　　　　　　　B. 错误

## 参考答案

### 一、单项选择题

| | | | | |
|---|---|---|---|---|
| 1. B | 2. C | 3. B | 4. D | 5. D |
| 6. C | 7. C | 8. A | 9. A | 10. C |
| 11. B | 12. D | 13. C | 14. D | 15. C |
| 16. A | 17. B | 18. C | 19. C | 20. C |
| 21. A | 22. D | 23. C | 24. C | 25. D |
| 26. B | 27. D | 28. C | 29. A | 30. A |
| 31. C | 32. B | 33. C | 34. D | 35. A |
| 36. A | 37. D | 38. B | 39. C | 40. A |
| 41. D | 42. B | 43. D | 44. B | 45. C |
| 46. C | 47. C | 48. D | 49. B | |

### 二、不定项选择题

| | | | | |
|---|---|---|---|---|
| 1. ABCD | 2. BCD | 3. ABCD | 4. ABCD | 5. ABCD |
| 6. ABCD | 7. ABCD | 8. ABC | 9. ABC | 10. B |
| 11. ABCD | 12. ABC | 13. ABD | 14. ABCD | 15. ABCD |

| | | | | |
|---|---|---|---|---|
| 16. ABCD | 17. ABCD | 18. BCD | 19. B | 20. C |
| 21. D | 22. ABCD | 23. ABD | 24. BD | 25. A |
| 26. C | 27. D | 28. ABCD | 29. ABCD | 30. ABCD |
| 31. ABCD | 32. B | 33. C | 34. ABCD | 35. ABCD |
| 36. ABCD | 37. BC | 38. ABD | 39. C | 40. ABCD |

三、判断题

| | | | | |
|---|---|---|---|---|
| 1. A | 2. A | 3. B | 4. A | 5. A |
| 6. B | 7. B | 8. A | 9. B | 10. A |
| 11. A | 12. B | 13. A | 14. B | 15. B |
| 16. A | 17. B | 18. A | 19. A | 20. A |
| 21. A | 22. B | 23. A | 24. B | 25. B |
| 26. A | 27. A | 28. B | 29. B | 30. A |
| 31. A | 32. A | 33. B | 34. A | 35. A |
| 36. B | 37. A | 38. A | 39. B | 40. B |
| 41. A | 42. A | 43. A | 44. B | 45. A |
| 46. A | 47. A | 48. B | 49. A | 50. A |

# 第五章 证券投资基金的分析与评价

## 一、本章知识体系

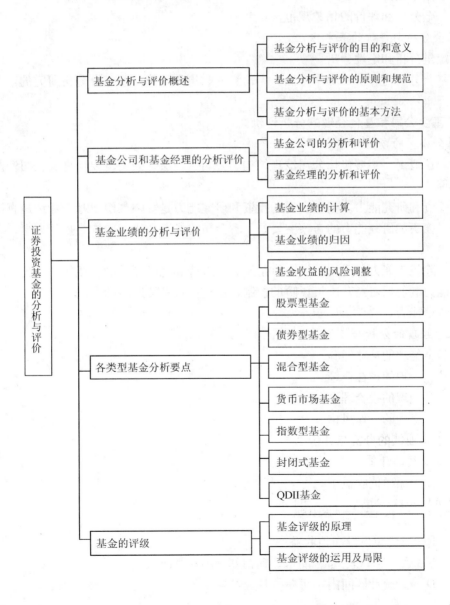

# 二、本章知识要点

## (一) 基金分析与评价概述

1. 基金分析与评价的目的和意义

2. 基金分析与评价的原则和规范

(1) 基金分析和评价的原则。①长期性原则。②全面性原则。③一致性原则。④客观公正性原则。

(2) 基金分析和评价的相关规范。

3. 基金分析与评价的基本方法

(1) 定量分析和定性分析。

(2) 基金分析与评价的基本方法。①信息的收集和计算。②基金分析研究的三个角度。

## (二) 基金公司和基金经理的分析评价

1. 基金公司的分析和评价

(1) 公司概况。主要包括公司治理结构、公司管理层、公司重要事件、公司资产管理情况等。

(2) 投资和研究能力。基金公司的投资和研究能力是影响其旗下基金业绩最直接的因素,对投资和研究能力的考察主要是了解公司的投资和研究架构、投资理念、方法及流程等。

(3) 风险控制能力。公司的风险控制能力是维持其稳健经营的重要保障。公司的风险控制能力既包括对经营决策风险的控制,也包括对投资风险的控制。

(4) 营销能力。

2. 基金经理的分析和评价

(1) 基金经理的从业经验。

(2) 基金经理的过往业绩。

(3) 基金经理的投资理念。

(4) 基金经理的操作风格。

## (三) 基金业绩的分析与评价

1. 基金业绩的计算

(1) 简单份额净值收益率。

$$R = \frac{NAV_t + D - NAV_{t-1}}{NAV_{t-1}} \times 100\%$$

其中:R——简单份额净值收益率;

$NAV_t$、$NAV_{t-1}$——期末、期初基金的份额净值;

D——统计区间内,每单位基金的累计分红额。

（2）时间加权收益率。

$$R = [(1+R_1)(1+R_2)\cdots(1+R_n)-1] \times 100\%$$

$$= \left(\frac{NAV_1}{NAV_0} \times \frac{NAV_2}{NAV_1-D_1} \times \cdots \times \frac{NAV_{n-1}}{NAV_{n-2}-D_{n-2}} \times \frac{NAV_n}{NAV_{n-1}-D_{n-1}} - 1\right) \times 100\%$$

其中：$R$——第一次分红前的区间收益率；

$R_2$——第一次分红至第二次分红之间的区间收益率，以此类推；

$NAV_0$——期初基金的份额净值；

$NAV_1\cdots NAV_{n-1}$——分别表示每次分红除息日除息前的基金份额净值；

$NAV_n$——期末份额净值；

$D_1$、$D_2\cdots D_{n-1}$——每单位基金分红额。

（3）其他收益率计算指标。

①算术平均收益率和几何平均收益率。

$$\overline{R}_A = \frac{\sum\limits_{t=1}^{n} R_t}{n} \times 100\%$$

其中：$R_t$——各期收益率；

$n$——期数；

$\sum$——连加符号。

几何平均收益率的计算公式为：

$$\overline{R}_G = \left(\sqrt[n]{\prod\limits_{t=1}^{n}(1+R_t)} - 1\right) \times 100\%$$

其中：$\prod$——连乘符号。

②年化收益率。年化收益率的计算包括三种情况：

a. 已知收益率覆盖的时段不足 1 年时，计算年化收益率相当于把已知收益率（日收益率、周收益率、月收益率）进行年化换算，所得到的是一种假设的收益率，并不是投资者真正得到的收益率。计算公式如下：

$$R = (1+r)^{\frac{365}{t}} - 1$$

其中：$R$——年化收益率；

$r$——区间收益率；

$t$——区间的天数。

b. 已知的多个区间收益率所代表的总时段恰能够覆盖 1 年时，就可以由区间收益率算出年化收益率，此时得到的是真实的已取得的收益率。根据算法的不同，此时的年化收益率有简单年化收益率与精确年化收益率之分。例如，已知季度收益率时，简单年化收益率的计算公式如下：

$$R_{年} = \sum_{t=1}^{4} R_i$$

其中：$R_{年}$——年化收益率；

$R_i$——季度收益率。

已知季度收益率，精确年化收益率的计算公式为：

$$R_年 = \prod_{t=1}^{4}(1+R_i)-1$$

c. 1 年以上的长期收益率可转化为便于比较的年平均收益率。例如，某只基金 2 年零 6 个月（即 2.5 年）的累计收益率为 35%，那么该基金的年平均收益率则可以用第一种求年化收益率的公式计算如下：

$$R = (\sqrt[2.5]{1+0.35}-1) \times 100\% \approx 12.75\%$$

**2. 基金业绩的归因**

（1）基金业绩归因的目的和方法。

（2）基金业绩的资产配置因素。①资产配置的概念。②资产配置的类型。资产配置有两种类型，即战略性资产配置与战术性资产配置。③不同资产配置的差异及效果。

（3）基金业绩的择时能力因素。①基金择时能力的概念。②基金择时能力的衡量方法。

（4）基金业绩的择股能力因素。①基金择股能力的概念。②择股能力的分析。

（5）基金业绩的投资风格因素。

**3. 基金收益的风险调整**

（1）基金风险的类型。基金风险的划分标准。从性质上划分，基金的风险可分为系统性风险和非系统性风险两类。

①基金的系统性风险。系统性风险与市场的整体变动相关联，往往关系到整个市场上某类证券的价格波动。

②基金的非系统性风险。基金的非系统性风险仅对个别基金产生影响，它通常是由某些特殊因素所引起的。通过采取针对性的措施，多数的非系统性风险都能得到有效防范。

（2）基金的风险调整后收益。①对收益进行风险调整评价的意义。②常用的风险调整后收益衡量指标。a. 特雷诺指数。b. 夏普指数。c. 詹森指数。③风险调整后收益指标的局限性。

**（四）各类型基金分析要点**

**1. 股票型基金**

（1）常用的分析指标。①业绩分析指标。反映基金经营业绩的主要指标包括基金分红、已实现收益、份额净值增长率等。②风险分析指标。反映股票型基金风险的指标常用的有标准差、贝塔系数、持股集中度、行业投资集中度、持股数量等，它们都从不同角度对基金的风险进行考量。③风格分析指标。依据股票型基金所持有的全部股票的平均市值、平均市盈率、平均市净率等指标可以对股票型基金的投资风格进行分析；依据基金的持股集中度、持股行业集中度、周转率等指标可以对基金的操作风格进行分析。

（2）分析的要点。

2. 债券型基金

(1) 常用的分析指标。①久期。一只债券的久期是指一只债券的加权到期时间。②债券持仓的信用等级。

(2) 分析要点。

3. 混合型基金

混合型基金的类别较复杂，按照中国证监会颁布的《证券投资基金运作管理办法》，投资于股票、债券和货币市场工具，并且又不符合股票基金和债券基金之规定的基金被通称为混合型基金。

4. 货币市场基金

(1) 主要分析指标。①业绩分析指标。货币市场基金收益通常用日每万份基金净收益和最近 7 日年化收益率来反映。②风险分析指标。反映货币市场基金风险的指标主要有投资组合平均剩余期限、融资比例、浮动利率债券投资情况等。

(2) 分析要点。

5. 指数型基金

指数型基金是指按照指数构成的标准购买该指数包含的全部或者一部分证券的基金。

(1) 常用分析指标。①标的指数。②跟踪误差。

(2) 分析要点。①仓位型跟踪误差。②结构型跟踪误差。③交易型跟踪误差。④费用型跟踪误差。

6. 封闭式基金

(1) 主要分析指标。

(2) 分析要点。

7. QDII 基金

(1) 主要分析指标。①各地区投资所占比重。②投资品种情况。

(2) 分析要点。

**(五) 基金的评级**

1. 基金评级的原理

(1) 基金评级的概念和原则。基金评级指基金评价机构及其评价人员运用特定的方法对基金的投资收益和风险或基金管理人的管理能力进行综合性分析，并使用具有特定含义的符号、数字或文字展示分析结果的活动。

对基金进行评级应遵循六个原则：长期性原则、公正性原则、全面性原则、客观性原则、一致性原则、公开性原则。

(2) 基金评级的方法。对基金的评级主要通过能反映基金风险收益特征的指标体系或评级模型对基金定期公布的数据进行分析，并将结果予以等级评价。

2. 基金评级的运用及局限

(1) 评级结果的应用。基金评级是对基金过往业绩的一种评价，正确合理地使用评级结果，有助于投资者全面、迅速地了解基金过往的风险收益特征，为选择基金管理人等提供有益的参考。

（2）基金评级的局限性。基于历史数据对基金进行定量的等级评价，为审视基金过往业绩表现和基金经理投资管理能力提供了直观、明确的结论，但基金评级也存在着一些局限性，在对基金分析研究时还应采用多种手段和方法，互相佐证和比较，才能获得有价值的投资策略和品种选择。

# 三、同步强化练习题及参考答案

## 同步强化练习题

### 一、单项选择题

1. 总体而言，基金的分析和评价的长期性原则是指（　　）。
   A. 对基金分析和评价时应尽可能考察基金短期的业绩表现
   B. 对基金分析和评价时应尽可能考察基金中长期的业绩表现
   C. 对基金分析和评价时应全面考察基金的收益和风险，避免以单一指标来简单地评价基金，在看到收益的同时也需认真评估其潜在的风险，考察其收益和风险是否对称。如有些基金尽管在某一时期收益居前，但期间业绩波动非常大，稳健的投资者对此就需重视并适当进行回避
   D. 对基金分析和评价时应全面考察基金的收益和风险，避免以单一指标来简单地评价基金，在看到收益的同时也需认真评估其潜在的风险，考察其收益和风险是否对称。如有些基金尽管在某一时期收益居前，但期间业绩波动非常小，稳健的投资者对此就需重视并适当进行回避

2. 总体而言，基金的分析和评价的全面性原则是指（　　）。
   A. 对基金分析和评价时应尽可能考察基金短期的业绩表现
   B. 对基金分析和评价时应尽可能考察基金中长期的业绩表现
   C. 对基金分析和评价时应全面考察基金的收益和风险，避免以单一指标来简单地评价基金，在看到收益的同时也需认真评估其潜在的风险，考察其收益和风险是否对称。如有些基金尽管在某一时期收益居前，但期间业绩波动非常大，稳健的投资者对此就需重视并适当进行回避
   D. 对基金分析和评价时应全面考察基金的收益和风险，避免以单一指标来简单地评价基金，在看到收益的同时也需认真评估其潜在的风险，考察其收益和风险是否对称。如有些基金尽管在某一时期收益居前，但期间业绩波动非常小，稳健的投资者对此就需重视并适当进行回避

3. 为进一步规范基金分析和评价，避免以短期、频繁的基金分析评价结果误导投资人，中国证监会于（　　）日发布了《证券投资基金评价业务管理暂行办法》。

A. 2008 年 11 月 17        B. 2009 年 11 月 17

C. 2007 年 11 月 17        D. 2006 年 11 月 17

4. 根据《评价办法》的规定，基金评价机构应先加入中国证券业协会，再向中国证监会报送书面材料进行备案。这些材料包括：（    ）。

  A. 基金托管机构的基本情况、从事评价业务的人员情况、基金评价的理论基础和方法、内部控制制度等

  B. 基金管理机构的基本情况、从事评价业务的人员情况、基金评价的理论基础和方法、内部控制制度等

  C. 基金评价机构的基本情况、从事评价业务的人员情况、基金评价的理论基础和方法、内部控制制度等

  D. 基金监管机构的基本情况、从事评价业务的人员情况、基金评价的理论基础和方法、内部控制制度等

5. 定量分析主要指（    ）。

  A. 通过对基金净值、资产配置、重仓股等基金公开信息进行整理、归纳，并结合相关的市场数据，如指数的涨跌等，计算出基金各种数量化指标，如收益率、波动率等

  B. 研究人员通过对基金相关人员、相关事件、业务流程等的调研和判断，分析评判基金投资逻辑和市场策略的优劣，衡量基金经理及投研团队的投资能力及风险控制能力等

  C. 对其投资管理能力和操作风格进行考察和评估，在一定程度上这与对该基金业绩的分析和评价是一致的

  D. 基金托管人通过对基金相关人员、相关事件、业务流程等的调研和判断，分析评判基金投资逻辑和市场策略的优劣，衡量基金经理及投研团队的投资能力及风险控制能力等

6. 定性分析主要指（    ）。

  A. 通过对基金净值、资产配置、重仓股等基金公开信息进行整理、归纳，并结合相关的市场数据，如指数的涨跌等，计算出基金各种数量化指标，如收益率、波动率等

  B. 研究人员通过对基金相关人员、相关事件、业务流程等的调研和判断，分析评判基金投资逻辑和市场策略的优劣，衡量基金经理及投研团队的投资能力及风险控制能力等

  C. 对其投资管理能力和操作风格进行考察和评估，在一定程度上这与对该基金业绩的分析和评价是一致的

  D. 基金托管人通过对基金相关人员、相关事件、业务流程等的调研和判断，分析评判基金投资逻辑和市场策略的优劣，衡量基金经理及投研团队的投资能力及风险控制能力等

7. 对基金经理的分析和评价主要是（    ）。

   A. 通过对基金净值、资产配置、重仓股等基金公开信息进行整理、归纳，并结合相关的市场数据，如指数的涨跌等，计算出基金各种数量化指标，如收益率、波动率等

   B. 研究人员通过对基金相关人员、相关事件、业务流程等的调研和判断，分析评判基金投资逻辑和市场策略的优劣，衡量基金经理及投研团队的投资能力及风险控制能力等

   C. 对其投资管理能力和操作风格进行考察和评估，在一定程度上这与对该基金业绩的分析和评价是一致的

   D. 基金托管人通过对基金相关人员、相关事件、业务流程等的调研和判断，分析评判基金投资逻辑和市场策略的优劣，衡量基金经理及投研团队的投资能力及风险控制能力等

8. (　　)是维持其稳健经营的重要保障。

   A. 基金的抗风险能力　　　　　　　B. 基金托管人的风险控制能力
   C. 公司的风险控制能力　　　　　　D. 基金监管人的风险控制能力

9. 公司风险控制能力考察的要点不包括(　　)。

   A. 公司风险控制理念和风险控制组织架构情况

   B. 公司风险管理的策略和方法情况

   C. 投资风险控制的情况

   D. 基金托管人对风险的评估

10. 有关基金经理的过往业绩说法错误的是(　　)。

   A. 对于一些新成立的基金而言，由于基金本身尚无业绩可考，因此其基金经理的过往业绩往往对评价该基金的投资价值有重要的参考意义

   B. 基金经理的过往业绩是其投资能力的直接证明

   C. 基金经理的过往业绩不能反映他的投资能力

   D. 过往业绩在一定程度上代表基金经理的投资能力

11. (　　)决定基金中短期的风险收益特征，操作风格往往由基金经理的个性、经验、习惯及对市场和个股的把握程度等综合因素决定。

   A. 基金管理者的择时能力　　　　　B. 基金经理的操作风格
   C. 基金托管人的风险控制能力　　　D. 基金监管人的风险监管能力

12. 基金业绩的计算是(　　)。

   A. 基金分析研究的基础，基金销售人员应了解收益率计算的基本原理，了解不同收益率代表的意义以及如何对不同类型收益率进行转化等

   B. 在某一估值时点上，按照公允价格计算的基金资产的总市值扣除负债后的余额，这个余额就是基金持有人的权益。基金资产净值再除以该估值时点上该基金发行在外的份额总数，就得到基金的份额净值

   C. 基金将收益的一部分派发给投资者，这部分收益原本是基金份额净值的一部分

D. 基金将全部收益派发给投资者

13. 基金资产净值是指（　　）。

    A. 基金分析研究的基础，基金销售人员应了解收益率计算的基本原理，了解不同收益率代表的意义以及如何对不同类型收益率进行转化等

    B. 在某一估值时点上，按照公允价格计算的基金资产的总市值扣除负债后的余额，这个余额就是基金持有人的权益。基金资产净值再除以该估值时点上该基金发行在外的份额总数，就得到基金的份额净值

    C. 基金将收益的一部分派发给投资者，这部分收益原本是基金份额净值的一部分

    D. 基金将全部收益派发给投资者

14. 基金分红是（　　）。

    A. 基金分析研究的基础，基金销售人员应了解收益率计算的基本原理，了解不同收益率代表的意义以及如何对不同类型收益率进行转化等

    B. 在某一估值时点上，按照公允价格计算的基金资产的总市值扣除负债后的余额，这个余额就是基金持有人的权益。基金资产净值再除以该估值时点上该基金发行在外的份额总数，就得到基金的份额净值

    C. 基金将收益的一部分派发给投资者，这部分收益原本是基金份额净值的一部分

    D. 基金将全部收益派发给投资者

15. 某只基金在 2009 年 1 月 15 日的份额净值为 1.2831 元/份，期间进行了两次分红，分别为每 10 份派息 1 元和每 10 份派息 0.5 元。截至 2009 年 11 月 10 日，该基金的份额净值为 1.8325 元/份，那么在 1 月 15 日到 11 月 10 日的时间段内，该基金的简单份额净值收益率为（　　）。

    A. 37.41%　　　　　　　　　　B. 41.22%

    C. 54.51%　　　　　　　　　　D. 63.22%

16. 下列说法正确的是（　　）。

    A. 时间加权收益率有时也称为简单收益率

    B. 时间加权收益率有时也称为复权份额净值增长率。基金简单份额净值收益率的计算尽管比较简便，但它没有考虑到分红的时间价值，所以只能视为基金收益率的一种近似计算

    C. 基金简单份额净值收益率的计算尽管比较简便，但它没有考虑到分红的时间价值，所以只能视为基金收益率的一种绝对值计算

    D. 基金简单份额净值收益率的计算尽管比较简便，但它没有考虑到分红的时间价值，所以只能视为基金收益率的一种精确计算

17. 时间加权收益率的假设前提是（　　）。

    A. 基金的分红金额全部分给投资者

    B. 基金的分红金额部分进行红利再投资

  C. 基金的分红金额部分分给投资者

  D. 基金的分红金额全部进行红利再投资

18. 下列说法正确的是(　　　)。

  A. 基金的时间加权收益率反映了 10 元投资在不取出分红的情况下（即对分红方式选择分红再投资时）的收益率，其计算不受分红金额大小的影响，可以准确地反映基金经理的真实投资能力，现已成为衡量基金收益率的标准方法

  B. 基金的时间加权收益率反映了 100 元投资在不取出分红的情况下（即对分红方式选择分红再投资时）的收益率，其计算不受分红金额大小的影响，可以准确地反映基金经理的真实投资能力，现已成为衡量基金收益率的标准方法

  C. 基金的时间加权收益率反映了 0.1 元投资在不取出分红的情况下（即对分红方式选择分红再投资时）的收益率，其计算不受分红金额大小的影响，可以准确地反映基金经理的真实投资能力，现已成为衡量基金收益率的标准方法

  D. 基金的时间加权收益率反映了 1 元投资在不取出分红的情况下（即对分红方式选择分红再投资时）的收益率，其计算不受分红金额大小的影响，可以准确地反映基金经理的真实投资能力，现已成为衡量基金收益率的标准方法

19. 平均收益率的计算主要有(　　　)。

  A. 算术平均收益率        B. 几何平均收益率

  C. 算术平均收益率和几何平均收益率   D. 加权平均收益率

20. 假设某基金每季度的收益率分别为 4.5%、－3%、－1.5%、9%，那么精确简单年化收益率为(　　　)。

  A. 8.0%           B. 8.83%

  C. 8.33%          D. 8.23%

21. 业绩归因的目的是(　　　)。

  A. 把基金的总收益分解为多个组成部分，以此来考察基金经理在每个部分的投资决策与管理能力

  B. 把基金的总收益看成一个组成部分，以此来考察基金经理总体投资决策与管理能力

  C. 把基金的部分收益分解为多个组成部分，以此来考察基金经理在每个部分的投资决策与管理能力

  D. 把基金的部分收益看成一个组成部分，以此来考察基金经理总体的投资决策与管理能力

22. 业绩归因是(　　　)。

  A. 对过往业绩的分析没有任何意义

  B. 对过往业绩的分析可以代表一切

  C. 对基金过往业绩的深入分析，它不仅有助于投资者了解基金在多大程度上实现了投资目标，还有助于基金管理人监测资产管理的有效性，为基金经理提升投资能力提供依据和帮助

D. 过往业绩可以代表基金经理人未来的收益

23. 资产配置是指（　　　）。

A. 根据投资目标将资金在不同资产类别之间进行配置，通常是在高风险低收益证券与低风险高收益证券之间进行分配

B. 根据投资目标将资金在不同资产类别之间进行配置，通常是在低风险低收益证券与高风险高收益证券之间进行分配

C. 根据投资目标将资金在不同资产类别之间进行配置，通常是在高风险低收益证券与高风险高收益证券之间进行分配

D. 根据投资目标将资金在不同资产类别之间进行配置，通常是在低风险低收益证券与低风险高收益证券之间进行分配

24. 资产配置的目的在于（　　　）。

A. 以资产类别的历史表现为基础，决定不同资产类别在投资组合中所占的比重，从而控制投资风险，提高基金的收益，避免承担不必要的风险

B. 以资产类别的投资者风险偏好为基础，决定不同资产类别在投资组合中所占的比重，从而控制投资风险，提高基金的收益，避免承担不必要的风险

C. 以资产类别的历史表现及投资者风险偏好为基础，决定不同资产类别在投资组合中所占的比重，从而控制投资风险，提高基金的收益，避免承担必要的系统风险

D. 以资产类别的历史表现及投资者风险偏好为基础，决定不同资产类别在投资组合中所占的比重，从而控制投资风险，提高基金的收益，避免承担不必要的风险

25. 战略性资产配置是（　　　）。

A. 根据基金的投资收益目标、风险属性及投资限制，结合基金经理对市场的中长期判断而制定的相对稳定的资产配置比例

B. 在战略性资产配置的基础上根据市场的短期变化，对具体的资产比例进行微调

C. 没有效率的

D. 根据基金管理人期望的收益水平来承受相应的风险，从而确定资金在各资产类别中的投资比例

26. 战略性资产配置的作用就是（　　　）。

A. 根据基金的投资收益目标、风险属性及投资限制，结合基金经理对市场的中长期判断而制定的相对稳定的资产配置比例

B. 在战略性资产配置的基础上根据市场的短期变化，对具体的资产比例进行微调

C. 实现零风险

D. 根据基金管理人期望的收益水平来承受相应的风险，从而确定资金在各资产类别中的投资比例

27. **战术性资产配置是(　　)。**

A. 根据基金的投资收益目标、风险属性及投资限制，结合基金经理对市场的中长期判断而制定的相对稳定的资产配置比例

B. 在战略性资产配置的基础上根据市场的短期变化，对具体的资产比例进行微调

C. 实现零风险

D. 根据基金管理人期望的收益水平来承受相应的风险，从而确定资金在各资产类别中的投资比例

28. **下列有关择时能力的说法错误的是(　　)。**

A. 所谓择时能力是指"时机选择能力"

B. 基金经理投资能力的重要表现

C. 即基金经理预测市场短期走势，进行波段操作的能力

D. 即基金经理预测市场中长期走势，进行波段操作的能力

29. **现金比例变化法较为直观，它通过分析基金在不同市场环境下现金比例的变化情况来评价基金经理的择时能力。良好的择时表现为(　　)。**

A. 在市场繁荣期，基金的现金或低风险、低收益资产的比例较小；而在市场萧条期，基金的现金或低风险、低收益资产的比例较大

B. 在市场繁荣期，基金的现金或高风险、低收益资产的比例较小；而在市场萧条期，基金的现金或低风险、低收益资产的比例较大

C. 在市场繁荣期，基金的现金或低风险、高收益资产的比例较小；而在市场萧条期，基金的现金或低风险、高收益资产的比例较大

D. 在市场繁荣期，基金的现金或低风险、低收益资产的比例较小；而在市场萧条期，基金的现金或低风险、低收益资产的比例较大

30. **成功概率法是(　　)。**

A. 直接测量基金经理的成功概率

B. 测算在牛市情况下基金经理成功的概率

C. 首先将市场划分为牛市和熊市两个不同阶段，通过分别考察基金经理在两种市场环境下预测成功的概率来衡量基金择时能力的方法

D. 测算在熊市情况下基金经理成功的概率

31. **基金的择股能力即"证券选择能力"，主要针对(　　)。**

A. 基金经理对于证券买入时间的把握

B. 基金经理对于证券卖出时间的把握

C. 对于证券卖出和买入时间的把握

D. 以股票资产为主要投资标的的偏股类基金。它是指基金经理对个股涨跌的预测能力

32. **政策风险是指(　　)。**

A. 因市场行情的周期变动而引起的基金净值波动的风险

B. 由于市场利率变动而影响基金投资收益的风险。利率的变化一般会引起证券价格的变动，并进而影响基金的投资收益率

C. 政府有关证券市场的政策发生重大变化或重要的举措、法规的出台引起证券市场的波动，从而给投资者带来的风险

D. 经济的重大变化带来的风险

33. 经济周期性波动风险是指(　　)。

A. 因市场行情的周期变动而引起的基金净值波动的风险

B. 由于市场利率变动而影响基金投资收益的风险。利率的变化一般会引起证券价格的变动，并进而影响基金的投资收益率

C. 政府有关证券市场的政策发生重大变化或重要的举措、法规的出台引起证券市场的波动，从而给投资者带来的风险

D. 政治的重大变化带来的风险

34. 利率风险是指(　　)。

A. 因市场行情的周期变动而引起的基金净值波动的风险

B. 由于市场利率变动而影响基金投资收益的风险。利率的变化一般会引起证券价格的变动，并进而影响基金的投资收益率

C. 政府有关证券市场的政策发生重大变化或重要的举措、法规的出台引起证券市场的波动，从而给投资者带来的风险

D. 政治的重大变化带来的风险

35. (　　)仅对个别基金产生影响，它通常是由某些特殊因素所引起的。

A. 基金的系统性风险　　　　　　　B. 基金的非系统性风险

C. 证券市场的系统性风险　　　　　D. 证券市场的非系统性风险

36. 对收益进行风险调整的基本思路就是(　　)。

A. 通过对收益进行风险因素的加权，得到一个兼顾收益与风险的综合评价指标，但也不能全面反映基金的风险收益特征

B. 通过对收益进行风险因素的加权，得到一个兼顾收益与风险的综合评价指标，从而全面反映基金的风险收益特征

C. 通过对收益进行风险因素的简单计算，得到一个兼顾收益与风险的综合评价指标，从而全面反映基金的风险收益特征

D. 通过对收益进行风险因素的简单计算，得到一个兼顾收益与风险的综合评价指标，但也不能全面反映基金的风险收益特征

37. 常用的风险调整后收益衡量指标不包括(　　)。

A. 特雷诺指数　　　　　　　　　　B. 夏普指数

C. 詹森指数　　　　　　　　　　　D. 詹森测量指数

38. 特雷诺指数（Treynor Ratio）是(　　)。

A. 以基金收益的系统性风险作为业绩的调整因子，反映基金在承担一单位系统性风险时所获得的超额收益。指数值越大，代表基金承担一单位系统性风险

后所获得的超额收益越高。在该指数中，超额收益被定义为基金的收益率与同期的无风险收益率之差

B. 反映投资组合在承担一单位总风险时产生多少超额收益

C. APT 模型为基础，通过比较评价期基金的实际收益和由 CAPM 模型推算出的预期收益，来评价基金经理获取超额收益的能力

D. 以资本资产定价模型（CAPM 模型）为基础，通过比较评价期基金的实际收益和由 CAPM 模型推算出的预期收益，来评价基金经理获取超额收益的能力

39. 下列说法正确的是（　　）。

A. 通常特雷诺指数越小，基金的绩效表现越好。但是，不同基金面对系统性风险的表现差异较大，若同时其超额收益差异也较大，这就可能导致特雷诺指数的差异较小，此时对基金每单位系统性风险下获取超额收益能力的说明性也就不够强了

B. 通常特雷诺指数越大，基金的绩效表现越差。但是，不同基金面对系统性风险的表现差异较大，若同时其超额收益差异也较大，这就可能导致特雷诺指数的差异较小，此时对基金每单位系统性风险下获取超额收益能力的说明性也就不够强了

C. 通常特雷诺指数越大，基金的绩效表现越好。但是，不同基金面对系统性风险的表现差异较大，若同时其超额收益差异也较大，这就可能导致特雷诺指数的差异较小，此时对基金每单位系统性风险下获取超额收益能力的说明性也就不够强了

D. 通常特雷诺指数越大，基金的绩效表现越好。但是，不同基金面对系统性风险的表现差异较小，若同时其超额收益差异也较大，这就可能导致特雷诺指数的差异较小，此时对基金每单位系统性风险下获取超额收益能力的说明性也就不够强了

40. 夏普指数（Sharpe Ratio）也称夏普比率，（　　）。

A. 以基金收益的系统性风险作为业绩的调整因子，反映基金在承担一单位系统性风险时所获得的超额收益。指数值越大，代表基金承担一单位系统性风险后所获得的超额收益越高。在该指数中，超额收益被定义为基金的收益率与同期的无风险收益率之差

B. 反映投资组合在承担一单位总风险时产生多少超额收益

C. 以 APT 模型为基础

D. 以资本资产定价模型（CAPM 模型）为基础，通过比较评价期基金的实际收益和由 CAPM 模型推算出的预期收益，来评价基金经理获取超额收益的能力

41. 詹森指数（Jensen Ratio）以（　　）。

A. 基金收益的系统性风险作为业绩的调整因子，反映基金在承担一单位系统性风险时所获得的超额收益。指数值越大，代表基金承担一单位系统性风险后所获得的超额收益越高。在该指数中，超额收益被定义为基金的收益率与同

期的无风险收益率之差

  B. 反映投资组合在承担一单位总风险时产生多少超额收益

  C. APT 模型为基础

  D. 资本资产定价模型（CAPM 模型）为基础，通过比较评价期基金的实际收益和由 CAPM 模型推算出的预期收益，来评价基金经理获取超额收益的能力

42. 下列说法错误的是(　　)。

  A. 债券型基金属于固定收益类基金，其风险比股票型基金要小

  B. 通常按基金合同的规定，根据是否可以投资于股票，还可将债券型基金分为纯债型和偏债型两种

  C. 纯债型风险要小于偏债型

  D. 纯债型风险要大于偏债型

43. 一只债券的久期是指(　　)。

  A. 一只债券的到期时间

  B. 一只债券的时间

  C. 一只债券的加权到期时间。它综合考虑了到期时间、债券现金流以及市场利率对债券价格的影响，可以用以反映利率的微小变动对债券价格的影响，因此是一个较好的利率风险的衡量指标

  D. 久期越小，风险越大

44. 混合型基金的类别较复杂，按照中国证监会颁布的《证券投资基金运作管理办法》，投资于股票、债券和货币市场工具，并且又不符合股票基金和债券基金之规定的基金被通称为(　　)。

  A. 股票型基金　　　　　　　　B. 混合型基金

  C. 债券型基金　　　　　　　　D. 金融衍生品基金

45. 日每万份基金净收益是(　　)。

  A. 把货币市场基金每天的净收益平均摊到每一份额上，然后以 10 万份为单位进行衡量的一个数值

  B. 把货币市场基金每天的净收益平均摊到每一份额上，然后以 1 万份为单位进行衡量的一个数值

  C. 以最近 7 个自然日日平均收益率折算的年收益率

  D. 以最近 14 个自然日日平均收益率折算的年收益率

46. 最近 7 日年化收益率是(　　)。

  A. 把货币市场基金每天的净收益平均摊到每一份额上，然后以 10 万份为单位进行衡量的一个数值

  B. 把货币市场基金每天的净收益平均摊到每一份额上，然后以 1 万份为单位进行衡量的一个数值

  C. 以最近 7 个自然日日平均收益率折算的年收益率

  D. 以最近 14 个自然日日平均收益率折算的年收益率

47. 我国法规要求货币市场基金投资组合的平均剩余期限在每个交易日不得超过（　　）天。但有的基金可能会在基金合同中做出更严格的限定，如组合平均剩余期限不得超过（　　）天。

    A. 90　180　　　　　　　　　　B. 90　90

    C. 180　90　　　　　　　　　　D. 180　180

48. 货币市场基金可以投资于剩余期限（　　）397 天但剩余存续期（　　）397 天的浮动利率债券，其剩余期限与其他券种存在差异。

    A. 大于　超过　　　　　　　　　B. 小于　没有超过

    C. 大于　没有超过　　　　　　　D. 小于　超过

**二、不定项选择题**

1. 基金分析和评价的目的在于：（　　）。

    A. 揭示基金某一阶段的风险收益特征

    B. 展现基金业绩取得的原因

    C. 通过对基金经理投资理念、操作风格、基金公司投研团队情况及风险控制流程等诸多影响基金业绩因素的分析研究

    D. 判断基金业绩的稳定性和变化趋势，进而为投资决策提供依据和参考

2. 尽管有基金公司和基金经理的专业管理，投资者通过基金间接参与股票等投资的风险已相对较小，但对基金进行分析研究仍是基金投资的必要环节，其原因主要有以下三方面：（　　）。

    A. 国内基金市场的基金种类已经较多，有股票型基金、混合型基金、债券型基金、货币市场基金等，不同类型基金的风险收益特征不同

    B. 在同一类型基金的管理运作中，由于基金经理对市场、行业及个股判断的不同，基金公司投研水平、风险控制能力的高低等，都会使在同样市场环境下各基金间业绩产生很大的差别

    C. 基金的业绩从长期看是基金公司综合实力的反映，除市场的系统性风险及基金经理个人的能力外，其他的诸多因素都会直接或间接影响基金的业绩，如公司管理层、投研团队、风险控制流程等。通过对这些因素的分析和研究，有助于投资者发现和了解基金的非系统性风险，在投资决策时尽量回避

    D. 基金业绩的短期增长能够反映基金公司的综合实力

3. 下列说法正确的是：（　　）。

    A. 基金作为股票、债券等证券品种的集合，其与股票、债券等有许多相似之处，但其份额净值或价格不会随市场波动而变化

    B. 基金作为股票、债券等证券品种的集合，其与股票、债券等有许多相似之处，如其份额净值或价格会随市场波动而变化等，因此在基金分析的手段和方法中也参照和借用了不少股票、债券等的分析理论、方法及指标

    C. 基金分析中没有参照任何股票的分析理论

    D. 基金分析中没有参照任何债券的分析理论

4. 总体而言，对基金的分析和评价应遵循以下原则：（　　）。

    A. 长期性原则　　　　　　　　B. 全面性原则

    C. 一致性原则　　　　　　　　D. 客观公正性原则

5. 一致性原则包含两层含义：（　　）。

    A. 对不同类基金进行分析评价时，应保持标准、方法等的一致性

    B. 对同一类基金进行分析评价时，应保持标准、方法等的一致性

    C. 对同类别的基金进行分析评价时，应根据每一类基金的特性，选取适合的标准和方法

    D. 对不同类别的基金进行分析评价时，应根据每一类基金的特性，选取适合的标准和方法

6. 根据《评价办法》的规定，基金评价机构应先加入中国证券业协会，再向中国证监会报送书面材料进行备案。这些材料包括（　　）等。

    A. 基金评价机构的基本情况　　B. 从事评价业务的人员情况

    C. 基金评价的理论基础和方法　　D. 内部控制制度

7. 《评价办法》明确了机构从事基金评价业务并以公开形式发布时的九项禁止行为，（　　）。

    A. 对不同分类的基金进行合并评价，对同一分类中包含基金少于 10 只的基金进行评级或单一指标排名

    B. 对基金合同生效不足 6 个月的基金（货币市场基金除外）进行评奖或单一指标排名，对基金（货币市场基金除外）、基金管理人评级的评级期间少于 36 个月，对基金、基金管理人评级的更新间隔少于 3 个月

    C. 对基金、基金管理人评奖的评奖期间少于 12 个月，对基金、基金管理人单一指标排名的排名期间少于 3 个月

    D. 对基金、基金管理人单一指标排名的更新间隔少于 1 个月，对特定客户资产管理计划进行评价

8. 基金分析评价的方法多种多样，但首先可以将其分为：（　　）。

    A. 数量分析　　　　　　　　　B. 定量分析

    C. 定性分析　　　　　　　　　D. 性质分析

9. 根据定量分析指标所得出的综合结论可能不尽相同，其主要原因有三方面：（　　）。

    A. 各类数据的采样不同，如有短期业绩和长期业绩等

    B. 对各单项指标进行归纳分析过程中所采用的逻辑和算法不同

    C. 即便是同一量化指标，对其经济意义的理解和重视程度也可能不尽一致

    D. 即便是不同量化指标，对其经济意义的理解和重视程度也基本一致

10. 基金的基本信息和数据是比较透明的，主要来自（　　）。

    A. 基金的法律文件，如基金合同、招募说明书等

    B. 基金的定期报告，如季报、半年报及年报等

C. 基金的临时公告，如基金经理变更公告、基金分红公告等

D. 基金公司定期公布的基金份额净值等

11. 上述这些信息和数据都可以从基金公司的网站及其指定的信息披露媒体获得。通过上述公开资料，可以获得以下基金基本信息：（　　）。

A. 基金产品特征信息，如基金类型、投资理念、投资范围、业绩比较基准、基金费用等

B. 基金管理公司信息，包括股东简况、股权结构、注册资本、资产管理规模、旗下基金情况等

C. 基金经理和公司管理团队信息，如公司高管简历、基金经理简历、基金公司投资决策委员会组成人员情况等

D. 基金产品业绩信息，如基金份额净值等。通过相关计算，还可获得基金某一阶段的收益率、基金份额净值的波动率及基金业绩在同类基金中的排名等。借助于相关的数量模型，还可获得基金风险调整后收益的指标、基金超额收益获取能力的指标等

12. 基金产品特征信息有（　　）。

A. 基金类型　　　　　　　　　　B. 投资理念

C. 投资范围、业绩比较基准　　　D. 基金费用

13. 基金管理公司信息，包括（　　）等。

A. 股东简况、股权结构　　　　　B. 注册资本

C. 资产管理规模　　　　　　　　D. 旗下基金情况

14. 基金分析研究的三个角度是：（　　）。

A. 对单个基金的分析和评价　　　B. 对基金经理的分析和评价

C. 对基金公司的分析和评价　　　D. 对基金托管人的分析和评价

15. 对单个基金的分析研究通常是将其与同类基金进行比较，考察其在相同市场环境下的业绩表现。这包括（　　）。对单个基金业绩的分析和研究主要采用定量的方法。

A. 对基金未来业绩的预计　　　　B. 对基金业绩的计算

C. 对业绩表现的归因分析　　　　D. 对基金风险的评估

16. 对（　　）的分析和评价是基金分析评价的有机组成部分。

A. 基金托管方　　　　　　　　　B. 基金监管方

C. 基金公司　　　　　　　　　　D. 基金经理

17. 公司概况主要包括：（　　）。

A. 公司治理结构　　　　　　　　B. 公司管理层

C. 公司重要事件　　　　　　　　D. 公司资产管理情况

18. 基金公司的投资和研究能力是影响其旗下基金业绩最直接的因素，对投资和研究能力的考察主要是了解公司的投资和研究架构、投资理念、方法及流程等。对公司的投资和研究能力考察的要点有：（　　）。

    A. 公司投资和研究人员情况，如主要投资和研究人员的简历、人员任职是否稳定等

    B. 公司投资和研究架构情况，如投资和研究部门的组织结构、公司投资决策委员会的运作情况、投资和研究力量的分布情况等

    C. 公司投资和研究的理念、方法及流程情况，如其投资是否追求长期稳定的回报，是否对行业进行全覆盖研究，其股票选择的策略、估值标准及股票调整方法等

    D. 公司新产品的开发能力，如公司在产品开发设计方面是否有专门的人员，是否具有一定的创新能力等

19. 公司风险控制能力考察的要点有：（　　）。

    A. 公司风险控制理念和风险控制组织架构情况。例如，公司风险控制委员会人员构成和运作情况，公司如何开展内部督察，督察员的数量及其职能与权限等

    B. 公司风险管理的策略和方法情况。例如，是否建立了有效的内部控制制度，风险管理所用的系统、模型、工具等

    C. 投资风险控制的情况。例如，投资组合风险管理的策略，投资过程中重点关注哪些风险，如何识别和衡量风险，如何进行防范等。公司合规经营情况。例如，公司及公司人员是否受到过监管部门的调查和处罚等

    D. 公司危机处理情况。例如，公司的灾难备份制度、处理危机事件的机制等。公司信息披露情况。例如，公司是否认真履行了信息披露的职责等

20. 公司营销能力考察的要点有：（　　）。

    A. 公司营销体系和人员情况。例如，公司营销的架构，销售渠道是否健全等

    B. 公司基金托管和代销渠道情况。例如，基金主要托管银行的销售能力，代销渠道布局是否合理等

    C. 公司营销理念和策略。例如，公司是否注重持续销售，是否注重市场培育和投资者教育等

    D. 公司客户服务情况。例如，公司客服体系是否完善，客服质量是否良好等

21. 投资经验和能力需要通过长期实践的积累，因此，基金经理的从业经验是分析和评价基金经理能力的重点参考。这方面考察的要点有：（　　）。

    A. 基金经理的教育背景，如学历、专业，是否有相关的专业资格证书等

    B. 基金经理的履历，如工作简历、在各工作单位担任的职务等

    C. 基金经理从业年限，如证券从业年限、基金从业年限、担任该基金经理的年限等

    D. 基金经理从业期间获得过的荣誉和处罚等情况，包括对其职业道德的考察

22. 基金经理的过往业绩是其投资能力的直接证明，对于一些新成立的基金而言，由于基金本身尚无业绩可考，因此其基金经理的过往业绩往往对评价该基金的投资价值有重要的参考意义。这方面考察的要点有：（　　）。

A. 基金经理过往业绩的基本情况　　　B. 基金经理过往业绩取得的市场环境

C. 基金经理对这些业绩的作用　　　　D. 基金托管人对业绩的作用

23. 基金经理的投资理念决定基金中长期的风险收益特征，投资理念一定程度上还决定其投资方法和操作风格。这方面考察的要点有：（　　）。

A. 基金经理投资哲学。例如，基金经理是否追求绝对收益，是否追求中长期战略市场，是否认同价值投资等

B. 基金经理投资方法论。例如，基金经理是否重视公司调研，是否使用数量化工具择股等

C. 基金托管人的风险控制策略

D. 基金经理投资策略

24. 基金经理的操作风格决定基金中短期的风险收益特征，操作风格往往由基金经理的个性、经验、习惯及对市场和个股的把握程度等综合因素决定。这方面考察的要点有：（　　）。

A. 基金经理持股集中度情况。例如，其前十大重仓股占其全部股票资产的比例等

B. 基金股票周转率情况。例如，股票的季度周转率和年度周转率等

C. 基金经理行业偏好情况。例如，基金经理是否对一些行业有较深的研究并长期持有这些行业的股票等

D. 基金经理对净值波动的控制情况。例如，基金经理对下行风险的控制是否良好，是否注重基金的安全边际等

25. 业绩归因分析的步骤有：（　　）。

A. 第一步通常从业绩比较基准开始

B. 第一步是从资产配置、行业选择、时机选择等多方面来比较主动管理的基金业绩和业绩比较基准之间的差异，考察在投资组合的管理运作过程中各种决策对业绩的贡献度

C. 第二步是从资产配置、行业选择、时机选择等多方面来比较主动管理的基金业绩和业绩比较基准之间的差异，考察在投资组合的管理运作过程中各种决策对业绩的贡献度

D. 第二步通常从业绩比较基准开始

26. 资产配置有两种类型，即：（　　）。

A. 长期性资产配置　　　　　　　　　B. 战略性资产配置

C. 战术性资产配置　　　　　　　　　D. 暂时性资产配置

27. 关于战略性资产配置下列说法正确的是（　　）。

A. 是根据基金的投资收益目标、风险属性及投资限制，结合基金经理对市场的中长期判断而制定的相对稳定的资产配置比例

B. 战略性资产配置的重要性在于市场上存在着系统性风险，这些风险是基金组合无法通过分散投资进行规避的，因此基金的长期业绩与基金资产承担多少

系统性风险有关

  C. 战略性资产配置的作用就是根据基金管理人期望的收益水平来承受相应的风险，从而确定资金在各资产类别中的投资比例

  D. 战略性资产配置是长期的、稳定的配置策略，它与基金管理人的投资目标相关，一般不受短期市场波动的影响，通常体现在基金业绩比较基准的制定上

28. 衡量基金择时能力常用的方法主要有三种：（  ）。

  A. 现金比例变化法　　　　　　　　B. 资产比率变换法

  C. 成功概率法　　　　　　　　　　D. 二次项法

29. 对基金的风格进行分析通常有两种思路：（  ）。

  A. 基于收益的风格分析和基于财产的风格分析

  B. 前者主要通过考察基金收益率和特定市场指数收益率之间的关系来描述基金的投资风格

  C. 后者主要通过分析基金资产组合中的股票风格来描述基金的投资风格

  D. 如某基金的资产主要投资于成长股，那么基金的投资风格可以被描述为成长型

30. 系统性风险主要包括：（  ）。

  A. 经营风险　　　　　　　　　　　B. 政策风险

  C. 利率风险　　　　　　　　　　　D. 通货膨胀风险

31. 内部风险主要指：（  ）。

  A. 政治风险　　　　　　　　　　　B. 利率风险

  C. 来自基金管理人方面的风险　　　D. 如合规风险、投资风险等

32. 非系统性风险主要包括：（  ）。

  A. 投资管理风险　　　　　　　　　B. 公司治理风险

  C. 政治风险　　　　　　　　　　　D. 职业道德风险

33. 基金风险调整后收益的主要意义就在于（  ）。

  A. 综合考虑收益风险因素　　　　　B. 消除风险

  C. 避免片面追求高收益　　　　　　D. 追求最大收益

34. 常用的风险调整后收益衡量指标是（  ）。

  A. 特雷诺指数　　　　　　　　　　B. 夏普指数

  C. 詹森指数　　　　　　　　　　　D. 詹森风险指数

35. 投资者可以对詹森指数进行简单解读（  ）。

  A. 当詹森指数大于零时，说明基金经理成功地预测到市场变化或正确地选择股票，或同时具备这两种能力，简单来说就是基金经理通过主动管理战胜了市场；

  B. 当詹森指数大于零时，表示基金落后于市场的表现

  C. 当詹森指数小于零时，表示基金落后于市场的表现

  D. 当詹森指数等于零时，说明基金的风险等同于市场平均风险，该基金的表现

就与市场同步

36. 这些指标的区别和局限主要表现在以下方面：（　　　）。

A. 夏普指数考虑的是总风险，而特雷诺指数考虑的是系统性风险；虽然夏普指数与特雷诺指数衡量的都是单位风险的收益率，但二者对风险的计量不同。当投资者只投资一只基金或一类基金时，夏普指数是比较恰当的衡量指标；当投资者投资多只基金或者多个类别的基金时，特雷诺指数是比较恰当的衡量指标

B. 基金投资的分散程度决定了基金的总风险和系统性风险的差异程度，因为分母不同，同一只基金计算的夏普指数与特雷诺指数在对该基金绩效的排序上结论就有可能不一样。一般而言，当基金完全分散投资或高度分散投资时，用夏普比率和特雷诺比率进行的业绩排序是一致的。但当将分散程度较差的组合与分散程度较好的组合进行比较时，两个指标衡量的结果就可能不同，分散程度差的组合其特雷诺指数可能较好，但夏普指数可能较差

C. 特雷诺指数与詹森指数主要考虑了基金管理人主动管理能力对基金业绩的影响；而夏普指数除了考虑基金经理的主动管理能力外，同时还考虑了市场波动对基金业绩的影响。通常情况下，基金中的股票数量越多，基金业绩的波动性越小，组合中股票数量多的基金，其夏普指数会比组合中股票数量少的基金高。由于特雷诺指数与詹森指数对风险的考量只涉及系统性分析，而组合的系统性风险并不会随着组合中证券数量的增加而下降，因此也就不能对基金的分散程度做出考察

D. 特雷诺指数与詹森指数主要考虑了基金管理人主动管理能力对基金业绩的影响；而夏普指数考虑基金经理的主动管理能力，但是它并没有考虑市场波动对基金业绩的影响

37. 常用的分析指标有：（　　　）。

A. 业绩分析指标　　　　　　　　B. 风险分析指标

C. 风格分析指标　　　　　　　　D. 投资管理分析指标

38. 反映基金经营业绩的主要指标包括：（　　　）。

A. 未实现收益　　　　　　　　　B. 基金分红

C. 已实现收益　　　　　　　　　D. 份额净值增长率

39. 反映股票型基金风险的指标常用的有（　　　）等，它们都从不同角度对基金的风险进行考量。

A. 标准差　　　　　　　　　　　B. 贝塔系数

C. 持股集中度　　　　　　　　　D. 行业投资集中度、持股数量

40. 货币市场基金收益通常用（　　　）反映。

A. 简单平均收益　　　　　　　　B. 加权平均收益

C. 日每万份基金净收益　　　　　D. 最近 7 日年化收益率

41. 用以反映货币市场基金风险的指标主要有（　　　）等。

   A. 投资组合平均剩余期限　　　　　B. 融资比例

   C. 浮动利率债券投资情况　　　　　D. 市场变动

42. 我国法规要求货币市场基金投资组合的平均剩余期限（　　）。

   A. 在每个交易日不得超过 90 天。但有的基金可能会在基金合同中做出更严格的限定，如组合平均剩余期限不得超过 90 天

   B. 在每个交易日不得超过 180 天。但有的基金可能会在基金合同中做出更严格的限定，如组合平均剩余期限不得超过 90 天

   C. 在每个交易日不得超过 180 天。但有的基金可能会在基金合同中做出更严格的限定，如组合平均剩余期限不得超过 180 天

   D. 在每个交易日不得超过 90 天。但有的基金可能会在基金合同中做出更严格的限定，如组合平均剩余期限不得超过 180 天

43. 指数型基金（　　）。

   A. 一般会把 90％及以上的资产配置在标的指数上面

   B. 一般会把 80％及以上的资产配置在标的指数上面

   C. 目前全部的指数型基金都是采用完全复制法构建组合

   D. 目前大部分的指数型基金都是采用完全复制法构建组合

44. 指数型基金常用分析指标有：（　　）。

   A. 误差　　　　　　　　　　　　　B. 标的指数

   C. 跟踪误差　　　　　　　　　　　D. 业绩指标

45. 指数型基金在运行过程中会普遍存在一定的跟踪误差，在导致指数型基金跟踪误差产生的因素中，有些是基金管理人能够控制的，而另一些则无法控制。若对跟踪误差进行归因，大致可分为以下四类：（　　）。

   A. 仓位型跟踪误差　　　　　　　　B. 结构型跟踪误差

   C. 交易型跟踪误差　　　　　　　　D. 费用型跟踪误差

46. 结构型跟踪误差是指（　　）。

   A. 股票投资组合权重结构和目标指数成分股权重结构一致而引起的跟踪误差

   B. 如基金及时参与成分股配股可能引起结构型跟踪误差

   C. 股票投资组合权重结构和目标指数成分股权重结构不一致而引起的跟踪误差

   D. 如基金及时参与受投资比例限制无法按指数要求的权重进行投资等，可能引起结构型跟踪误差

47. 对基金进行评级应遵循的原则是：（　　）。

   A. 长期性原则、公正性原则　　　　B. 全面性原则、客观性原则

   C. 一致性原则　　　　　　　　　　D. 公开性原则

48. 对基金的评级主要通过能反映基金风险收益特征的指标体系或评级模型对基金定期公布的数据进行分析，并将结果予以等级评价。其通常的做法是：（　　）。

   A. 对基金进行分类　　　　　　　　B. 建立评级模型

   C. 计算评级数据　　　　　　　　　D. 划分评价等级

### 三、判断题

1. 基金分析和评价能够帮助投资者选择符合自己投资目标及风险承受能力的基金产品或产品组合，避免盲目投资，尽可能地规避基金投资的各类风险，做一位理性、成熟的基金投资者。（　　）

    A. 正确　　　　　　　　　　　　　　B. 错误

2. 如指数型基金和股票型基金都以债券为主要投资标的，但指数型基金是一种被动管理的基金，其特点是"赚了指数就赚钱"，相比有基金经理主动管理的股票型基金，指数型基金整体风险系数更高些。（　　）

    A. 正确　　　　　　　　　　　　　　B. 错误

3. 基金的业绩从短期看是基金公司综合实力的反映，除市场的系统性风险及基金经理个人的能力外，其他的诸多因素都会直接或间接影响基金的业绩，如公司管理层、投研团队、风险控制流程等。（　　）

    A. 正确　　　　　　　　　　　　　　B. 错误

4. 基金与股票和债券也有许多不同之处，同直接的股票投资相比，基金作为一种间接投资工具，不仅其风险相对分散，而且由于投资理念、管理风格以及投资策略各有千秋，因此对基金的分析和评价往往更为复杂。（　　）

    A. 正确　　　　　　　　　　　　　　B. 错误

5. 对基金分析和评价时应全面考察基金的收益和风险，避免以单一指标来简单地评价基金，在看到收益的同时也需认真评估其潜在的风险，考察其收益和风险是否对称。（　　）

    A. 正确　　　　　　　　　　　　　　B. 错误

6. 根据《评价办法》的规定，基金评价机构应先加入中国证券业协会，再向中国证监会报送书面材料进行备案。（　　）

    A. 正确　　　　　　　　　　　　　　B. 错误

7. 《评价办法》发布的意义首先在于它使市场各方对基金评价和使用评价结果有章可循，让基金评级业务的开展更加合规有序。（　　）

    A. 正确　　　　　　　　　　　　　　B. 错误

8. 基金分析评价的方法多种多样，但首先可以将其分为定量分析和定性分析。定量分析主要指通过对基金净值、资产配置、重仓股等基金公开信息进行整理、归纳，并结合相关的市场数据，如指数的涨跌等，计算出基金各种数量化指标，如收益率、波动率等。（　　）

    A. 正确　　　　　　　　　　　　　　B. 错误

9. 定性分析更多基于客观数据，计算出来的各项指标也基本是既存事实的数量化反映。（　　）

    A. 正确　　　　　　　　　　　　　　B. 错误

10. 定量分析和定性分析虽然是两种不同的分析思路和方法，但两者之间是密切联系的，即在定量过程中离不开定性，在定性过程中也离不开定量。（　　）

A．正确　　　　　　　　　B．错误

11. 基金的基本信息和数据是比较不透明的，主要来自基金的法律文件，如基金合同、招募说明书等；基金的定期报告，如季报、半年报及年报等；基金的临时公告，如基金经理变更公告、基金分红公告等；基金公司定期公布的基金份额净值等。（　　）

A．正确　　　　　　　　　B．错误

12. 基金产品特征信息，如基金类型、投资理念、投资范围、业绩比较基准、基金费用等。（　　）

A．正确　　　　　　　　　B．错误

13. 基金产品业绩信息，如基金份额净值等。通过相关计算，还可获得基金某一阶段的收益率、基金份额净值的波动率及基金业绩在同类基金中的排名等。借助于相关的数量模型，还可获得基金风险调整后收益的指标、基金超额收益获取能力的指标等。（　　）

A．正确　　　　　　　　　B．错误

14. 对基金经理的分析和评价主要是对其投资管理能力和操作风格进行考察和评估，在一定程度上与对该基金业绩的分析和评价是不一致的。（　　）

A．正确　　　　　　　　　B．错误

15. 对基金公司分析评价的意义在于公司平台会影响基金经理的投资管理。事实上基金业绩除反映基金经理的管理水平外，在很多方面也反映了整个公司的综合实力。随着行业竞争的激烈和投资环境的日益复杂化，仅靠基金经理个人能力很难保持业绩的长期稳定，公司平台的作用日益明显。（　　）

A．正确　　　　　　　　　B．错误

16. 通常股东实力强大、持股比例合理、股权结构稳定的公司，其长远的发展具有一定的优势。而那些股权变化频繁的公司，应予以适当的警觉。从公司管理层看，公司管理层管理经验丰富、任职稳定的公司，其旗下基金中长期业绩及稳定性具有优势，因为公司管理层的变动往往会引起包括基金经理和研究人员在内的核心员工的变动。（　　）

A．正确　　　　　　　　　B．错误

17. 每个公司的投资理念和风格都是一致的，投资者可选择同自己的投资目标和风险特征相契合的投资和研究团队。应重点关注那些投资理念清晰、策略执行有力、风格鲜明的基金公司。（　　）

A．正确　　　　　　　　　B．错误

18. 公司的风险控制能力是维持其稳健经营的重要保障。公司的风险控制能力既包括对经营决策风险的控制，也包括对投资风险的控制。（　　）

A．正确　　　　　　　　　B．错误

19. 通过公司的一些事件性公告，投资者可以对公司的风险控制能力有一定的了解，如公司是否有违规事件发生、在投资上是否出现过重大的失误等。此外，通过对

公司旗下基金业绩长期表现的考察，也可以判断其在投资风险控制方面的能力。（　　）

A. 正确　　　　　　　　　　　　B. 错误

20. 目前基金公司基本上都是投资和营销一体化的架构，即公司直接对产品的销售进行统一的规划，专注投资管理而完全依赖渠道进行销售的经营模式还未出现。因此，从这个意义上看，基金公司的发展是靠投资和销售"双轮驱动"的。（　　）

A. 正确　　　　　　　　　　　　B. 错误

21. 投资经验和能力不需要通过长期实践的积累，因此，基金经理的从业经验是分析和评价基金经理能力的重点参考。（　　）

A. 正确　　　　　　　　　　　　B. 错误

22. 基金经理的过往业绩不能证明其投资能力，对于一些新成立的基金而言，由于基金本身尚无业绩可考，因此其基金经理的过往业绩往往对评价该基金的投资价值有重要的参考意义。（　　）

A. 正确　　　　　　　　　　　　B. 错误

23. 有些基金经理的过往业绩虽然不错，但却只经历了牛市或熊市，因此其全面的资产管理能力有待进一步考察。通常，对在各种不同市场环境中都有较出色表现的基金经理应予以积极的关注。（　　）

A. 正确　　　　　　　　　　　　B. 错误

24. 基金经理的投资理念决定基金中长期的风险收益特征，投资理念一定程度上还决定其投资方法和操作风格。（　　）

A. 正确　　　　　　　　　　　　B. 错误

25. 在考察基金经理投资理念时，还应同时了解其所管理基金的投资理念、目标、范围，分析基金经理是否适合操作该基金，在理念上有无冲突等。（　　）

A. 正确　　　　　　　　　　　　B. 错误

26. 基金经理的操作风格决定基金长期的风险收益特征，操作风格往往由基金经理的个性、经验、习惯及对市场和个股的把握程度等综合因素决定。（　　）

A. 正确　　　　　　　　　　　　B. 错误

27. 操作风格本身并无绝对的优劣之分，关键是看基金经理的操作风格是否与投资者的风险特征相配备。由于预测市场是非常困难的，因此风格稳健的基金经理通常更容易有良好的中长期业绩回报。（　　）

A. 正确　　　　　　　　　　　　B. 错误

28. 基金业绩的计算是基金分析研究的基础，基金销售人员应了解收益率计算的基本原理，了解不同收益率代表的意义以及如何对不同类型收益率进行转化等。（　　）

A. 正确　　　　　　　　　　　　B. 错误

29. 基金的简单份额净值收益率在计算中考虑了基金在计算区间内的分红因素，但也考虑分红再投资的时间价值。（　　）

A. 正确　　　　　　　　　　　　　　　B. 错误

30. 时间加权收益率有时也称为复权份额净值增长率。基金简单份额净值收益率的计算尽管比较简便，但它没有考虑到分红的时间价值，所以只能视为基金收益率的一种近似计算。时间加权收益率考虑到了分红再投资的效应，这就能更加准确地反映基金的业绩表现及基金经理的投资能力。（　　　）

A. 正确　　　　　　　　　　　　　　　B. 错误

31. 基金的时间加权收益率反映了 100 元投资在不取出分红的情况下（即对分红方式选择分红再投资时）的收益率，其计算不受分红金额大小的影响，可以准确地反映基金经理的真实投资能力，现已成为衡量基金收益率的标准方法。（　　　）

A. 正确　　　　　　　　　　　　　　　B. 错误

32. 在对多期收益率进行衡量和比较时，通常会用到平均收益率指标。平均收益率的计算主要有两种方法，即算术平均收益率和几何平均收益率。（　　　）

A. 正确　　　　　　　　　　　　　　　B. 错误

33. 两个平均收益率的关系是算术平均收益率大于等于几何平均收益率，当单期收益率的差异越大时，两种平均收益率的差距越大。只有当每期收益率均相等时，两个平均收益率相等。（　　　）

A. 正确　　　　　　　　　　　　　　　B. 错误

34. 算术平均收益率可以准确地衡量基金过往的实际收益情况，因此，常用于对基金过往收益率的衡量。而算术平均收益率一般可以用做对平均收益率的无偏估计，因此它更多地被用于对未来收益率的估计。（　　　）

A. 正确　　　　　　　　　　　　　　　B. 错误

35. 已知的多个区间收益率所代表的总时段恰能够覆盖 1 年时，就可以由区间收益率算出年化收益率，此时得到的是真实的已取得的收益率。（　　　）

A. 正确　　　　　　　　　　　　　　　B. 错误

36. 业绩归因的目的是把基金的总收益分解为多个组成部分，以此来考察基金经理在每个部分的投资决策与管理能力。通常，基金经理在进行投资时先要在股票、债券、货币市场工具等品种上进行大类资产配置，然后再进行深入的选择，如在股票资产方面进行行业的配置，在债券方面进行短、中、长期债券的选择等，最后落实到具体证券品种的买卖。（　　　）

A. 正确　　　　　　　　　　　　　　　B. 错误

37. 所谓择股能力是指"时机选择能力"，即基金经理预测市场短期走势，进行波段操作的能力。具有良好择时能力的基金经理能够较为准确地估计市场未来的发展态势，并相应调整投资组合的构成，如在市场上涨之前减少现金并提高组合中权益资产的权重；而在市场下跌之前增加现金并降低组合中权益资产的权重。（　　　）

A. 正确　　　　　　　　　　　　　　　B. 错误

38. 成功概率法是首先将市场划分为牛市和熊市两个不同阶段，通过分别考察基金经

理在两种市场环境下预测成功的概率来衡量其基金择时能力的方法。（　　）

A. 正确　　　　　　　　　　　　B. 错误

39. 如果把个股选择对基金业绩的贡献进一步细分，就可以了解到在基金经理的超额收益中，有多少归功于资产在行业间的配置，多少归功于同一行业内个股的选择。（　　）

A. 正确　　　　　　　　　　　　B. 错误

40. 从对基金业绩的影响来看，对外部风险和对内部风险的防范是相互联系的。内部风险控制良好的基金在面临同等的外部风险时，就可能相应地减少损失；相应地，当基金面临的外部风险很小时，其内部风险也容易被掩盖。（　　）

A. 正确　　　　　　　　　　　　B. 错误

41. 经济周期性波动风险是指因市场行情的周期变动而引起的基金净值波动的风险。这种行情变动不是指证券价格的日常波动或中级波动，而是指行情长期趋势的变动。（　　）

A. 正确　　　　　　　　　　　　B. 错误

42. 基金风险调整后收益的主要意义就在于综合考虑收益风险因素，避免片面追求高收益。现代投资理论表明，风险的大小对组合的整体表现具有基础性的作用，也是综合评判基金表现的重要内容，因此仅以收益率的高低对基金绩效进行分析并不全面。（　　）

A. 正确　　　　　　　　　　　　B. 错误

43. 夏普指数是以基金收益的系统性风险作为业绩的调整因子，反映基金在承担一单位系统性风险时所获得的超额收益。指数值越大，代表基金承担一单位系统性风险后所获得的超额收益越高。在该指数中，超额收益被定义为基金的收益率与同期的无风险收益率之差。（　　）

A. 正确　　　　　　　　　　　　B. 错误

44. 投资者可以对夏普指数进行简单解读：当夏普指数为正值时，说明在该时期内基金的收益率小于无风险收益率；如果简单地以同期银行存款利率作为无风险收益率，则表明该时期内投资基金的收益要劣于银行储蓄。当夏普指数为负值时，说明在该时期内基金的收益率大于无风险收益率。当夏普指数同为正值时，夏普指数越高越好，说明基金单位风险下获得的超额回报越高。（　　）

A. 正确　　　　　　　　　　　　B. 错误

45. 在计算基金业绩时，通常要考虑分红的复权因素，采用基金时间加权收益率进行计算，能更加准确地反映基金的运作业绩。时间加权收益率越低，说明基金的投资效果越好。（　　）

A. 正确　　　　　　　　　　　　B. 错误

46. 标准差越大，波动程度越大，基金的风险也越大；贝塔系数衡量基金收益相对于业绩评价基准收益的总体波动性，是个相对指标。贝塔系数越高，意味着基金相对于业绩基准的波动性越大。当贝塔系数大于1时，说明基金的波动性大于业绩基准的波动性；反之亦然。持股集中度高、行业集中度高的基金通常风险较大，持股数量少的基金风险程度一般要高于持股数量多的基金，但持有较多股票以分散风险的效果会随着股票的增加而迅速钝化。（　　　）

A. 正确　　　　　　　　　　　　B. 错误

47. 基金持股平均市值的计算有不同的方法，既可以用算术平均法，也可以用加权平均法或其他较为复杂的方法。通过对平均市值的分析可以看出基金是偏好大盘股、中盘股还是小盘股的投资。（　　　）

A. 正确　　　　　　　　　　　　B. 错误

48. 在基金的风险分析中，一般用标准差表示基金的总风险，用贝塔值表示基金的系统性风险。波动率越大，总风险越大，表示基金的业绩越不稳定。在对基金业绩评价中，风险是减分项目。（　　　）

A. 正确　　　　　　　　　　　　B. 错误

49. 一只债券的久期是指一只债券的加权到期时间。它综合考虑了到期时间、债券现金流以及市场利率对债券价格的影响，可以用以反映利率的微小变动对债券价格的影响，因此是一个较好的利率风险的衡量指标。（　　　）

A. 正确　　　　　　　　　　　　B. 错误

50. 对混合型基金而言，应更侧重考察其投资的"灵活性"。从产品结构来看，混合型基金更容易做到绝对收益，因为在熊市中，股票型基金的股票仓位无法降到60％以下，而混合型基金则可以把股票仓位降得更低。（　　　）

A. 正确　　　　　　　　　　　　B. 错误

## 参考答案

### 一、单项选择题

| | | | | |
|---|---|---|---|---|
| 1. B | 2. C | 3. B | 4. C | 5. A |
| 6. B | 7. C | 8. C | 9. D | 10. C |
| 11. B | 12. A | 13. B | 14. C | 15. C |
| 16. B | 17. D | 18. D | 19. C | 20. B |
| 21. A | 22. C | 23. B | 24. D | 25. A |
| 26. D | 27. B | 28. D | 29. A | 30. C |
| 31. D | 32. C | 33. A | 34. B | 35. B |
| 36. B | 37. D | 38. A | 39. C | 40. B |
| 41. D | 42. D | 43. C | 44. B | 45. B |
| 46. C | 47. C | 48. D | | |

### 二、不定项选择题

| | | | | |
|---|---|---|---|---|
| 1. ABCD | 2. ABC | 3. B | 4. ABCD | 5. BD |
| 6. ABCD | 7. ABCD | 8. BC | 9. ABC | 10. ABCD |

| | | | | |
|---|---|---|---|---|
| 11. ABCD | 12. ABCD | 13. ABCD | 14. ABC | 15. BCD |
| 16. CD | 17. ABCD | 18. ABCD | 19. ABCD | 20. ABCD |
| 21. ABCD | 22. ABC | 23. ABD | 24. ABCD | 25. AC |
| 26. BC | 27. ABCD | 28. ACD | 29. ABCD | 30. BCD |
| 31. CD | 32. ABD | 33. AC | 34. ABC | 35. ACD |
| 36. ABC | 37. ABC | 38. BCD | 39. ABCD | 40. CD |
| 41. ABC | 42. B | 43. AD | 44. BC | 45. ABCD |
| 46. C | 47. ABCD | 48. ABCD | | |

### 三、判断题

| | | | | |
|---|---|---|---|---|
| 1. A | 2. B | 3. B | 4. A | 5. A |
| 6. A | 7. A | 8. A | 9. B | 10. A |
| 11. B | 12. A | 13. A | 14. B | 15. A |
| 16. A | 17. B | 18. A | 19. A | 20. A |
| 21. B | 22. B | 23. A | 24. A | 25. A |
| 26. B | 27. A | 28. A | 29. B | 30. A |
| 31. B | 32. A | 33. A | 34. B | 35. A |
| 36. A | 37. B | 38. A | 39. A | 40. A |
| 41. A | 42. A | 43. B | 44. B | 45. B |
| 46. A | 47. A | 48. A | 49. A | 50. A |

# 第六章　证券投资基金销售的适用性

## 一、本章知识体系

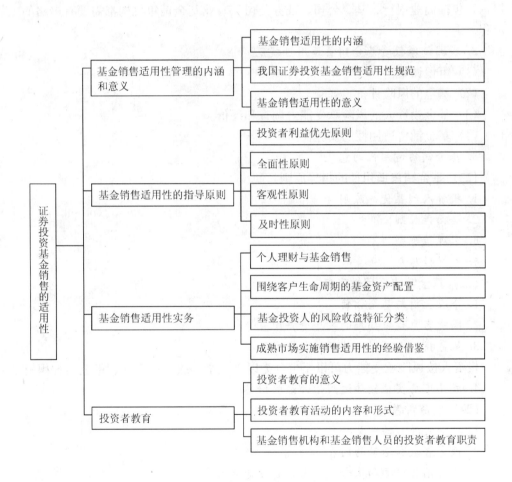

# 二、本章知识要点

### （一）基金销售适用性管理的内涵和意义

1. 基金销售适用性的内涵

基金销售适用性是指基金销售机构在销售基金和相关产品的过程中，应当根据基金投资人的风险承受能力来销售不同风险等级的产品。基金销售适用性强调的是向投资者提示投资风险、把合适的产品卖给合适的基金投资人，因此要求每一个基金销售机构，包括商业银行、基金公司、证券公司、专业基金销售机构都需要有严格的工作流程。

2. 我国证券投资基金销售适用性规范

（1）审慎调查。

（2）基金的风险评价。

（3）基金投资人的风险承受能力调查和评价。

（4）基金销售适用性的实施保障。

3. 基金销售适用性的意义

### （二）基金销售适用性的指导原则

1. 投资人利益优先原则

2. 全面性原则

3. 客观性原则

4. 及时性原则

### （三）基金销售适用性实务

1. 个人理财与基金销售

2. 围绕客户生命周期的基金资产配置

3. 基金投资人的风险收益特征分类

投资人按风险承受能力可以至少分为以下三个等级：保守型、稳健型、积极型。

4. 成熟市场实施销售适用性的经验借鉴

### （四）投资者教育

1. 投资者教育的意义

2. 投资者教育活动的内容和形式

3. 基金销售机构和基金销售人员的投资者教育职责

# 三、同步强化练习题及参考答案

## 同步强化练习题

### 一、单项选择题

1. ( )应当作为基金销售机构向基金投资人推介基金产品的重要依据。
   A. 过往业绩
   B. 预计业绩
   C. 基金产品风险评价结果
   D. 基金经理的能力

2. 基金投资人评价应以基金投资人的风险承受能力类型来具体反映，应当至少包括以下三个类型：( )。
   A. 保守型、稳定型、积极型
   B. 保守型、稳健型、激进型
   C. 保守型、稳定型、激进型
   D. 保守型、稳健型、积极型

3. 基金销售适用性的关键在于( )。
   A. 基金产品和基金监管人的风险匹配
   B. 基金产品和基金管理人的风险匹配
   C. 基金产品和基金投资人的风险匹配
   D. 基金产品和基金托管人的风险匹配

4. 投资人利益优先原则是指( )。
   A. 当基金销售机构或基金销售人员的利益与基金投资人的利益发生冲突时，应当优先保障基金投资人的合法利益
   B. 基金销售机构应当将基金销售适用性作为公司内部控制的组成部分，将基金销售适用性贯穿于基金销售的各个业务环节，对基金管理人、基金产品和基金投资人都要了解并作出评价
   C. 基金销售机构应当建立科学合理的方法，设置必要的标准和流程，保证基金销售适用性的实施
   D. 基金产品的风险评价和基金投资人的风险承受能力评价应当根据实际情况及时更新

5. 全面性原则指的是( )。
   A. 当基金销售机构或基金销售人员的利益与基金投资人的利益发生冲突时，应当优先保障基金投资人的合法利益
   B. 基金销售机构应当将基金销售适用性作为公司内部控制的组成部分，将基金销售适用性贯穿于基金销售的各个业务环节，对基金管理人、基金产品和基金投资人都要了解并作出评价
   C. 基金销售机构应当建立科学合理的方法，设置必要的标准和流程，保证基金销

售适用性的实施

D. 基金产品的风险评价和基金投资人的风险承受能力评价应当根据实际情况及时更新

6. 客观性原则是指(　　)。

A. 当基金销售机构或基金销售人员的利益与基金投资人的利益发生冲突时，应当优先保障基金投资人的合法利益

B. 基金销售机构应当将基金销售适用性作为公司内部控制的组成部分，将基金销售适用性贯穿于基金销售的各个业务环节，对基金管理人、基金产品和基金投资人都要了解并作出评价

C. 基金销售机构应当建立科学合理的方法，设置必要的标准和流程，保证基金销售适用性的实施

D. 基金产品的风险评价和基金投资人的风险承受能力评价应当根据实际情况及时更新

7. 及时性原则指的是(　　)。

A. 当基金销售机构或基金销售人员的利益与基金投资人的利益发生冲突时，应当优先保障基金投资人的合法利益

B. 基金销售机构应当将基金销售适用性作为公司内部控制的组成部分，将基金销售适用性贯穿于基金销售的各个业务环节，对基金管理人、基金产品和基金投资人都要了解并作出评价

C. 基金销售机构应当建立科学合理的方法，设置必要的标准和流程，保证基金销售适用性的实施

D. 基金产品的风险评价和基金投资人的风险承受能力评价应当根据实际情况及时更新

8. 理财规划是(　　)。

A. 理财收益预计

B. 过往理财收益分析

C. 理财经理帮助客户规划现在及未来的财务资源，使其能够满足人生不同阶段的需求，以达到预定的目标，最终实现财务自由

D. 未来理财收益分析

9. 中国目前提供理财行业服务的主要是以(　　)为主的传统的金融服务机构。

A. 券商 　　　　　　　　　B. 基金公司

C. 国有银行 　　　　　　　D. 商业银行

10. 从理财规划的角度来看，投资人经历的一生就像经历一年的四个季节，从组成家庭前的一个人到结婚后以家庭为单位的每个阶段都有着鲜明的特点。这就是所谓的(　　)。

A. 股票投资理论 　　　　　B. 生命周期理论

C. 债券投资理论 　　　　　D. 金融衍生品投资理论

11. 生命周期不包括(　　)。

    A. 年轻单身、家庭形成期        B. 家庭成长期、家庭成熟期

    C. 家庭衰老期                D. 家庭年轻期

12. 家庭形成期是指(　　)。

    A. 年轻、收入低，大部分用于消费，难以有较大的积蓄，基金定期定投是比较有效的积累投资的方式

    B. 以双薪家庭为主，可积累的资产有限，追求较高的收入成长率。多数要背负高额房贷。投资应该以长期投资的权益投资工具为主

    C. 以双薪家庭为主（也可能成为单薪家庭），收入逐渐增加，子女上学后费用负担加重，但多数能做到收入增加幅度大于费用增加幅度。投资应该以偏进取的平衡资产配置为主

    D. 以双薪家庭为主，事业发展和收入均达到高峰，支出反而随着子女的独立而降低，是为退休准备储蓄的关键阶段。投资应该以偏保守的平衡资产配置为主

13. 家庭生命周期是指(　　)。

    A. 理财产品的生命周期

    B. 投资者的生命周期

    C. 研究客户不同阶段行为特征和价值取向的重要工具，理财经理可以根据客户家庭生命周期的流动性、收益性和风险承受能力等特点来设计适合客户的投资理财组合，或进行基金资产配置

    D. 基金经理的生命周期

14. 投资人按风险承受能力不包括(　　)。

    A. 保值型                 B. 保守型

    C. 稳健型                 D. 积极型

15. 保守型是指(　　)。

    A. 保护本金不受损失和保持资产的流动性是此类投资者的首要目标。他们对投资的态度是希望投资收益极度稳定，不愿承担高风险以换取高收益，通常不太在意资金是否有较大增值，不愿意承担投资波动对心理的煎熬，追求稳定。一般来说，处于家庭衰老期的投资人多属于这一类型

    B. 在风险较小的情况下获得一定的收益是此类投资者主要的投资目标。他们虽然愿意使本金面临一定的风险，但在进行投资决定时，会仔细地对将要面临的风险进行认真的分析。而处于家庭成熟期或部分处于家庭成长期的投资人属于这一类型

    C. 此类投资者有较高的风险承受能力，通常专注于投资的长期增值，并愿意为此承受较大的风险。短期的投资波动并不会对其造成大的影响，追求较高的回报是其关注的目标。通常来讲，年轻单身或处于家庭成长期的投资人多属于这一类型

D. 投资者能够承担较高的风险

16. 基金销售机构还应该（　　）。

A. 整合基金经理的教育资源

B. 整理基金托管人的资料

C. 整合投资者教育资源，拓宽渠道，创新方式，完善内容

D. 整理基金监管人的资料

17. 年轻单身是指（　　）。

A. 年轻、收入低，大部分用于消费，难以有较大的积蓄，基金定期定投是比较有效的积累投资的方式

B. 以双薪家庭为主，可积累的资产有限，追求较高的收入成长率。多数要背负高额房贷。投资应该以长期投资的权益投资工具为主

C. 以双薪家庭为主（也可能成为单薪家庭），收入逐渐增加，子女上学后费用负担加重，但多数能做到收入增加幅度大于费用增加幅度。投资应该以偏进取的平衡资产配置为主

D. 以双薪家庭为主，事业发展和收入均达到高峰，支出反而随着子女的独立而降低，是为退休准备储蓄的关键阶段。投资应该以偏保守的平衡资产配置为主

18. 家庭成熟期是指（　　）。

A. 年轻、收入低，大部分用于消费，难以有较大的积蓄，基金定期定投是比较有效的积累投资的方式

B. 以双薪家庭为主，可积累的资产有限，追求较高的收入成长率。多数要背负高额房贷。投资应该以长期投资的权益投资工具为主

C. 以双薪家庭为主（也可能成为单薪家庭），收入逐渐增加，子女上学后费用负担加重，但多数能做到收入增加幅度大于费用增加幅度。投资应该以偏进取的平衡资产配置为主

D. 以双薪家庭为主，事业发展和收入均达到高峰，支出反而随着子女的独立而降低，是为退休准备储蓄的关键阶段。投资应该以偏保守的平衡资产配置为主

19. 家庭成长期是指（　　）。

A. 年轻、收入低，大部分用于消费，难以有较大的积蓄，基金定期定投是比较有效的积累投资的方式

B. 以双薪家庭为主，可积累的资产有限，追求较高的收入成长率。多数要背负高额房贷。投资应该以长期投资的权益投资工具为主

C. 以双薪家庭为主（也可能成为单薪家庭），收入逐渐增加，子女上学后费用负担加重，但多数能做到收入增加幅度大于费用增加幅度。投资应该以偏进取的平衡资产配置为主

D. 以双薪家庭为主，事业发展和收入均达到高峰，支出反而随着子女的独立而

降低，是为退休准备储蓄的关键阶段。投资应该以偏保守的平衡资产配置为主

20. IFA 的主要工作就是（    ）。

A. 帮助客户分析债券

B. 帮助客户分析股票

C. 帮助客户预测收益

D. 帮助客户进行资产负债分析，帮助他们确定自己的投资政策和目标，建立自己的组合，选定基金管理人，并监督基金管理人的业绩，定期向客户汇报

21. 下列说法不正确的是（    ）。

A. 《指导意见》为基金行业提供了有关建立和实施基金销售适用性的误导性指导

B. 基于基金产品的差异性和复杂性以及基金产品客户购买者的不同特征，《指导意见》作出规定，要求基金销售机构应当注重根据基金投资者的风险承受能力销售不同风险等级的产品，把合适的产品卖给合适的基金投资者

C. 基金销售机构只有细致分析投资者特征，针对不同的市场与投资者销售合适的基金产品，才能更有效地实现营销目标。通过对投资者进行分析，可以揭示投资者的真实需求，包括投资者的投资规模、风险偏好、对基金流动性、安全性的要求等因素，并依据投资者不同的特征采取不同的营销和服务策略

D. 实施基金和相关产品销售的适用性，降低因销售过程中产品错配而导致的基金投资者投诉风险，对促进基金市场健康发展具有深远的意义

22. 下列说法错误的是（    ）。

A. 是否真正贯彻"客户利益优先"还体现在基金公司的营销模式上

B. 前两年在大牛市的市场环境下，不少基金公司都在利用各式各样的营销手段来扩充公司资产规模，而没有能够很好地坚持贯彻和推行正确的投资理念

C. 为了改变这些投资者的错误观念，不少基金公司通过各种讲座、报告会等形式来进行投资者教育工作。但是，也有一些基金公司为了迎合这些投资者的错误认识，将基金进行"拆分"，或者进行"大比例分红"以降低份额净值

D. 销售手段在当时确实能在短时间内把基金规模做大，有效地提升基金公司股东的利益，同时这样的做法也能很好地培养投资者的风险意识

23. 下列说法错误的是（    ）。

A. 资产配置是金融理财最重要的一个内容，而基金又是资产配置的重要工具之一，所以是否推荐合适的基金，并进行合适的组合直接关系到投资人是否能安心地通过长期投资获得稳定的投资回报。理财经理需要帮助回答的首先是多少比例的资产要投资基金，其次是怎么对基金资产进行配置

B. 长期以来，成熟市场的经验是通过投资人风险属性的测试来获得投资人资产配置的依据。理财经理将客户按其风险属性分成不同的类型，并分别提供不同的资产配置标准

C. 理财经理将客户按风险属性确定为消极型、保守型、稳健型、积极型和冒险

型中的一类后，为每类客户提供一个类型的基金产品配置，以决定货币市场基金、债券型基金、混合型基金、股票型基金等不同品种基金的投资比例

D. 长期以来，成熟市场的经验是通过投资管理人风险属性的测试来获得投资人资产配置的依据。理财经理将客户按其风险属性分成不同的类型，并分别提供不同的资产配置标准

24. 下列说法错误的是（    ）。

A. 家庭生命周期是研究客户不同阶段行为特征和价值取向的重要工具，理财经理可以根据客户家庭生命周期的流动性、收益性和风险承受能力等特点来设计适合客户的投资理财组合，或进行基金资产配置

B. 比如处于家庭形成期的一对新婚的双薪年轻夫妻，收入不高，每个月扣除房贷和日常开销后节余不多，但还是有一系列的理财目标，如购车、旅游、生子等，那在投资上该怎么考虑？这样的客户虽然可投资金额不高，但由于投资年限比较长且未来的收入成长率比较高，因此可以考虑承担相对高一些的风险来获取投资的长期增值

C. 不再工作，以养老金和理财收入为主，支出形态发生变化，休闲及医疗费用等提高，其他费用降低，支出大于收入。投资应该以高收益高风险工具为主

D. 不再工作，以养老金和理财收入为主，支出形态发生变化，休闲及医疗费用等提高，其他费用降低，支出大于收入。投资应该以固定收益工具为主

25. 下列说法错误的是（    ）。

A. 基金按风险高低可以分为低风险、中风险、高风险三个等级。对于保守型的投资者，以稳健、安全、保值为目的，风险承受能力较低，可为这类客户选择低风险的基金产品或组合，例如货币市场基金和保本型基金

B. 保守型的投资者在考虑投资回报率的同时坚持稳健的原则，风险承受能力中等，可为其选择中风险等级的基金产品或组合，例如混合型基金和债券型基金。稳健型的投资者追求投资高收益，同时能承担较大的风险，可为其选择高风险等级的基金产品或组合，例如股票型基金

C. 理财经理在执业过程中，应严格遵守职业操守，充分了解客户的风险属性和投资偏好，及时充分地对客户想要选择的基金产品存在的风险进行分析和揭示，并向客户推荐与其风险承受能力相适应的投资产品

D. 假如某个保守型的基金投资者在银行柜台挑选基金准备购买，当他看到某小盘股票基金在过去1年的投资回报率最高，于是想把大部分的投资资产都投入该基金中，期待该基金业绩能持续，并给自己带来高投资回报。在这种情况下，负责销售基金的理财经理应该及时充分地向该投资者揭示该小盘股票基金潜在的风险，并推荐与该投资者的风险承受能力更匹配的基金产品

26. 下列说法错误的是（    ）。

A. 投资者是证券市场的重要主体，资本市场的发展和创新离不开投资者的参与

B. 当前，基金正日益成为我国居民个人投资的重要渠道之一，基金投资占居民

资产的比例日益增加，越来越多的人成为基金投资者

C. 我国基金市场的投资者主要以分散的中小个人投资者为主，中低收入者较多。很多新的基金投资者缺少证券投资的经验，投资理念总体上还不成熟，风险意识淡薄且抗风险能力弱

D. 不用通过投资者教育，就能够培育理性健康的基金投资文化，促进我国资本市场健康发展

27. 下列说法错误的是(　　)。

A. 长期以来，各基金公司通过报纸、电视、网络等新闻媒体，以开设投资者教育专栏、制作专题节目、举办各类咨询活动等方式向社会公众宣讲证券市场基础知识，提示投资风险

B. 各地证券业协会指导各会员单位开展投资者教育工作，组织编写并向社会发放各类宣传教育资料。2007 年，由中国证券业协会和证券投资者保护基金公司制作的 12 集投资者教育动画片《基股三人行》在中央电视台投放播出，并通过证券类媒体广泛刊载，社会反响强烈

C. 中国证券业协会几次组织知识竞赛，开展了"中国证券投资者问卷调查"，加强了投资者教育研究工作，丰富了投资者教育理论

D. 我国还没有进行过投资者教育

28. 下列说法错误的是(　　)。

A. 持续不断的投资者教育工作是保障基金销售适用性的基础，而基金销售机构和基金销售人员在其中起到了很重要的作用

B. 基金行业内不少人士都意识到了投资者教育的重要性，正确看待和处理营利性的市场开发和公益性的投资者教育间的关系，积极参与到投资者教育的工作中来

C. 客户经理可以不用为投资者进行投资知识教育

D. 中国证券业协会在普及投资者教育、培训客户经理的工作中起到了"领头羊"的作用，牵头组织各地的基金公司和基金销售机构开展各类活动，让理财和基金知识更广泛地深入人心

29. 下列说法错误的是(　　)。

A. 中国基金业只有十多年的发展历史，在借鉴成熟市场经验的基础上，起步虽晚，但发展迅猛。许多投资者真正关注这一投资理财工具还是在最近几年。基金行业开展投资者教育的重要性、必要性和紧迫性日益凸显

B. 不过，这种快速发展更多是集中在"硬件"——基金公司的数量不断增加、产品线不断完善、创新产品不断涌现；而"软件"——广大的客户群体对基金作为一种投资品种的理解和接受度、理财规划观念的形成等，与成熟市场还相差甚远

C. 由此形成了中国基金业的一些特有现象：如投资者追捧首发基金、优质基金的高赎回比例；把基金当作股票操作，频繁进出；还有基金为了减少赎回，

被迫分红以降低面值等

    D. 中国基金业刚刚起步

30. 下列说法错误的是(　　)。

    A. 当然，以金融理财的专业性和金融市场的复杂性而言，仅仅生硬地通过风险测试结果来决定产品是不够的

    B. 一般来讲，客户的客观风险承受能力相对其他一些主观因素来讲还是比较难衡量的，后者因为涉及客户对风险的主观认识、行为特征以及自身的阅历，变化因素比较多

    C. 理财经理在为客户制订资产配置方案、推荐基金产品时，必须保证客户预期投资报酬率所对应的投资组合的波动性是客户可以接受的，以避免客户受到市场短期波动的影响而改变长期投资的计划

    D. 理财经理在给客户推荐产品时，除了考虑客户的客观风险承受能力，还要考虑客户的性格特征和其他能够考虑到的主观因素

31. 下列说法错误的是(　　)。

    A. 中国目前提供理财行业服务的主要是以商业银行为主的传统的金融服务机构。理财经理不再是传统意义上的金融产品销售人员，而应该是在熟悉客户关系管理和专业营销等知识技能、并熟悉各类金融产品的基础上，对投资、保险、税收等相关知识都有较深入了解的个人理财规划专家

    B. 理财经理和客户之间是简单的、一次性的交易关系

    C. 他们的主要工作方式是在与客户进行充分沟通后，全面了解客户的个人财务状况以及理财目标，然后制订一个可操作的综合理财方案，最后协助客户执行理财方案，并根据内外部因素的改变而定期对方案进行调整

    D. 他们为客户提供的不仅仅是某一种甚至某几种金融产品，而是根据客户的实际情况为客户提供旨在实现其理财目标的综合性理财规划方案

32. 家庭衰老期是指 (　　)。

    A. 年轻、收入低，大部分用于消费，难以有较大的积蓄，基金定期定投是比较有效的积累投资的方式

    B. 以双薪家庭为主，可积累的资产有限，追求较高的收入成长率。多数要背负高额房贷。投资应该以长期投资的权益投资工具为主

    C. 以双薪家庭为主（也可能成为单薪家庭），收入逐渐增加，子女上学后费用负担加重，但多数能做到收入增加幅度大于费用增加幅度。投资应该以偏进取的平衡资产配置为主

    D. 不再工作，以养老金和理财收入为主，支出形态发生变化，休闲及医疗费用等提高，其他费用降低，支出大于收入。投资应该以固定收益工具为主

33. 保守型投资者的特点是(　　)。

    A. 保护本金不受损失和保持资产的流动性是此类投资者的首要目标。他们对投资的态度是希望投资收益极度稳定，不愿承担高风险以换取高收益，通常不

太在意资金是否有较大增值，不愿意承担投资波动对心理的煎熬，追求稳定。一般来说，处于家庭衰老期的投资人多属于这一类型

B. 在风险较小的情况下获得一定的收益是此类投资者主要的投资目标。他们虽然愿意使本金面临一定的风险，但在进行投资决定时，会仔细地对将要面临的风险进行认真的分析。而处于家庭成熟期或部分处于家庭成长期的投资人属于这一类型

C. 此类投资者有较高的风险承受能力，通常专注于投资的长期增值，并愿意为此承受较大的风险。短期的投资波动并不会对其造成大的影响，追求较高的回报是其关注的目标。通常来讲，年轻单身或处于家庭成长期的投资人多属于这一类型

D. 可以承受很高的风险

## 二、不定项选择题

1. 基金销售适用性强调的是向投资者提示投资风险、把合适的产品卖给合适的基金投资人，因此要求每一个基金销售机构，包括（　　）都需要有严格的工作流程。

   A. 商业银行　　　　　　　　　B. 基金公司

   C. 证券公司　　　　　　　　　D. 专业基金销售机构

2. 基金产品风险应当至少包括（　　）。

   A. 低风险等级　　　　　　　　B. 超高风险等级

   C. 中风险等级　　　　　　　　D. 高风险等级

3. 基金投资人评价应以基金投资人的风险承受能力类型来具体反映，应当至少包括（　　）。

   A. 保守型　　　　　　　　　　B. 稳健型

   C. 激进型　　　　　　　　　　D. 积极型

4. 基金销售机构只有细致分析投资者特征，针对不同的市场与投资者销售合适的基金产品，才能更有效地实现营销目标。通过对投资者进行分析，可以揭示投资者的真实需求，包括（　　）等因素。

   A. 对基金流动性安全性的要求　　B. 投资者的投资规模

   C. 风险偏好　　　　　　　　　　D. 风险识别的能力

5. 投资者教育的意义在于（　　）。

   A. 有利于投资者进行激进的投资活动

   B. 有助于培育成熟的投资理念，增强投资者风险意识

   C. 有助于增强基金行业的市场化调节机制，夯实市场发展的基础

   D. 有助于增强基金投资者的自我保护能力，提高市场监管效率

6. 下列说法正确的是：（　　）。

   A. 基金代销机构选择代销基金产品时，应当将对基金管理人进行的审慎调查作为销售决策流程的有机组成部分

   B. 基金管理人在选择基金代销机构时，为确保基金销售适用性的贯彻实施，也应

当对基金代销机构进行审慎调查

C. 对基金产品的风险评价，可以由基金销售机构的特定部门完成，也可以由第三方的基金评级与评价机构提供

D. 基金产品风险应当至少包括以下三个等级：低风险等级、中风险等级、高风险等级。基金产品风险评价结果应当作为基金销售机构向基金投资人推介基金产品的重要依据

7. 下列说法正确的是：（　　　）。

A. 基金销售适用性的关键在于基金产品和基金投资人的风险匹配，而内部控制、信息管理平台和经过适当培训的销售人员均对基金销售适用性的实施起到保障作用

B. 风险匹配方法主要是在基金产品的风险等级和基金投资人的风险承受能力类型之间建立合理的对应关系，同时将基金产品风险超越基金投资人风险承受能力的情况定义为风险不匹配

C. 基金销售适用性不需要基金产品和基金投资人的风险匹配

D. 基金销售机构还应在基金认购或申购申请中加入基金投资人意愿声明内容，对于基金投资人主动认购或申购的基金产品风险超越基金投资人风险承受能力的情况，要求基金投资人在认购或申购基金的同时进行确认

8. 下列说法正确的是：（　　　）。

A. 《指导意见》为基金行业提供了有关建立和实施基金销售适用性的全面指导。基于基金产品的差异性和复杂性以及基金产品客户购买者的不同特征，《指导意见》作出规定，要求基金销售机构应当注重根据基金投资者的风险承受能力销售不同风险等级的产品，把合适的产品卖给合适的基金投资者

B. 基金销售机构只有细致分析投资者特征，针对不同的市场与投资者销售合适的基金产品，才能更有效地实现营销目标

C. 通过对投资者进行分析，可以揭示投资者的真实需求，包括投资者的投资规模，风险偏好，对基金流动性、安全性的要求等因素，并依据投资者不同的特征采取不同的营销和服务策略

D. 实施基金和相关产品销售的适用性，降低因销售过程中产品错配而导致的基金投资者投诉风险，对促进基金市场健康发展具有深远的意义

9. 下列说法正确的是：（　　　）。

A. 投资人利益优先原则是指当基金销售机构或基金销售人员的利益与基金投资人的利益发生冲突时，应当优先保障基金投资人的合法利益

B. 基金作为"金融理财"最重要的投资工具之一，同样秉承最核心的一个理财原则，就是"客户利益优先"。换言之，销售机构的客户经理必须对基金投资者尽忠诚之义务。这是基金销售最基本、最重要的诉求

C. 投资人利益优先原则必须体现在基金销售的每一个环节

D. 客户经理在向客户推荐基金时，应该尝试给客户推荐符合其风险承受能力的基

金产品或配置，而不是优先考虑销售任务或销售奖励等其他因素

10. 投资人利益优先原则是指：（　　　）。

　　A. 当基金销售机构或基金销售人员的利益与基金投资人的利益发生冲突时，应当优先保障基金投资人的合法利益

　　B. 基金销售机构应当将基金销售适用性作为公司内部控制的组成部分，将基金销售适用性贯穿于基金销售的各个业务环节，对基金管理人、基金产品和基金投资人都要了解并作出评价

　　C. 基金销售机构应当建立科学合理的方法，设置必要的标准和流程，保证基金销售适用性的实施

　　D. 基金产品的风险评价和基金投资人的风险承受能力评价应当根据实际情况及时更新

11. 全面性原则是指：（　　　）。

　　A. 当基金销售机构或基金销售人员的利益与基金投资人的利益发生冲突时，应当优先保障基金投资人的合法利益

　　B. 基金销售机构应当将基金销售适用性作为公司内部控制的组成部分，将基金销售适用性贯穿于基金销售的各个业务环节，对基金管理人、基金产品和基金投资人都要了解并作出评价

　　C. 基金销售机构应当建立科学合理的方法，设置必要的标准和流程，保证基金销售适用性的实施

　　D. 基金产品的风险评价和基金投资人的风险承受能力评价应当根据实际情况及时更新

12. 客观性原则是指：（　　　）。

　　A. 当基金销售机构或基金销售人员的利益与基金投资人的利益发生冲突时，应当优先保障基金投资人的合法利益

　　B. 基金销售机构应当将基金销售适用性作为公司内部控制的组成部分，将基金销售适用性贯穿于基金销售的各个业务环节，对基金管理人、基金产品和基金投资人都要了解并作出评价

　　C. 基金销售机构应当建立科学合理的方法，设置必要的标准和流程，保证基金销售适用性的实施

　　D. 基金产品的风险评价和基金投资人的风险承受能力评价应当根据实际情况及时更新

13. 及时性原则是指：（　　　）。

　　A. 当基金销售机构或基金销售人员的利益与基金投资人的利益发生冲突时，应当优先保障基金投资人的合法利益

　　B. 基金销售机构应当将基金销售适用性作为公司内部控制的组成部分，将基金销售适用性贯穿于基金销售的各个业务环节，对基金管理人、基金产品和基金投资人都要了解并作出评价

C. 基金销售机构应当建立科学合理的方法，设置必要的标准和流程，保证基金销售适用性的实施

D. 基金产品的风险评价和基金投资人的风险承受能力评价应当根据实际情况及时更新

14. 投资人按风险承受能力可以分为：（　　）。

A. 激进型　　　　　　　　　B. 保守型

C. 稳健型　　　　　　　　　D. 积极型

15. 保守型是指：（　　）。

A. 保护本金不受损失和保持资产的流动性是此类投资者的首要目标。他们对投资的态度是希望投资收益极度稳定，不愿承担高风险以换取高收益，通常不太在意资金是否有较大增值，不愿意承担投资波动对心理的煎熬，追求稳定。一般来说，处于家庭衰老期的投资人多属于这一类型

B. 在风险较小的情况下获得一定的收益是此类投资者主要的投资目标。他们虽然愿意使本金面临一定的风险，但在进行投资决定时，会仔细地对将要面临的风险进行认真的分析。而处于家庭成熟期或部分处于家庭成长期的投资人属于这一类型

C. 投资者有较高的风险承受能力，通常专注于投资的长期增值，并愿意为此承受较大的风险。短期的投资波动并不会对其造成大的影响，追求较高的回报是其关注的目标。通常来讲，年轻单身或处于家庭成长期的投资人多属于这一类型

D. 投资者有较高的风险承受能力，通常专注于投资的短期增值

16. 稳健型是指：（　　）。

A. 保护本金不受损失和保持资产的流动性是此类投资者的首要目标。他们对投资的态度是希望投资收益极度稳定，不愿承担高风险以换取高收益，通常不太在意资金是否有较大增值，不愿意承担投资波动对心理的煎熬，追求稳定。一般来说，处于家庭衰老期的投资人多属于这一类型

B. 在风险较小的情况下获得一定的收益是此类投资者主要的投资目标。他们虽然愿意使本金面临一定的风险，但在进行投资决定时，会仔细地对将要面临的风险进行认真的分析。而处于家庭成熟期或部分处于家庭成长期的投资人属于这一类型

C. 投资者有较高的风险承受能力，通常专注于投资的长期增值，并愿意为此承受较大的风险。短期的投资波动并不会对其造成大的影响，追求较高的回报是其关注的目标。通常来讲，年轻单身或处于家庭成长期的投资人多属于这一类型

D. 投资者有较高的风险承受能力，通常专注于投资的短期增值

17. 对于（　　）的投资者，以稳健、安全、保值为目的，风险承受能力较低，可为这类客户选择低风险的基金产品或组合，例如货币市场基金和保本型基金。

A. 激进型        B. 保守型

C. 稳健型        D. 积极型

18. 积极型是指：（     ）。

A. 保护本金不受损失和保持资产的流动性是此类投资者的首要目标。他们对投资的态度是希望投资收益极度稳定，不愿承担高风险以换取高收益，通常不太在意资金是否有较大增值，不愿意承担投资波动对心理的煎熬，追求稳定。一般来说，处于家庭衰老期的投资人多属于这一类型

B. 在风险较小的情况下获得一定的收益是此类投资者主要的投资目标。他们虽然愿意使本金面临一定的风险，但在进行投资决定时，会仔细地对将要面临的风险进行认真的分析。而处于家庭成熟期或部分处于家庭成长期的投资人属于这一类型

C. 投资者有较高的风险承受能力，通常专注于投资的长期增值，并愿意为此承受较大的风险。短期的投资波动并不会对其造成大的影响，追求较高的回报是其关注的目标。通常来讲，年轻单身或处于家庭成长期的投资人多属于这一类型

D. 投资者有较高的风险承受能力，通常专注于投资的短期增值

19. IFA 的主要工作就是：（     ）。

A. 帮助客户进行资产负债分析

B. 帮助他们确定自己的投资政策和目标，建立自己的组合

C. 选定基金管理人，并监督基金管理人的业绩

D. 定期向客户汇报

三、判断题

1. 理财规划是理财经理帮助客户规划现在及未来的财务资源，使其能够满足人生不同阶段的需求，以达到预定的目标，最终实现财务自由。中国理财市场和基金市场刚刚起步，与成熟市场还有很大差距。我国市场中的每一个参与者都在适应这个市场，正处在一个不断探索的过程中。（     ）

A. 正确        B. 错误

2. 全面性原则指的是基金销售机构应当将基金销售适用性作为公司内部控制的组成部分，将基金销售适用性贯穿于基金销售的各个业务环节，对基金管理人、基金产品和基金投资人都要了解并作出评价。（     ）

A. 正确        B. 错误

3. 基金销售适用性是指基金销售机构在销售基金和相关产品的过程中，应当根据基金投资人的风险承受能力来销售不同风险等级的产品。基金销售适用性强调的是向投资者提示投资风险、把合适的产品卖给合适的基金投资人，因此要求每一个基金销售机构，包括商业银行、基金公司、证券公司、专业基金销售机构都需要有严格的工作流程。（     ）

A. 正确        B. 错误

4. 为了规范基金销售机构的销售行为，确保基金和相关产品销售的适用性，提示投资风险，促进证券投资基金市场健康发展，中国证监会于 2009 年 10 月 12 日根据《证券投资基金法》和《证券投资基金销售管理办法》的有关规定，颁布了《证券投资基金销售适用性指导意见》，对基金销售在适用性管理问题上提出了具体和明确的要求。（　　　）

    A. 正确　　　　　　　　　　　　B. 错误

5. 基金销售机构应当建立投资人调查制度，制定科学合理的调查方法和清晰有效的作业流程，对基金投资人的风险承受能力进行调查和评价。基金投资人评价应以基金投资人的风险承受能力类型来具体反映，应当至少包括以下三个类型：稳定型、稳健型、积极型。（　　　）

    A. 正确　　　　　　　　　　　　B. 错误

6. 基金销售适用性的关键在于基金产品和基金投资人的风险匹配，而内部控制、信息管理平台和经过适当培训的销售人员均对基金销售适用性的实施起到保障作用。其中，风险匹配方法主要是在基金产品的风险等级和基金投资人的风险承受能力类型之间建立合理的对应关系，同时将基金产品风险超越基金投资人风险承受能力的情况定义为风险不匹配。（　　　）

    A. 正确　　　　　　　　　　　　B. 错误

7. 《指导意见》的颁布在一定意义上对基金公司、基金从业人员和投资者都起到了保护作用，为开展投资者教育工作提供了新的途径和方向指引。（　　　）

    A. 正确　　　　　　　　　　　　B. 错误

8. 投资人利益优先原则不必要体现在基金销售的每一个环节。（　　　）

    A. 正确　　　　　　　　　　　　B. 错误

9. 是否真正贯彻"客户利益优先"不体现在基金公司的营销模式上。（　　　）

    A. 正确　　　　　　　　　　　　B. 错误

10. 全面性原则指的是基金销售机构应当将基金销售适用性作为公司内部控制的组成部分，将基金销售适用性贯穿于基金销售的各个业务环节，对基金管理人、基金产品和基金投资人都要了解并作出评价。（　　　）

    A. 正确　　　　　　　　　　　　B. 错误

11. 很多投资人对理财缺乏认识，简单地认为理财就是炒股挣钱。（　　　）

    A. 正确　　　　　　　　　　　　B. 错误

12. 理财经理是作为产品供应商的基金公司和作为客户的基金投资者之间的桥梁。基金理财作为金融理财一种重要的投资手段，是针对客户一生的一种综合性金融服务。（　　　）

    A. 正确　　　　　　　　　　　　B. 错误

13. 1953 年，美国著名经济学家马柯威茨在《金融杂志》的一篇文章中提出了著名的 Markowitz 模型。（　　　）

    A. 正确　　　　　　　　　　　　B. 错误

14. 资产配置是金融理财最重要的一个内容，而基金又是资产配置的重要工具之一，所以是否推荐合适的基金，并进行合适的组合直接关系到投资人是否能安心地通过长期投资获得稳定的投资回报。（　　）

　　A. 正确　　　　　　　　　　　B. 错误

15. 从理财规划的角度来看，投资人经历的一生就像经历一年的四个季节，从组成家庭前的一个人到结婚后以家庭为单位的每个阶段都有着鲜明的特点。这就是所谓的生命周期理论。（　　）

　　A. 正确　　　　　　　　　　　B. 错误

16. 家庭生命周期是研究客户不同阶段行为特征和价值取向的重要工具，理财经理可以根据客户家庭生命周期的流动性、收益性和风险承受能力等特点来设计适合客户的投资理财组合，或进行基金资产配置。（　　）

　　A. 正确　　　　　　　　　　　B. 错误

17. 投资人按风险承受能力可以至少分为以下三个等级：保守型、稳健型、积极型（如果进一步细分，可分为五个等级：消极型、保守型、稳健型、积极型和冒险型）。（　　）

　　A. 正确　　　　　　　　　　　B. 错误

18. 稳健型是指保护本金不受损失和保持资产的流动性是此类投资者的首要目标。他们对投资的态度是希望投资收益极度稳定，不愿承担高风险以换取高收益，通常不太在意资金是否有较大增值，不愿意承担投资波动对心理的煎熬，追求稳定。一般来说，处于家庭衰老期的投资人多属于这一类型。（　　）

　　A. 正确　　　　　　　　　　　B. 错误

19. 保守型是指在风险较小的情况下获得一定的收益是此类投资者主要的投资目标。他们虽然愿意使本金面临一定的风险，但在进行投资决定时，会仔细地对将要面临的风险进行认真的分析。而处于家庭成熟期或部分处于家庭成长期的投资人属于这一类型。（　　）

　　A. 正确　　　　　　　　　　　B. 错误

20. 积极型投资者有较高的风险承受能力，通常专注于投资的长期增值，并愿意为此承受较大的风险。短期的投资波动并不会对其造成大的影响，追求较高的回报是其关注的目标。通常来讲，年轻单身或处于家庭成长期的投资人多属于这一类型。（　　）

　　A. 正确　　　　　　　　　　　B. 错误

21. 理财经理在执业过程中，应严格遵守职业操守，充分了解客户的风险属性和投资偏好，及时充分地对客户想要选择的基金产品存在的风险进行分析和揭示，并向客户推荐与其风险承受能力相适应的投资产品。（　　）

　　A. 正确　　　　　　　　　　　B. 错误

22. 一般来讲，客户的客观风险承受能力相对其他一些主观因素来讲还是比较容易衡量的，后者因为涉及客户对风险的主观认识、行为特征以及自身的阅历，变化因

素比较多。（　　）

    A．正确　　　　　　　　　　　B．错误

23．"了解你的客户"（Know Your Clients，简称 KYC）规则早已成为金融产品销售过程中最基本的需要遵循的原则，这和我国目前以大规模的基金首发为主导的销售方式形成了鲜明的对比。（　　）

    A．正确　　　　　　　　　　　B．错误

24．当客户选择 IFA 购买基金时，IFA 最后要做的就是"了解你的客户"，让客户填写事先准备好的问卷。（　　）

    A．正确　　　　　　　　　　　B．错误

25．客户在经过一系列步骤之后，在 IFA 的帮助下选择适合的基金产品并填单购买，这时 IFA 需要客户签署一份《风险揭示书》，证明自己已充分了解产品风险，愿意承担由此带来的投资风险。（　　）

    A．正确　　　　　　　　　　　B．错误

26．我国基金业十多年走过的历程充分表明，健康稳定发展的基金业，离不开成熟理性的基金投资者。从这个意义上讲，成熟理性的基金投资者是基金市场内在的约束力量，是该行业健康发展的重要基础之一。（　　）

    A．正确　　　　　　　　　　　B．错误

27．投资者是证券市场的重要主体，资本市场的发展和创新离不开投资者的参与。（　　）

    A．正确　　　　　　　　　　　B．错误

28．长期以来，各基金公司通过报纸、电视、网络等新闻媒体，以开设投资者教育专栏、制作专题节目、举办各类咨询活动等方式向社会公众宣讲证券市场基础知识，提示投资风险。其实这些都是不必要的活动。（　　）

    A．正确　　　　　　　　　　　B．错误

29．很多基金代销机构也结合客户和自身业务特点开展了投资者教育工作。（　　）

    A．正确　　　　　　　　　　　B．错误

30．总体上看，基金投资者教育工作已取得一定成效。但也必须看到，我国投资者教育工作仍处于起步阶段，与我国资本市场稳步发展、市场规模不断扩大以及投资者数量快速增长的形势相比，与海外成熟市场投资者教育工作的水平相比，无论在深度还是广度上，都存在不小的差距。（　　）

    A．正确　　　　　　　　　　　B．错误

31．持续不断的投资者教育工作是保障基金销售适用性的基础，而基金销售机构和基金销售人员在其中起到了很重要的作用。（　　）

    A．正确　　　　　　　　　　　B．错误

32．基金销售机构还应该整合投资者教育资源，拓宽渠道，创新方式，完善内容。要建立多层次的投资者教育体系，提供差异化的、相互补充的投资者教育服务。（　　）

A. 正确 B. 错误

33. 针对当前的基金行业发展现状和广大基金投资者状况，要从整体上实现基金业的持续、健康、稳定发展，我们不需要不断健全相关工作制度，构建投资者教育长效机制，我们已经形成了完美的工作制度。（　　　）

A. 正确 B. 错误

## 参考答案

### 一、单项选择题

| | | | | |
|---|---|---|---|---|
| 1. C | 2. D | 3. B | 4. A | 5. B |
| 6. C | 7. D | 8. C | 9. D | 10. B |
| 11. D | 12. B | 13. C | 14. A | 15. A |
| 16. C | 17. A | 18. D | 19. C | 20. D |
| 21. A | 22. D | 23. D | 24. C | 25. B |
| 26. D | 27. D | 28. C | 29. D | 30. B |
| 31. B | 32. D | 33. A | | |

### 二、不定项选择题

| | | | | |
|---|---|---|---|---|
| 1. ABCD | 2. ACD | 3. ABD | 4. ABC | 5. BCD |
| 6. ABCD | 7. ABD | 8. ABCD | 9. ABCD | 10. A |
| 11. B | 12. C | 13. D | 14. BCD | 15. A |
| 16. B | 17. B | 18. C | 19. ABCD | |

### 三、判断题

| | | | | |
|---|---|---|---|---|
| 1. A | 2. A | 3. A | 4. B | 5. B |
| 6. A | 7. A | 8. B | 9. B | 10. A |
| 11. A | 12. A | 13. B | 14. A | 15. A |
| 16. A | 17. A | 18. B | 19. B | 20. A |
| 21. A | 22. A | 23. A | 24. B | 25. A |
| 26. A | 27. A | 28. B | 29. A | 30. A |
| 31. A | 32. A | 33. B | | |

# 第七章　基金销售的规范

## 一、本章知识体系

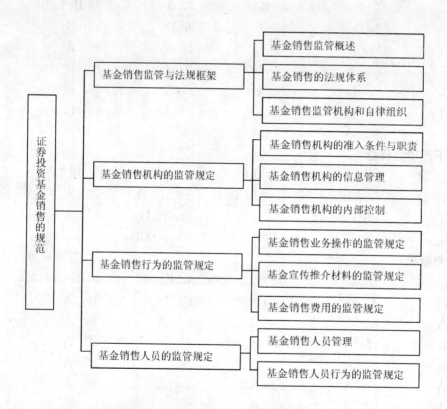

## 二、本章知识要点

**(一) 基金销售监管与法规框架**

1. 基金销售监管概述

(1) 基金销售监管的含义与作用。

(2) 基金销售监管的目标。①保护基金投资者的合法权益。②保证市场的公平、效率和透明。③防范和降低系统性风险。④推动基金业的规范发展。

（3）基金销售监管的原则。①依法监管原则。②公开、公平、公正原则。③监管与自律并重原则。④监管的连续性和有效性原则。⑤审慎监管原则。

2. 基金销售的法规体系

法规体系是指一国的全部现行法律规范，按照一定的标准和原则，划分为不同的法规部门而形成的内部和谐统一、有机联系的整体。我国基金销售的法规体系由国家法律、行政法规、部门规章、规范性文件和自律规则等构成。

3. 基金销售监管机构和自律组织

（1）中国证监会对基金销售的监管。

（2）中国证券业协会的行业自律管理。

**（二）基金销售机构的监管规定**

1. 基金销售机构的准入条件与职责

（1）基金销售机构准入条件。

（2）基金销售职责规范。

2. 基金销售机构的信息管理

（1）前台业务系统。

（2）自助式前台系统。

（3）后台管理系统。

（4）监管系统信息报送。

（5）信息管理平台应用系统的支持系统。

3. 基金销售机构的内部控制

（1）内部控制的概念、目标与原则。

（2）内部环境控制。①建立科学的决策程序、高效的业务执行系统、健全的内部监督和反馈系统。②建立包括基金产品、投资人风险承受能力、运营操作等在内的风险评估体系，对内外部风险进行识别、评估和分析，及时防范和化解风险。③建立健全内部授权控制体系，加强对分支机构的管理，建立科学的聘用、培训、考评、晋升、淘汰等人力资源管理制度，制定切实有效的应急应变措施；同时，通过制度建设，防止商业贿赂和不正当交易行为的发生。

（3）销售决策流程控制。

（4）销售业务流程控制。

（5）会计系统内部控制。

（6）信息技术内部控制。

（7）监察稽核控制。

**（三）基金销售行为的监管规定**

1. 基金销售业务操作的监管规定

（1）基金销售基本业务规范。

（2）基金销售资金清算业务规范。

（3）基金销售客户服务规范。

（4）异常情况报告。

（5）基金销售机构行为监督。

2. 基金宣传推介材料的监管规定

（1）基本要求。基金管理公司和基金代销机构应当在基金宣传推介材料中加强对投资人的教育和引导，积极培养投资人的长期投资理念，注重对行业公信力及公司品牌、形象的宣传，并应符合法律规范的相关要求。

（2）基金宣传推介材料的禁止规定。

（3）对基金宣传材料中登载基金过往业绩的规定。

（4）基金宣传推介材料的报备。

（5）监管处罚。

3. 基金销售费用的监管规定

（1）基金销售费用结构和费率水平。①基金销售费用包括基金的申购费（认购费）和赎回费。②基金管理人发售基金份额、募集基金，可以收取认购费，但费率不得超过认购金额的5%。③基金管理人办理开放式基金份额的赎回应当收取赎回费，赎回费不得超过基金份额赎回金额的5%，货币市场基金及中国证监会规定的其他品种除外。④对于短期交易的投资人，基金管理人可以在基金合同、招募说明书中约定按费用标准收取赎回费。⑤基金销售机构开通通过互联网、电话、移动通信等非现场方式实现的自助交易业务的，经与基金管理人协商一致，可以对自助交易前端申购费用实行一定的优惠。⑥基金份额持有人在同一基金管理人所管理的不同基金之间进行转换的，基金管理人应当按照转出基金的赎回费用加上转出与转入基金申购费用补差的标准收取费用。

（2）基金销售机构销售费用收取的监管规定。

**（四）基金销售人员的监管规定**

1. 基金销售人员管理

（1）基金销售人员的资格管理。

（2）基金销售机构的人员管理和培训。

2. 基金销售人员行为的监管规定

（1）基金销售人员业务办理的监管规定。

（2）基金销售人员宣传推介的监管规定。

（3）基金销售人员的禁止行为。

# 三、同步强化练习题及参考答案

## 同步强化练习题

### 一、单项选择题

1. (    )是指监管部门运用法律的、经济的以及必要的行政手段，对基金销售参与者行为进行的监督和管理。
   A. 基金销售　　　　　　　　　B. 基金销售监管
   C. 基金销售管理　　　　　　　D. 基金销售控制

2. 下列有关基金销售监管说法不正确的是(    )。
   A. 维护基金市场的良好秩序、提高基金市场效率
   B. 对于保护基金投资人合法权益具有重大意义，是基金市场监管体系中不可缺少的组成部分
   C. 基金销售监管体系由监管目标、监管机构、监管对象、监管内容、监管手段等组成
   D. 基金销售监管体系不完善，不能起到监管作用

3. 基金销售监管的原则中的依法监管原则是指(    )。
   A. 基金监管部门在履行监管职责时，必须树立依法监管的理念，严格遵守法律法规的规定。既要依法履行监管职权，又要依法承担监管责任；既要尊重监管对象的权利，保护市场各方参与者的合法权益，又要做到不徇情、不枉法
   B. 要求基金市场具有充分的透明度，实现市场信息公开化
   C. 在加强基金市场监管的同时，加强基金销售机构和从业人员的自我约束、自我教育和自我管理
   D. 处理好监管成本和监管效益之间的关系，做到市场能自身调节的，不监管；必须监管的，应当在保证监管效益的前提下做到监管成本最小

4. 公开、公平、公正原则是指(    )。
   A. 基金监管部门在履行监管职责时，必须树立依法监管的理念，严格遵守法律法规的规定。既要依法履行监管职权，又要依法承担监管责任；既要尊重监管对象的权利，保护市场各方参与者的合法权益，又要做到不徇情、不枉法
   B. 公开原则要求基金市场具有充分的透明度，实现市场信息公开化。公平原则指基金市场上不存在歧视，所有参与基金活动的当事人具有平等的权利。公正原则要求监管部门在公开、公平原则的基础上，对监管对象给予公正的待遇
   C. 在加强基金市场监管的同时，加强基金销售机构和从业人员的自我约束、自我教育和自我管理

D. 处理好监管成本和监管效率之间的关系，做到市场能自身调节的，不监管；必须监管的，应当在保证监管效益的前提下做到监管成本最小

5. 监管与自律并重原则是指（　　）。

A. 基金监管部门在履行监管职责时，必须树立依法监管的理念，严格遵守法律法规的规定。既要依法履行监管职权，又要依法承担监管责任；既要尊重监管对象的权利，保护市场各方参与者的合法权益，又要做到不徇情、不枉法

B. 基金市场具有充分的透明度，实现市场信息公开化

C. 在加强基金市场监管的同时，加强基金销售机构和从业人员的自我约束、自我教育和自我管理

D. 处理好监管成本和监管效益之间的关系，做到市场能自身调节的，不监管；必须监管的，应当在保证监管效益的前提下做到监管成本最小

6. 监管的连续性和有效性原则是指（　　）。

A. 基金监管部门在履行监管职责时，必须树立依法监管的理念，严格遵守法律法规的规定。既要依法履行监管职权，又要依法承担监管责任；既要尊重监管对象的权利，保护市场各方参与者的合法权益，又要做到不徇情、不枉法

B. 基金市场上不存在歧视，所有参与基金活动的当事人具有平等的权利

C. 在加强基金市场监管的同时，加强基金销售机构和从业人员的自我约束、自我教育和自我管理

D. 处理好监管成本和监管效益之间的关系，做到市场能自身调节的，不监管；必须监管的，应当在保证监管效益的前提下做到监管成本最小

7. 审慎监管原则是指（　　）。

A. 基金监管部门在履行监管职责时，必须树立依法监管的理念，严格遵守法律法规的规定。既要依法履行监管职权，又要依法承担监管责任；既要尊重监管对象的权利，保护市场各方参与者的合法权益，又要做到不徇情、不枉法

B. 基金市场上不存在歧视，所有参与基金活动的当事人具有平等的权利

C. 在加强基金市场监管的同时，加强基金销售机构和从业人员的自我约束、自我教育和自我管理

D. 针对基金销售机构经营能力的监管，旨在促进基金销售机构审慎经营，有效防范和化解业务风险

8. 2003年10月28日，第十届全国人民代表大会常务委员会第五次会议通过（　　），是我国基金销售法规体系中的核心法律，确立了现行基金法律制度的基本原则。

A.《证券投资法》　　　　　　B.《证券法》
C.《证券基金法》　　　　　　D.《证券投资基金法》

9. （　　）是我国基金市场的监管主体，其依法对基金市场参与者的行为进行监督管理，基金的销售活动是基金业务的重要组成部分，基金销售的监管也是基金监管的重要内容。

A. 中国银监会　　　　　　　B. 中国保监会

    C. 中国基金监督管理委员会         D. 中国证监会

10. ( )规定，基金管理人应当"依法募集基金，办理或者委托经国务院证券监督
    管理机构认定的其他机构代为办理基金份额的发售、申购、赎回和登记事宜"。
    ( )规定："商业银行、证券公司、证券投资咨询机构、专业基金销售机构以
    及中国证监会规定的其他机构可以向中国证监会申请基金代销业务资格。"
    A.《证券投资基金销售管理办法》   《证券投资基金销售管理办法》
    B.《证券投资基金法》           《证券投资基金法》
    C.《证券投资基金法》           《证券投资基金销售管理办法》
    D.《证券投资基金销售管理办法》   《证券投资基金法》

11. 商业银行申请基金代销业务资格，不必具备的条件是( )。
    A. 资本充足率符合国务院银行业监督管理机构的有关规定，有专门负责基金代
       销业务的部门
    B. 财务状况良好，运作规范稳定，最近5年内没有因违法违规行为受到行政处
       罚或者刑事处罚
    C. 具有健全的法人治理结构、完善的内部控制和风险管理制度，并得到有效执
       行，有与基金代销业务相适应的营业场所、安全防范设施和其他设施
    D. 有安全、高效的办理基金发售、申购和赎回业务的技术设施，基金代销业务
       的技术系统已与基金管理人、基金托管人、基金登记机构相应的技术系统进
       行了联机、联网测试，测试结果符合国家规定的标准

12. 证券公司申请基金代销业务资格，除具备商业银行申请条件中第（2）项至第
    （9）项规定的条件外，不必具备的条件是( )
    A. 净资本等财务风险监控指标符合中国证监会的有关规定
    B. 最近5年没有挪用客户资产等损害客户利益的行为
    C. 没有因违法违规行为正在被监管机构调查，或者正处于整改期间
    D. 没有发生已经影响或可能影响公司正常运作的重大变更事项，或者诉讼、仲
       裁等其他重大事项

13. 《证券投资基金销售管理办法》及其他规范性文件对基金销售机构职责的规范不
    包括( )。
    A. 签订代销协议，明确委托关系   B. 基金管理人应制定业务规则并监督实施
    C. 建立相关制度             D. 提前发行

14. 为了规范证券投资基金销售业务的信息管理，提高对基金投资人的信息服务质
    量，促进证券投资基金销售业务的进一步发展，( )中国证监会发布了《证券
    投资基金销售业务信息管理平台管理规定》。
    A. 2007年3月             B. 2007年5月
    C. 2008年3月             D. 2008年5月

15. 前台业务系统是指( )。
    A. 直接面对基金投资人，或者与基金投资人的交易活动直接相关的应用系统，

分为自助式和辅助式两种类型

B. 主要实现对前台业务系统功能的数据支持和集中管理

C. 基金销售机构应当向监管机构提供基金日常交易情况、异常交易情况、内部监察稽核报告、调查和评价基金投资人风险承受能力的方法以及基金投资人认购、申购基金的风险等级与基金投资人风险承受能力匹配的情况汇总等信息

D. 包括数据库、服务器、网络通讯、安全保障等

16. 后台管理系统是指（　　　）。

A. 直接面对基金投资人，或者与基金投资人的交易活动直接相关的应用系统，分为自助式和辅助式两种类型

B. 主要实现对前台业务系统功能的数据支持和集中管理

C. 基金销售机构应当向监管机构提供基金日常交易情况、异常交易情况、内部监察稽核报告、调查和评价基金投资人风险承受能力的方法以及基金投资人认购、申购基金的风险等级与基金投资人风险承受能力匹配的情况汇总等信息

D. 数据库、服务器、网络通信、安全保障等

17. 监管系统信息报送是指（　　　）。

A. 直接面对基金投资人，或者与基金投资人的交易活动直接相关的应用系统，分为自助式和辅助式两种类型

B. 主要实现对前台业务系统功能的数据支持和集中管理

C. 基金销售机构应当向监管机构提供基金日常交易情况、异常交易情况、内部监察稽核报告、调查和评价基金投资人风险承受能力的方法以及基金投资人认购、申购基金的风险等级与基金投资人风险承受能力匹配的情况汇总等信息

D. 数据库、服务器、网络通信、安全保障等

18. 信息管理平台应用系统的支持系统包括（　　　）。

A. 直接面对基金投资人，或者与基金投资人的交易活动直接相关的应用系统，分为自助式和辅助式两种类型

B. 主要实现对前台业务系统功能的数据支持和集中管理

C. 基金销售机构应当向监管机构提供基金日常交易情况、异常交易情况、内部监察稽核报告、调查和评价基金投资人风险承受能力的方法以及基金投资人认购、申购基金的风险等级与基金投资人风险承受能力匹配的情况汇总等信息

D. 数据库、服务器、网络通信、安全保障等

19. 下列说法不正确的是（　　　）。

A. 后台管理系统主要实现对前台业务系统功能的数据支持和集中管理

B. 应当记录基金销售机构和基金销售人员的相关信息，具有对基金销售分支机构、网点和基金销售人员的管理、考核、行为监控等功能

C. 能够记录和管理基金风险评价、基金管理人与基金产品信息、投资资讯等相关信息

D. 后台管理系统不必对所涉及的信息流和资金流进行对账作业

20. 下列说法不正确的是( )。

A. 前台业务系统应具备提供投资资讯功能

B. 投资资讯主要包括：基金基础知识；基金相关法律法规；基金产品信息，包括基金基本信息、基金费率、基金转换、手续费支付模式、基金风险评价信息和基金的其他公开市场信息等；基金管理人和基金托管人信息；基金相关投资市场信息；基金销售分支机构、网点信息

C. 为基金投资人提供的投资资讯信息不一定要有合法来源，只要能够有利于投资者投资即可

D. 对基金交易账户以及基金投资人信息管理功能。主要包括：开户、基金投资人风险承受能力调查和评价、基金投资人信息查询、基金投资人信息修改、销户、密码管理、账户冻结申请、账户解冻申请等方面的功能

21. 根据 2008 年 1 月起施行的( )，基金销售机构内部控制是指基金销售机构在办理基金销售相关业务时，为有效防范和化解风险，在充分考虑内外部环境的基础上，通过建立组织机制、运用管理方法、实施操作程序与监控措施而形成的系统。

A. 《证券投资基金法》

B. 《证券投资基金销售机构内部控制指导意见》

C. 《证券投资基金销售指导意见》

D. 《证券投资基金销售法》

22. 基金销售机构内部控制健全性原则是指( )。

A. 内部控制应包括基金销售机构的基金销售部门、涉及基金销售的分支机构及网点、人员，并涵盖到基金销售的决策、执行、监督、反馈等各个环节，避免管理漏洞的存在

B. 通过科学的内部控制制度与方法，建立合理的内部控制程序，确保内部控制制度的有效执行

C. 基金销售机构内各分支机构、部门和岗位职责应保持相对独立，权责分明，相互制衡

D. 制定内部控制应以审慎经营、防范和化解风险为目标

23. 基金销售机构内部控制有效性原则是指( )。

A. 内部控制应包括基金销售机构的基金销售部门、涉及基金销售的分支机构及网点、人员，并涵盖到基金销售的决策、执行、监督、反馈等各个环节，避免管理漏洞的存在

B. 通过科学的内部控制制度与方法，建立合理的内部控制程序，确保内部控制制度的有效执行

    C. 基金销售机构内各分支机构、部门和岗位职责应保持相对独立，权责分明，相互制衡

    D. 制定内部控制应以审慎经营、防范和化解风险为目标

24. 基金销售机构独立性原则是指（    ）。

    A. 内部控制应包括基金销售机构的基金销售部门、涉及基金销售的分支机构及网点、人员，并涵盖到基金销售的决策、执行、监督、反馈等各个环节，避免管理漏洞的存在

    B. 通过科学的内部控制制度与方法，建立合理的内部控制程序，确保内部控制制度的有效执行

    C. 基金销售机构内各分支机构、部门和岗位职责应保持相对独立，权责分明，相互制衡

    D. 制定内部控制应以审慎经营、防范和化解风险为目标

25. 基金销售机构内部控制审慎性原则是指（    ）。

    A. 内部控制应包括基金销售机构的基金销售部门、涉及基金销售的分支机构及网点、人员，并涵盖到基金销售的决策、执行、监督、反馈等各个环节，避免管理漏洞的存在

    B. 通过科学的内部控制制度与方法，建立合理的内部控制程序，确保内部控制制度的有效执行

    C. 基金销售机构内各分支机构、部门和岗位职责应保持相对独立，权责分明，相互制衡

    D. 制定内部控制应以审慎经营、防范和化解风险为目标

26. 基金销售机构的内部环境控制，即对影响基金销售的各种环境因素进行的控制，不包括（    ）。

    A. 建立科学的决策程序、高效的业务执行系统、健全的内部监督和反馈系统

    B. 不必建立科学的决策程序、高效的业务执行系统、健全的内部监督和反馈系统

    C. 建立包括基金产品、投资人风险承受能力、运营操作等在内的风险评估体系，对内外部风险进行识别、评估和分析，及时防范和化解风险

    D. 建立健全内部授权控制体系，加强对分支机构的管理，建立科学的聘用、培训、考评、晋升、淘汰等人力资源管理制度，制定切实有效的应急应变措施；同时，通过制度建设，防止商业贿赂和不正当交易行为的发生

27. 下列说法不正确的是（    ）。

    A. 基金销售机构不必向基金注册登记机构提供基金份额持有人姓名、身份证号码、基金账号等资料

    B. 基金代销机构与基金管理人持有投资人联系方式等资料信息的一方应承担持续服务责任

    C. 双方应就向基金持有人提供持续服务事宜作出明确约定

    D. 基金销售机构至少应向基金注册登记机构提供基金份额持有人姓名、身份证号码、基金账号等资料

28. 下列说法不正确的是( )。

    A. 在基金销售流程中，基金销售机构还应制定客户服务标准，对服务对象、服务内容、服务程序等业务进行规范

    B. 建立严格的基金份额持有人信息管理制度和保密制度，及时维护、更新基金份额持有人的信息，基金份额持有人的信息应严格保密，防范投资人资料被不当运用，并且对基金份额持有人信息的维护和使用应当明确权限并留存相关记录

    C. 基金销售机构不必建立异常交易的监控、记录和报告制度

    D. 基金销售机构应建立异常交易的监控、记录和报告制度，重点关注基金销售业务中的异常交易行为

29. 下列说法不正确的是( )。

    A. 基金销售机构应依据国家有关法律、法规制定相关财务制度和会计工作操作流程，并针对各个风险控制点建立严密的会计系统控制

    B. 不必规范财务收支行为

    C. 基金销售机构应将自有资产与投资人资产分别设账管理，建立完善的自有资产与投资人资产的管理办法，明确规定其各自的用途和资金划拨的严格控制程序。应规范财务收支行为，确保各项费用报酬的收取符合法律法规的规定及销售合同、代销协议或合作协议的约定，并对收取的各项费用报酬开具相应的发票或支付确认

    D. 应当采取适当的会计控制措施，规范资金清算交收工作，在授权范围内，及时准确地完成资金清算，确保投资人资产的安全。应在内部每日完成各销售网点与基金销售总部的信息与资金的对账；在外部定期完成与客户和基金注册登记机构的信息与资金的对账

30. 基金销售费用不包括( )。

    A. 基金的申购费                B. 认购费

    C. 赎回费                     D. 购买费

31. 基金管理人发售基金份额、募集基金，可以收取认购费，但费率不得超过认购金额的( )。

    A. 1%                     B. 2%

    C. 5%                     D. 10%

32. 基金管理人办理基金份额的申购，可以收取申购费，但费率不得超过申购金额的( )。

    A. 1%                     B. 2%

    C. 5%                     D. 10%

33. 基金管理人办理开放式基金份额的赎回应当收取赎回费，赎回费不得超过基金份

额赎回金额的（ 　 ）。

    A. 1%
    B. 2%

    C. 5%
    D. 10%

34. 对于短期交易的投资人，基金管理人可以在基金合同、招募说明书中约定按以下费用标准收取赎回费：对于持续持有期少于 7 日的投资人，收取不低于赎回金额（ 　 ）的赎回费。

    A. 2%
    B. 1.5%

    C. 2.5%
    D. 3%

35. 对于短期交易的投资人，基金管理人可以在基金合同、招募说明书中约定按以下费用标准收取赎回费：对于持续持有期少于 30 日的投资人，收取不低于赎回金额（ 　 ）的赎回费。按上述标准收取的基金赎回费应全额计入基金财产。

    A. 0.5%
    B. 1%

    C. 1.5%
    D. 0.75%

36. 基金管理人应当将不低于赎回费总额的（ 　 ）归入基金财产，对于投资于计提销售服务费的债券基金的投资人，持有期少于（ 　 ）日的，基金管理人可以在基金合同、招募说明书中约定收取一定比例的赎回费。

    A. 25%　30
    B. 30%　25

    C. 25%　25
    D. 30%　30

37. 对于持有期低于（ 　 ）年的投资人，基金管理人不得免收其后端申购（认购）费用。

    A. 1
    B. 2

    C. 3
    D. 4

38. 通过证券业从业人员资格考试中的（ 　 ）考试，由所在机构统一进行注册申请，符合条件的可获得中国证券业执业证书。

    A. "证券市场基础知识"

    B. "证券投资基金"

    C. "证券市场基础知识"和"证券投资基金"

    D. "证券市场基础知识"或"证券投资基金"

## 二、不定项选择题

1. 基金销售监管是基金监管的组成部分，基金监管的目标同样适用于销售的监管。具体而言，我国基金销售监管的目标包括：（ 　 ）。

    A. 保护基金投资者的合法权益
    B. 保证市场的公平、效率和透明

    C. 防范和降低系统性风险
    D. 推动基金业的规范发展

2. 基金销售监管的原则：（ 　 ）。

    A. 依法监管原则
    B. 公开、公平、公正原则

    C. 监管与自律并重原则
    D. 监管的连续性和有效性原则

3. 由（ 　 ）等行业自律规则而形成的法律法规体系，是基金销售法规体系的重要组成部分。此外，基金销售活动还需要遵守《中华人民共和国信托法》、《证券法》、《中华人民共和国反不正当竞争法》、《中华人民共和国反洗钱法》等基金业务相关法律法规的规定。我国已逐步形成了以《证券投资基金法》为核心、全面覆盖基金销售活动的法律法规体系。

A.《证券投资基金销售管理办法》、《证券投资基金销售机构内部控制指导意见》

B.《证券投资基金销售适用性指导意见》、《证券投资基金销售业务信息管理平台管理规定》

C.《开放式证券投资基金销售费用管理规定》等部门规章、规范性文件以及《证券投资基金销售人员执业守则》、《网上基金销售信息系统技术指引》

D.《证券投资基金销售人员从业资质管理规则》、《证券投资基金评价业务自律管理规则（试行）》

4. 中国证监会基金监管部的主要职能是：（　　）。

A. 负责涉及基金行业的重大政策研究，草拟或制定基金行业的监管规则

B. 对有关基金的行政许可项目进行审核，全面负责对基金管理人、基金托管行及基金销售机构的监管

C. 对基金行业高级管理人员的任职资格进行审核，指导、组织和协调地方证监局

D. 证券交易所等部门对基金的日常监管，指导、监督基金自律组织的活动，对日常监管中发现的重大问题进行处置

5. 下列说法正确的是：（　　）。

A. 中国证监会内部设有基金监管部，具体承担基金监管职责。2006 年 9 月，基金部设立基金销售监管处，专门负责基金销售的监管工作。同时，中国证监会还通过授权各地方证监局承担一定的一线监管职责

B. 基金监管部的职能及对基金销售市场的监管

C. 中国证监会各地方监管局对基金销售的监管。在基金销售的监管上，中国证监会各地方监管局主要负责对经营所在地在本辖区内的基金销售机构进行日常监督

D. 具体承担以下监督工作：负责辖区内基金销售机构的现场检查工作，协助中国证监会基金监管部对辖区内基金销售活动进行监管，协助中国证监会基金监管部对基金销售的违规违法行为的核查

6. 下列说法正确的是：（　　）。

A. 基金监管部主要通过市场准入监管和日常持续监管两种方式实现基金销售监管。市场准入监管主要指对基金销售机构及高级管理人员的资格审核，通过严格的市场准入，从源头上控制基金销售运作风险，提高基金销售服务水平

B. 日常持续监管一般是对基金销售机构日常经营活动、销售人员从业行为、基金销售各环节的监管。日常持续监管方式主要有现场检查和非现场检查两种

C. 非现场检查就是通过报备制度，由基金销售机构向基金监管部定期或不定期报送各种书面报告；基金监管部通过审阅并分析这些报告，及时发现并处理有关

违规事件，保证法规的有效执行

D. 基金监管部通过对基金销售机构进行现场检查，以更真实、深入地把握基金销售状况。现场检查主要侧重对销售机构内部控制和财务状况进行检查

7. 在基金销售的监管上，中国证监会各地方监管局主要负责对经营所在地在本辖区内的基金销售机构进行日常监督。具体承担以下监督工作：（　　）。

A. 负责辖区内基金销售机构的现场检查工作

B. 协助中国证监会基金监管部对辖区内基金销售活动进行监管

C. 有权利独立审查或处罚地方基金

D. 协助中国证监会基金监管部对基金销售的违规违法行为的核查

8. 下列说法正确的是：（　　）。

A. 《证券投资基金法》规定，基金管理人应当"依法募集基金，办理或者委托经国务院证券监督管理机构认定的其他机构代为办理基金份额的发售、申购、赎回和登记事宜"

B. 《证券投资基金销售管理办法》规定："基金销售由基金管理人负责办理；基金管理人可以委托取得基金代销业务资格的其他机构代为办理，未取得基金代销业务资格的机构，不得接受基金管理人委托，代为办理基金的销售。"

C. 《证券投资基金销售管理办法》规定："商业银行、证券公司、证券投资咨询机构、专业基金销售机构以及中国证监会规定的其他机构可以向中国证监会申请基金代销业务资格。"

D. 上述机构可以根据《证券投资基金代销业务资格申请材料的内容与格式》的要求，向中国证监会申请业务资格，在取得业务资格后方可接受基金管理人的委托，从事基金销售活动

9. 商业银行申请基金代销业务资格，应当具备下列条件：（　　）。

A. 资本充足率符合国务院银行业监督管理机构的有关规定，有专门负责基金代销业务的部门

B. 财务状况良好，运作规范稳定，最近 3 年内没有因违法违规行为受到行政处罚或者刑事处罚，具有健全的法人治理结构、完善的内部控制和风险管理制度，并得到有效执行

C. 有与基金代销业务相适应的营业场所、安全防范设施和其他设施，有安全、高效的办理基金发售、申购和赎回业务的技术设施，基金代销业务的技术系统已与基金管理人、基金托管人、基金登记机构相应的技术系统进行了联机、联网测试，测试结果符合国家规定的标准

D. 制定了完善的业务流程、销售人员执业操守、应急处理措施等基金代销业务管理制度。公司及其主要分支机构负责基金代销业务的部门取得基金从业资格的人员不低于该部门员工人数的 1/2，部门的管理人员已取得基金从业资格，熟悉基金代销业务，并具备从事 2 年以上基金业务或者 5 年以上证券、金融业务的工作经历

10. 证券公司申请基金代销业务资格，除具备商业银行申请条件中第（2）项至第（9）项规定的条件外，还应当具备以下条件：（　　）。
    A. 净资本等财务风险监控指标符合中国证监会的有关规定
    B. 最近 2 年没有挪用客户资产等损害客户利益的行为
    C. 没有因违法违规行为正在被监管机构调查，或者正处于整改期间
    D. 没有发生已经影响或可能影响公司正常运作的重大变更事项，或者诉讼、仲裁等其他重大事项

11. 证券投资咨询机构申请基金代销业务资格，除具备商业银行申请条件中第（2）项至第（9）项以及证券公司申请条件中第（3）项、第（4）项规定的条件外，还应当具备下列条件：（　　）。
    A. 注册资本不低于 2000 万元人民币，且必须为实缴货币资本
    B. 高级管理人员已取得基金从业资格，熟悉基金代销业务，并具备从事 2 年以上基金业务或者 5 年以上证券、金融业务的工作经历
    C. 持续从事证券投资咨询业务 3 个以上完整会计年度
    D. 最近 3 年没有代理投资人从事证券买卖的行为

12. 专业基金销售机构申请基金代销业务资格，除具备商业银行申请条件中第（3）项至第（7）项、证券公司申请条件中第（3）项、第（4）项以及证券投资咨询机构申请条件中第（1）项和第（2）项规定的条件外，还应当具备下列条件：（　　）。
    A. 有符合规定的组织名称、组织机构和经营范围
    B. 主要出资人是依法设立的持续经营 3 个以上完整会计年度的法人，注册资本不低于 3000 万元人民币，财务状况良好，运作规范稳定，最近 3 年没有因违法违规行为受到行政处罚或者刑事处罚
    C. 取得基金从业资格的人员不少于 30 人，且不低于员工人数的 1/2
    D. 中国证监会规定的其他条件

13. 《证券投资基金销售管理办法》及其他规范性文件对基金销售机构职责的规范主要包括：（　　）。
    A. 签订代销协议，明确委托关系
    B. 基金管理人应制定业务规则并监督实施
    C. 建立相关制度
    D. 禁止提前发行。基金募集申请获得中国证监会核准前，基金管理人、代销机构不得办理基金销售业务，不得向公众分发、公布基金宣传推介材料或者发售基金份额

14. 基金管理人、代销机构应当建立的相关制度有：（　　）。
    A. 基金管理人、代销机构应当建立健全并有效执行基金销售业务制度和销售人员的持续培训制度，加强对基金业务合规运作和销售人员行为规范的检查和监督

B. 基金管理人、代销机构应当建立完善的基金份额持有人账户和资金账户管理制度、基金份额持有人资金的存取程序和授权审批制度

C. 基金管理人、代销机构应当建立健全档案管理制度，妥善保管基金份额持有人的开户资料和与销售业务有关的其他资料，保存期不少于 10 年

D. 基金管理人、代销机构应当建立健全档案管理制度，妥善保管基金份额持有人的开户资料和与销售业务有关的其他资料，保存期不少于 15 年

15. 《规定》从总体上要求销售机构信息管理平台的建立和维护应当遵循安全性、实用性、系统化的原则，并且满足以下要求：（　　）。

A. 具备《规定》所列示的各项基金销售业务功能，能够履行法律法规规定的相关责任人的义务

B. 具备基金销售业务信息流和资金流的监控核对机制，保障基金投资人资金流动的安全性，具备基金销售费率的监控机制，防止基金销售业务中的不正当竞争行为

C. 支持基金销售适用性原则在基金销售业务中的运用，具备基金销售人员的管理、监督和投诉机制

D. 能够为中国证监会提供监控基金交易、资金安全及其他销售行为所需的信息

16. 基金销售业务信息管理平台主要包括：（　　）。

A. 中台业务系统　　　　　　　　B. 前台业务系统

C. 后台管理系统　　　　　　　　D. 应用系统的支持系统

17. 从（　　）方面明确了基金销售业务信息管理和信息系统的各项技术标准。

A. 前台业务系统、自助式前台系统

B. 后台管理系统

C. 监管系统信息报送

D. 信息管理平台应用系统的支持系统

18. 基金销售信息平台的支持系统有：（　　）。

A. 前台业务系统　　　　　　　　B. 自助式前台系统

C. 后台管理系统　　　　　　　　D. 监管系统信息报送

19. 前台业务系统应具备以下功能：（　　）。

A. 提供投资资讯功能

B. 对基金交易账户以及基金投资人信息管理功能

C. 交易功能

D. 为基金投资人提供服务的功能

20. 后台管理系统主要实现对前台业务系统功能的数据支持和集中管理。主要规范如下：（　　）。

A. 应当记录基金销售机构和基金销售人员的相关信息，具有对基金销售分支机构、网点和基金销售人员的管理、考核、行为监控等功能

B. 能够记录和管理基金风险评价、基金管理人与基金产品信息、投资资讯等相

关信息

    C. 后台管理系统应当对基金交易开放时间以外收到的交易申请进行正确的处理，防止发生基金投资人盘后交易的行为

    D. 后台管理系统应当具备交易清算、资金处理的功能，以便完成与基金注册登记系统、银行系统的数据交换。后台管理系统应当具有对所涉及的信息流和资金流进行对账作业的功能

21. 信息管理平台应用系统的支持系统包括数据库、服务器、网络通信、安全保障等，主要规范如下：（　　）。

    A. 对于关键的支持系统组成部分应当提供备份措施或方案。基金投资人身份、交易明细等敏感数据在公网的传输应当进行可靠加密

    B. 具有业务集中处理、数据集中存储的技术特征。基金销售机构应当在系统开发和运行中采用已颁布的行业标准和数据接口

    C. 系统投入使用、系统重大升级、年度技术风险评估的报告应当报中国证监会备案，制定业务连续性计划和灾难恢复计划并定期组织演练

    D. 建立完善的监控体系，对系统升级、网络访问、用户密码修改等重要操作进行记录，系统数据应当逐日备份并异地妥善存放，系统数据中涉及基金投资人信息和交易记录的备份应当在不可修改的介质上保存15年

22. 基金销售机构应当向监管机构提供（　　）。

    A. 基金日常交易情况、异常交易情况

    B. 内部监察稽核报告、调查和评价基金投资人风险承受能力的方法以及基金投资人认购

    C. 基金注册登记机构应当提供每日基金交易确认情况，并保证信息的真实性、准确性和完整性

    D. 申购基金的风险等级与基金投资人风险承受能力匹配的情况汇总等信息

23. 针对销售机构的自助式前台系统，应当符合以下规定：（　　）。

    A. 基金销售机构要为基金投资人提供核实自助式前台系统真实身份和资质的方法

    B. 应当通过在线阅读、文件下载、链接或语言提示等方式，为基金投资人披露基金销售机构情况、开户协议等相关范本、投诉处理方式、相关风险和防范措施等信息

    C. 为基金投资人开立基金交易账户时，应当要求基金投资人提供证明身份的相关资料，并采取等效实名制的方式核实基金投资人身份。设定投资人单笔和每日累计可以认购、申购和赎回的最大金额

    D. 为基金投资人提供自助式前台系统失效时的备用服务措施或方案

24. 下列说法正确的是：（　　）。

    A. 前台业务系统主要是指直接面对基金投资人，或者与基金投资人的交易活动直接相关的应用系统，分为自助式和辅助式两种类型

    B. 辅助式前台系统是指基金销售机构提供的、由具备相关资质要求的专业服务人员辅助基金投资人完成业务操作所必需的软件应用系统

    C. 自助式前台系统是指基金销售机构提供的、由基金投资人独自完成业务操作的应用系统

    D. 自助式前台系统包括基金销售机构网点现场自助系统和通过互联网、电话、移动通信等非现场方式实现的自助系统

25. 基金销售机构内部控制的目标是：（　　）。

    A. 保证基金销售机构经营运作严格遵守国家有关法律法规和行业监管规则

    B. 防范和化解经营风险，提高经营管理效益，确保经营业务的稳健运行和投资人资金的安全

    C. 利于查错防弊，堵塞漏洞

    D. 消除隐患，保证业务稳健运行

26. 下列说法正确的是：（　　）。

    A. 基金销售机构内部控制应履行健全性、有效性、独立性和审慎性原则

    B. 健全性原则，即内部控制应包括基金销售机构的基金销售部门、涉及基金销售的分支机构及网点、人员，并涵盖到基金销售的决策、执行、监督、反馈等各个环节，避免管理漏洞的存在

    C. 有效性原则，即通过科学的内部控制制度与方法，建立合理的内部控制程序，确保内部控制制度的有效执行

    D. 独立性原则，即基金销售机构内各分支机构、部门和岗位职责应保持相对独立，权责分明，相互制衡。审慎性原则，即制定内部控制应以审慎经营、防范和化解风险为目标

27. 下列说法正确的是：（　　）。

    A. 基金销售机构的内部环境控制，即对影响基金销售的各种环境因素进行的控制

    B. 建立科学的决策程序、高效的业务执行系统、健全的内部监督和反馈系统

    C. 建立包括基金产品、投资人风险承受能力、运营操作等在内的风险评估体系，对内外部风险进行识别、评估和分析，及时防范和化解风险

    D. 建立健全内部授权控制体系，加强对分支机构的管理，建立科学的聘用、培训、考评、晋升、淘汰等人力资源管理制度，制定切实有效的应急应变措施；同时，通过制度建设，防止商业贿赂和不正当交易行为的发生

28. 销售决策流程控制是指：（　　）。

    A. 基金销售机构应自觉遵守国家有关法律法规和相关监管规则，建立科学的销售决策机制

    B. 基金销售机构应对其销售分支机构的整体布局、规模发展和技术更新等进行统一规划，对分支机构的选址、投入与产出进行严密的可行性论证

    C. 基金代销机构应建立科学的基金产品评价体系，审慎选择所销售的基金产品，

对基金产品的基本情况进行持续跟踪和关注，并定期形成基金产品评价报告备查

D. 基金销售机构选择的合作服务提供商应符合监管部门的资质要求，并建立完善的合作服务提供商选择标准和业务流程，充分评估相关风险，明确双方权利义务

29. 在制定基金销售业务基本规程时，基金销售机构应注意以下规范：（    ）。

A. 基金销售重要业务环节应实施有效复核，确保重要环节业务操作的准确性

B. 按照法律法规和招募说明书规定的时间办理基金销售业务，对于投资人交易时间外的申请均作为下一交易日交易处理

C. 在办理基金业务时应确保申购资金银行账户、基金份额持有人和指定赎回资金银行账户为同一身份

D. 建立完善的交易记录制度，保持申请资料原始记录和系统记录一致，保证客户信息准确性、完整性，每日交易情况应当及时核对并存档保管

30. 在制定资金清算流程时，基金销售机构应注意以下规范：（    ）。

A. 严格管理资金的划付，将赎回、分红及认/申购不成功的相应款项直接划入投资人开户时指定的同名银行账户。投资人申请赎回时要求变更指定银行账户的，销售机构应对申请变更人的有效身份进行核实，并记录申请变更人的基本信息及申请变更的时间、地点、账户信息，同时作为异常交易处理

B. 明确基金销售机构总部与各分支机构、基金注册登记机构、托管银行以及相关合作服务提供商的资金清算流程

C. 严格按照约定的时间进行资金划付，超过约定时间的资金应当作为异常交易处理

D. 销售机构的分支机构应当将当日的全部基金销售资金于同日划往总部统一的基金销售专户，实现日清日结

31. 基金销售机构制定《投资人权益须知》，内容至少应当包括：（    ）。

A. 《证券投资基金法》规定的基金份额持有人的权利，基金销售机构提供的服务内容和收费方式

B. 投资人办理基金业务流程，基金分类、评级等的基本知识以及投资风险提示

C. 向基金销售机构、自律组织以及监管机构的投诉方式和程序

D. 基金销售机构联络方式及其他需要向投资人说明的内容

32. 基金销售机构应建立完备的客户投诉处理体系（    ）。

A. 设立独立的客户投诉受理和处理协调部门或者岗位

B. 向社会公布受理客户投诉的电话、信箱地址及投诉处理规则

C. 准确记录客户投诉的内容，所有客户投诉应当留痕并存档，投诉电话应当录音

D. 评估客户投诉风险，采取适当措施，及时妥善处理客户投诉。根据客户投诉总结相关问题，及时发现业务风险，完善内控制度

33. 基金销售机构应设立专门的监察稽核部门或岗位，就基金销售业务内部控制制度的执行情况独立地履行(    )职能。
    A. 监察
    B. 评价
    C. 报告
    D. 建议

34. 基金销售机构在办理开户、销户、资料变更等账户类业务，认购、申购、赎回、转换等交易类业务及继承、捐赠、司法强制措施等被动接受类业务时应遵循以下规定：(    )。
    A. 业务基本规程应对重要业务环节实施有效复核，确保重要环节业务操作的准确性。按照法律法规和招募说明书规定的时间办理基金销售业务，对于投资人交易时间外的申请均作为下一交易日交易处理
    B. 基金销售机构在办理基金业务时应确保申购资金银行账户、基金份额持有人和指定赎回资金银行账户为同一身份。建立完善的交易记录制度，保持申请资料原始记录和系统记录一致，保证客户信息的准确性、完整性，每日交易情况应当及时核对并存档保管
    C. 开通自助式前台服务的基金销售机构应建立完善的营销管理和风险控制制度，确保投资人获得必要服务并保证销售资金的安全
    D. 基金销售机构应在交易被拒绝或确认失败时主动通知投资人

35. 基金销售机构应制定完善的资金清算流程，确保基金销售资金的清算与交收的安全性、及时性和高效性，保证销售资金的清算与交收工作顺利进行：(    )。
    A. 严格管理资金的划付，将赎回、分红及认/申购不成功的相应款项直接划入投资人开户时指定的同名银行账户。投资人申请赎回时要求变更指定银行账户的，销售机构应对申请变更人的有效身份进行核实，并记录申请变更人的基本信息及申请变更的时间、地点、账户信息，同时作为异常交易处理
    B. 明确基金销售机构总部与各分支机构、基金注册登记机构、托管银行以及相关合作服务提供商的资金清算流程
    C. 严格按照约定的时间进行资金划付，超过约定时间的资金应当作为异常交易处理
    D. 销售机构的分支机构应当将当日的全部基金销售资金于同日划往总部统一的基金销售专户，实现日清日结

36. 基金销售机构应制定客户服务标准，对服务对象、服务内容、服务程序等业务进行规范，并遵循以下原则：(    )。
    A. 宣传推介活动应当遵循诚实信用原则，不得有欺诈、误导投资人的行为。基金代销机构同时销售多只基金时，不得有歧视性宣传推介活动和销售政策
    B. 遵循销售适用性原则，关注投资人的风险承受能力和基金产品风险收益特征的匹配性。明确投资人投诉的受理、调查、处理程序
    C. 及时准确地为投资人办理各类基金销售业务手续，识别客户有效身份，严格管理投资人账户

D. 在投资人开立基金交易账户时，向投资人提供《投资人权益须知》，保证投资人了解相关权益。为基金份额持有人提供良好的持续服务，保障基金份额持有人有效了解所投资基金的相关信息

37. 基金销售机构应建立异常交易的监控、记录和报告制度，重点关注基金销售业务中的异常交易行为（　　）。

A. 反洗钱相关法律法规规定的异常交易。投资人频繁开立、撤销账户的行为

B. 投资人短期交易行为。基金份额持有人变更指定赎回银行账户的行为

C. 违反销售适用性原则的交易。超过约定时间进行资金划付的行为

D. 其他应当关注的异常交易行为

38. 下列说法正确的是：（　　）。

A. 基金销售机构的监察稽核负责人遇有如下重大问题，应及时向中国证监会或其派出机构报告：基金销售机构违规使用基金销售专户，基金销售机构挪用投资人资金或基金资产，基金销售中出现的其他重大违法违规行为

B. 基金管理人的督察长应当检查基金募集期间基金销售活动的合法、合规情况，并自基金募集行为结束之日起 10 日内编制专项报告，予以存档备查

C. 在基金持续销售期间，基金管理人的督察长应当定期检查基金销售活动的合法合规情况，在监察稽核季度报告中专项说明，并报送中国证监会

D. 基金管理人的督察长应当检查基金募集期间基金销售活动的合法、合规情况，并自基金募集行为结束之日起 15 日内编制专项报告，予以存档备查

39. 基金宣传推介材料必须真实、准确，与基金合同、基金招募说明书相符，与备案的材料一致，不得有下列情形：（　　）。

A. 虚假记载、误导性陈述或者重大遗漏。预测该基金的证券投资业绩

B. 违规承诺收益或者承担损失。诋毁其他基金管理人、基金托管人或基金代销机构，或者其他基金管理人募集或管理的基金

C. 夸大或者片面宣传基金，违规使用"安全"、"保证"、"承诺"、"保险"、"避险"、"有保障"、"高收益"、"无风险"等可能使投资人认为没有风险的词语

D. 登载单位或者个人的推荐性文字。基金宣传推介材料所使用的语言表述应当准确清晰

40. 基金宣传推介材料所使用的语言表述应当准确清晰，还应当特别注意：（　　）。

A. 在缺乏足够证据支持的情况下，不得使用"业绩稳健"、"业绩优良"、"名列前茅"、"位居前列"、"首只"、"最大"、"最好"、"最强"、"唯一"等表述

B. 不得使用"坐享财富增长"、"安心享受成长"、"尽享牛市"等易使基金投资人忽视风险的表述

C. 不得使用"欲购从速"、"申购良机"等片面强调集中营销时间限制的表述

D. 不得使用"净值归一"等误导基金投资人的表述

41. 对基金宣传材料中登载基金过往业绩的规定是：（　　）。

A. 基金宣传推介材料登载基金的过往业绩，应当符合下列规定：基金宣传推介

材料可以登载该基金、基金管理人管理的其他基金的过往业绩，但基金合同生效不足 6 个月的除外。登载该基金、基金管理人管理的其他基金的过往业绩，应当按照有关法律、行政法规的规定或者行业公认的准则计算基金的业绩表现数据，同时登载基金业绩比较基准的表现

B. 基金宣传推介材料对不同基金的业绩进行比较，应当使用可比的数据来源、统计方法和比较期间，并且有关数据来源、统计方法应当公平、准确，具有关联性。基金宣传推介材料附有统计图表的，应当清晰、准确；提及第三方专业机构评价结果的，应当列明第三方专业机构的名称和评价日期

C. 基金销售机构不得引用不具备中国证券业协会会员资格的机构提供的基金评价结果。基金销售机构应当避免引用违反《证券投资基金评价业务管理暂行办法》内部控制规范要求的基金评价机构提供的基金评价结果

D. 基金宣传推介材料应当含有明确、醒目的风险提示和警示性文字，并使投资者在阅读过程中不易忽略，以提醒投资者注意投资风险，仔细阅读基金合同和基金招募说明书，了解基金的具体情况。基金宣传推介材料不得模拟基金未来投资业绩

42. 风险提示函的必备内容如下：（    ）。

A. 证券投资基金是一种长期投资工具，其主要功能是分散投资，降低投资单一证券所带来的个别风险

B. 基金分为股票型基金、混合型基金、债券型基金、货币市场基金等不同类型，投资人投资不同类型的基金将获得不同的收益预期，也将承担不同程度的风险。一般来说，基金的收益预期越高，投资人承担的风险也越大

C. 投资人应当充分了解基金定期定额投资和零存整取等储蓄方式的区别

D. 基金管理人承诺以诚实信用、勤勉尽责的原则管理和运用基金资产，但不保证本基金一定盈利，也不保证最低收益

43. 下列说法正确的是：（    ）。

A. 基金销售费用包括基金的申购费（认购费）和赎回费。对于不收取申购费（认购费）、赎回费的货币市场基金以及其他经中国证监会核准的基金产品，基金管理人可以依照相关规定，从基金财产中持续计提一定比例的销售服务费

B. 基金管理人发售基金份额、募集基金，可以收取认购费，但费率不得超过认购金额的 5％。基金管理人办理基金份额的申购，可以收取申购费，但费率不得超过申购金额的 5％。认购费和申购费可以采用在基金份额发售或者申购时收取的前端收费方式，也可以采用在赎回时从赎回金额中扣除的后端收费方式

C. 基金管理人办理开放式基金份额的赎回应当收取赎回费，赎回费不得超过基金份额赎回金额的 5％，货币市场基金及中国证监会规定的其他品种除外

D. 对于短期交易的投资人，基金管理人可以在基金合同、招募说明书中约定按

以下费用标准收取赎回费：对于持续持有期少于 7 日的投资人，收取不低于赎回金额 1.5％的赎回费；对于持续持有期少于 30 日的投资人，收取不低于赎回金额 0.75％的赎回费。按上述标准收取的基金赎回费应全额计入基金财产

44. 对基金销售机构销售费用收取的监管规定是：（　　　）。
    A. 基金销售机构应当按照基金合同和招募说明书的约定向投资人收取销售费用；未经招募说明书载明并公告，不得对不同投资人适用不同费率
    B. 基金管理人与基金销售机构应在基金销售协议及其补充协议中约定双方在申购（认购）费、赎回费、销售服务费等销售费用上的分成比例，并据此就各自实际取得的销售费用确认基金销售收入，如实核算、记账，依法纳税
    C. 基金销售机构销售基金管理人的基金产品前，应由总部与基金管理人签订销售协议，约定支付报酬的比例和方式
    D. 基金销售机构在基金销售活动中，不得在签订销售协议或销售基金的活动中进行商业贿赂

45. 基金销售机构在基金销售活动中，不得有下列行为：（　　　）。
    A. 在签订销售协议或销售基金的活动中进行商业贿赂；以排挤竞争对手为目的，压低基金的收费水平
    B. 擅自变更向基金投资人的收费项目或收费标准，或通过先收后返、财务处理等方式变相降低收费标准
    C. 采取抽奖、回扣或者送实物、保险、基金份额等方式销售基金。募集期间对认购费用打折
    D. 其他违反法律、行政法规的规定，扰乱行业竞争秩序的行为

46. 基金销售机构应建立科学的聘用、培训、考评、晋升、淘汰等人力资源管理制度，确保基金销售人员具备与岗位要求相适应的职业操守和专业胜任能力（　　　）。
    A. 基金销售机构应完善销售人员招聘程序，明确资格条件，审慎考察应聘人员
    B. 基金销售机构应建立员工培训制度，通过培训、考试等方式，确保员工理解和掌握相关法律法规和规章制度。员工培训应符合基金行业自律机构的相关要求，培训情况应记录并存档
    C. 基金销售机构应加强对销售人员的日常管理，建立管理档案，对销售人员行为、诚信、奖惩等情况进行记录
    D. 基金销售机构应建立科学合理的销售绩效评价体系，健全激励、约束机制

47. 基金销售人员在为投资者办理基金开户手续时，应严格遵守《证券投资基金销售机构内部控制指导意见》的有关规定，并注意如下事项：（　　　）。
    A. 有效识别投资者身份
    B. 向投资者提供《投资人权益须知》
    C. 向投资者介绍基金销售业务流程、收费标准及方式、投诉渠道等
    D. 了解投资者的投资目标、风险承受能力、投资期限和流动性要求

48. 对基金销售人员宣传推介的监管规定是：（　　）。

　　A. 基金销售人员在向投资者进行基金宣传推介和销售服务时，应公平对待投资者。基金销售人员对基金产品的陈述、介绍和宣传，应当与基金合同、招募说明书等相符，不得进行虚假或误导性陈述，或者出现重大遗漏

　　B. 基金销售人员在陈述所推介基金或同一基金管理人管理的其他基金的过往业绩时，应当客观、全面、准确，并提供业绩信息的原始出处，不得片面夸大过往业绩，也不得预测所推介基金的未来业绩

　　C. 基金销售人员应向投资者表明，所推介基金的过往业绩并不预示其未来表现，同一基金管理人管理的其他基金的业绩并不构成所推介基金业绩表现的保证

　　D. 基金销售人员对其所在机构和基金产品进行宣传，应符合中国证监会和其他部门的相关规定。基金销售人员分发或公布的基金宣传推介材料应为基金管理公司或基金代销机构统一制作的材料

### 三、判断题

1. 基金销售监管对于维护基金市场的良好秩序、提高基金市场效率、保护基金投资人合法权益具有重大意义，是基金市场监管体系中不可缺少的组成部分。基金销售监管体系由监管目标、监管机构、监管对象、监管内容、监管手段等组成。（　　）

　　A. 正确　　　　　　　　　　B. 错误

2. 基金销售监管的首要目标是保护基金管理者的合法权益。投资者是基金市场的支撑者，而我国基金投资者又具有相当的特殊性。（　　）

　　A. 正确　　　　　　　　　　B. 错误

3. 监管部门应通过制度安排，保障基金交易公平，使投资者能够平等地进入市场，使用市场资源，获取市场信息；同时，能够发现、防止和惩罚误导投资者和其他导致市场交易不公平的行为。监管部门应当推进市场的有效性，保证市场的高透明度。（　　）

　　A. 正确　　　　　　　　　　B. 错误

4. 我国资本市场是正处于转型时期的新兴市场，而且基金业发展历史不长，行业整体发展水平和成熟市场相比还有一定差距。（　　）

　　A. 正确　　　　　　　　　　B. 错误

5. 基金监管机构作为执法机关，其成立由法律规定，其职权也是由法律赋予的。因此，基金监管部门在履行监管职责时，必须树立依法监管的理念，严格遵守法律法规的规定。既要依法履行监管职权，又要依法承担监管责任；既要尊重监管对象的权利，保护市场各方参与者的合法权益，又要做到不徇情、不枉法。（　　）

　　A. 正确　　　　　　　　　　B. 错误

6. 监管与自律并重原则是指在加强基金市场监管的同时，加强对基金销售机构和从业人员的自我约束、自我教育和自我管理。对基金市场的监管是市场健康发展的保证，而基金销售机构和从业人员的自律是市场健康发展的基础。行政监督与自

我监督、自我管理相结合才能真正提高行业的规范发展水平。（　　）

    A. 正确                     B. 错误

7. 2004 年 10 月 28 日，第十届全国人民代表大会常务委员会第五次会议通过的《证券投资基金法》是我国基金销售法规体系中的核心法律，确立了现行基金法律制度的基本原则。（　　）

    A. 正确                     B. 错误

8. 中国证监会是我国基金市场的监管主体，其依法对基金市场参与者的行为进行监督管理，基金的销售活动是基金业务的重要组成部分，基金销售的监管也是基金监管的重要内容。（　　）

    A. 正确                     B. 错误

9. 基金监管部主要通过市场准入监管和日常持续监管两种方式实现基金销售监管。市场准入监管主要指对基金销售机构及高级管理人员的资格审核，通过严格的市场准入，从源头上控制基金销售运作风险，提高基金销售服务水平。（　　）

    A. 正确                     B. 错误

10. 在基金销售的监管上，中国证监会各地方监管局主要负责对经营所在地在本辖区内的基金销售机构进行日常监督。（　　）

    A. 正确                     B. 错误

11. 我国基金行业最初是以相对松散的基金业联席会议的形式开展自律工作的。（　　）

    A. 正确                     B. 错误

12. 基金销售行业自律管理的方式主要是制定行业自律规则和业务标准，加强会员管理，大力开展基金业宣传活动，树立行业形象，正确引导社会公众对基金市场的认识；建立行业从业人员教育培训体系，全面提高基金从业人员素质；加大研究力度，对关系基金销售行业发展的重点、难点、热点问题进行深入研究，促进基金销售行业的健康发展。（　　）

    A. 正确                     B. 错误

13. 《证券投资基金法》规定，基金托管人应当"依法募集基金，办理或者委托经国务院证券监督管理机构认定的其他机构代为办理基金份额的发售、申购、赎回和登记事宜"。（　　）

    A. 正确                     B. 错误

14. 商业银行申请基金代销业务资格，应当具备下列条件：资本充足率符合国务院证券业监督管理机构的有关规定。有专门负责基金代销业务的部门。（　　）

    A. 正确                     B. 错误

15. 公司及其主要分支机构负责基金代销业务的部门取得基金从业资格的人员不低于该部门员工人数的 1/2，部门的管理人员已取得基金从业资格，熟悉基金代销业务，并具备从事 2 年以上基金业务或者 10 年以上证券、金融业务的工作经历。（　　）

A. 正确　　　　　　　　　　B. 错误

16. 证券公司申请基金代销业务资格，除具备商业银行申请条件中第（2）项至第（9）项规定的条件外，还应当具备以下条件：净资本等财务风险监控指标符合中国证监会的有关规定。最近5年没有挪用客户资产等损害客户利益的行为。（　　）
　　A. 正确　　　　　　　　　　B. 错误

17. 证券投资咨询机构申请基金代销业务资格，除具备商业银行申请条件中第（2）项至第（9）项以及证券公司申请条件中第（3）项、第（4）项规定的条件外，还应当具备下列条件：注册资本不低于5000万元人民币，且必须为实缴货币资本。高级管理人员已取得基金从业资格，熟悉基金代销业务，并具备从事2年以上基金业务或者5年以上证券、金融业务的工作经历。（　　）
　　A. 正确　　　　　　　　　　B. 错误

18. 专业基金销售机构申请基金代销业务资格，除具备商业银行申请条件中第（3）项至第（7）项，证券公司申请条件中第（3）项、第（4）项以及证券投资咨询机构申请条件中第（1）项和第（2）项规定的条件外，还应当具备下列条件：有符合规定的组织名称、组织机构和经营范围。主要出资人是依法设立的持续经营3个以上完整会计年度的法人，注册资本不低于5000万元人民币，财务状况良好，运作规范稳定，最近3年没有因违法违规行为受到行政处罚或者刑事处罚。（　　）
　　A. 正确　　　　　　　　　　B. 错误

19. 申请基金代销业务资格的机构，应当按照中国证监会的规定提交申请材料。申请期间申请材料涉及的事项发生重大变化的，申请人应当自变化发生之日起5个工作日内向中国证监会提交更新材料。（　　）
　　A. 正确　　　　　　　　　　B. 错误

20. 基金管理人、代销机构应当建立健全档案管理制度，妥善保管基金份额持有人的开户资料和与销售业务有关的其他资料，保存期不少于10年。（　　）
　　A. 正确　　　　　　　　　　B. 错误

21. 基金管理人应当将基金募集期内募集的资金存入专门账户，在基金募集行为结束前，任何人不得动用。（　　）
　　A. 正确　　　　　　　　　　B. 错误

22. 为了规范证券投资基金销售业务的信息管理，提高对基金投资人的信息服务质量，促进证券投资基金销售业务的进一步发展，2007年3月中国证监会发布了《证券投资基金销售业务信息管理平台管理规定》。（　　）
　　A. 正确　　　　　　　　　　B. 错误

23. 基金销售业务信息管理平台主要包括前台业务系统、后台管理系统以及应用系统的支持系统。《证券投资基金销售业务信息管理平台管理规定》从前台业务系统、自助式前台系统、后台管理系统、监管系统信息报送和信息管理平台应用系统的支持系统5个方面明确了基金销售业务信息管理和信息系统的各项技术标准。（　　）

A. 正确　　　　　　　　　B. 错误

24. 投资资讯主要包括：基金基础知识；基金相关法律法规；基金产品信息，包括基金基本信息、基金费率、基金转换、手续费支付模式、基金风险评价信息和基金的其他公开市场信息等；基金管理人和基金托管人信息；基金相关投资市场信息；基金销售分支机构、网点信息。（　　　）

A. 正确　　　　　　　　　B. 错误

25. 应当具备基金认购、申购、赎回、转换、变更分红方式和中国证监会认可的其他交易功能。（　　　）

A. 正确　　　　　　　　　B. 错误

26. 应当通过在线阅读、文件下载、链接或语言提示等方式，为基金投资人披露基金销售机构情况、开户协议等相关范本、投诉处理方式、相关风险和防范措施等信息。（　　　）

A. 正确　　　　　　　　　B. 错误

27. 应当记录基金销售机构和基金销售人员的相关信息，具有对基金销售分支机构、网点和基金销售人员的管理、考核、行为监控等功能。（　　　）

A. 正确　　　　　　　　　B. 错误

28. 基金销售机构应当向监管机构提供基金日常交易情况、异常交易情况、内部监察稽核报告、调查和评价基金投资人风险承受能力的方法以及基金投资人认购、申购基金的风险等级及与基金投资人风险承受能力匹配的情况汇总等信息。（　　　）

A. 正确　　　　　　　　　B. 错误

29. 根据 2006 年 1 月起施行的《证券投资基金销售机构内部控制指导意见》，基金销售机构内部控制是指基金销售机构在办理基金销售相关业务时，为有效防范和化解风险，在充分考虑内外部环境的基础上，通过建立组织机制、运用管理方法、实施操作程序与监控措施而形成的系统。（　　　）

A. 正确　　　　　　　　　B. 错误

30. 健全性原则，即内部控制应包括基金销售机构的基金销售部门、涉及基金销售的分支机构及网点、人员，并涵盖基金销售的决策、执行、监督、反馈等各个环节，避免管理漏洞的存在。（　　　）

A. 正确　　　　　　　　　B. 错误

31. 健全性原则，即通过科学的内部控制制度与方法，建立合理的内部控制程序，确保内部控制制度的有效执行。（　　　）

A. 正确　　　　　　　　　B. 错误

32. 独立性原则，即基金销售机构内各分支机构、部门和岗位职责应保持相对独立，权责分明，相互制衡。审慎性原则，即制定内部控制应以审慎经营、防范和化解风险为目标。（　　　）

A. 正确　　　　　　　　　B. 错误

33. 在办理基金业务时应确保申购资金银行账户、基金份额持有人和指定赎回资金银

行账户为同一身份。（　　）

A. 正确　　　　　　　　　　　B. 错误

34. 基金销售机构选择的合作服务提供商应符合监管部门的资质要求，并建立完善的合作服务提供商选择标准和业务流程，充分评估相关风险，明确双方权利义务。（　　）

A. 正确　　　　　　　　　　　B. 错误

35. 制定资金清算流程时，基金销售机构应注意以下规范：严格管理资金的划付，将赎回、分红及认/申购不成功的相应款项直接划入投资人开户时指定的同名银行账户。投资人申请赎回时要求变更指定银行账户的，销售机构应对申请变更人的有效身份进行核实，并记录申请变更人的基本信息及申请变更的时间、地点、账户信息，同时作为异常交易处理。（　　）

A. 正确　　　　　　　　　　　B. 错误

36. 基金销售机构应加强对宣传推介材料制作和发放的控制，宣传推介材料应事先经基金管理人的督察长检查，出具合规意见书，并报中国证监会备案。宣传推介材料及《投资人权益须知》由基金销售机构总部统一制作，分支机构、合作的服务提供商不得自行制作宣传推介材料及《投资人权益须知》，未经授权，不得发放宣传推介材料及《投资人权益须知》。（　　）

A. 正确　　　　　　　　　　　B. 错误

37. 基金销售机构制定《投资人权益须知》，内容至少应当包括：《证券投资基金法》规定的基金份额持有人的权利。基金销售机构提供的服务内容和收费方式。（　　）

A. 正确　　　　　　　　　　　B. 错误

38. 基金销售机构至少应向基金注册登记机构提供基金份额持有人姓名、身份证号码、基金账号等资料。基金代销机构与基金管理人持有投资人联系方式等资料信息的一方应承担持续服务责任，双方应就向基金持有人提供持续服务事宜做出明确约定。（　　）

A. 正确　　　　　　　　　　　B. 错误

39. 在基金销售流程中，基金销售机构还应制定客户服务标准，对服务对象、服务内容、服务程序等业务进行规范。建立严格的基金份额持有人信息管理制度和保密制度，及时维护、更新基金份额持有人的信息，基金份额持有人的信息应严格保密，防范投资人资料被不当运用，并且对基金份额持有人信息的维护和使用应当明确权限并留存相关记录。基金销售机构应建立异常交易的监控、记录和报告制度，重点关注基金销售业务中的异常交易行为。（　　）

A. 正确　　　　　　　　　　　B. 错误

40. 基金销售机构应依据国家有关法律、法规制定相关财务制度和会计工作操作流程，并针对各个风险控制点建立严密的会计系统控制。（　　）

A. 正确　　　　　　　　　　　B. 错误

41. 基金销售机构在办理开户、销户、资料变更等账户类业务，认购、申购、赎回、转换等交易类业务及继承、捐赠、司法强制措施等被动接受类业务时应遵循以下规定：按照法律法规和招募说明书规定的时间办理基金销售业务，对于投资人交易时间外的申请均作为当日交易处理。（　　）

  A. 正确        B. 错误

42. 基金销售机构应制定客户服务标准，对服务对象、服务内容、服务程序等业务进行规范，并遵循以下原则：宣传推介活动应当遵循诚实信用原则，但是在不得已的情况下可以有欺诈、误导投资人的行为。（　　）

  A. 正确        B. 错误

43. 基金销售机构应建立异常交易的监控、记录和报告制度，重点关注基金销售业务中的异常交易行为。（　　）

  A. 正确        B. 错误

44. 基金管理人的督察长应当检查基金募集期间基金销售活动的合法、合规情况，并自基金募集行为结束之日起 15 日内编制专项报告，予以存档备查。在基金持续销售期间，基金管理人的督察长应当定期检查基金销售活动的合法合规情况，在监察稽核季度报告中专项说明，并报送中国证监会。（　　）

  A. 正确        B. 错误

45. 基金宣传推介材料必须真实、准确，与基金合同、基金招募说明书相符，与备案的材料一致，不得有虚假记载、误导性陈述或者重大遗漏。（　　）

  A. 正确        B. 错误

46. 基金宣传推介材料登载基金的过往业绩，应当符合下列规定：基金宣传推介材料可以登载该基金、基金管理人管理的其他基金的过往业绩，但基金合同生效不足 10 个月的除外。（　　）

  A. 正确        B. 错误

47. 证券投资基金（以下简称"基金"）是一种长期投资工具，其主要功能是分散投资，降低投资单一证券所带来的个别风险。基金不同于银行储蓄和债券等能够提供固定收益预期的金融工具，投资人购买基金，既可能按其持有份额分享基金投资所产生的收益，也可能承担基金投资所带来的损失。（　　）

  A. 正确        B. 错误

48. 书面报告报送基金管理公司或者基金代销机构主要办公场所所在地证监局。基金管理公司或基金代销机构应当在分发或公布基金宣传推介材料之日起 10 个工作日内递交报告材料。（　　）

  A. 正确        B. 错误

49. 基金管理人发售基金份额、募集基金，可以收取认购费，但费率不得超过认购金额的 5%。基金管理人办理基金份额的申购，可以收取申购费，但费率不得超过申购金额的 5%。（　　）

  A. 正确        B. 错误

50. 基金管理人办理开放式基金份额的赎回应当收取赎回费，赎回费不得超过基金份

额赎回金额的 5％，货币市场基金及中国证监会规定的其他品种除外。（　　）

A. 正确　　　　　　　　　　　　　B. 错误

## 参考答案

### 一、单项选择题

| | | | | |
|---|---|---|---|---|
| 1. B | 2. D | 3. A | 4. B | 5. C |
| 6. D | 7. D | 8. D | 9. D | 10. C |
| 11. B | 12. B | 13. D | 14. A | 15. A |
| 16. B | 17. C | 18. D | 19. D | 20. C |
| 21. B | 22. A | 23. B | 24. C | 25. D |
| 26. B | 27. A | 28. C | 29. B | 30. D |
| 31. C | 32. C | 33. C | 34. B | 35. D |
| 36. A | 37. C | 38. C | | |

### 二、不定项选择题

| | | | | |
|---|---|---|---|---|
| 1. ABCD | 2. ABCD | 3. ABCD | 4. ABCD | 5. ABCD |
| 6. ABCD | 7. ABD | 8. ABCD | 9. ABCD | 10. ABCD |
| 11. ABCD | 12. ABCD | 13. ABCD | 14. ABD | 15. ABCD |
| 16. ABCD | 17. ABCD | 18. ABCD | 19. ABCD | 20. ABCD |
| 21. ABCD | 22. ABCD | 23. ABCD | 24. ABCD | 25. ABCD |
| 26. ABCD | 27. ABCD | 28. ABCD | 29. ABCD | 30. ABCD |
| 31. ABCD | 32. ABCD | 33. ABCD | 34. ABCD | 35. ABCD |
| 36. ABCD | 37. ABCD | 38. ABC | 39. ABCD | 40. ABCD |
| 41. ABCD | 42. ABCD | 43. ABCD | 44. ABCD | 45. ABCD |
| 46. ABCD | 47. ABCD | 48. ABCD | | |

### 三、判断题

| | | | | |
|---|---|---|---|---|
| 1. A | 2. B | 3. A | 4. A | 5. A |
| 6. A | 7. B | 8. A | 9. A | 10. A |
| 11. A | 12. A | 13. B | 14. B | 15. B |
| 16. B | 17. B | 18. B | 19. A | 20. B |
| 21. A | 22. A | 23. A | 24. A | 25. A |
| 26. A | 27. A | 28. A | 29. B | 30. A |
| 31. B | 32. A | 33. A | 34. A | 35. A |
| 36. A | 37. A | 38. A | 39. A | 40. A |
| 41. B | 42. B | 43. A | 44. B | 45. A |
| 46. B | 47. A | 48. B | 49. A | 50. A |

# 第三篇 《证券投资基金销售基础知识》模拟题及参考答案

## 模拟题及参考答案（一）

### 一、单项选择题

1. （    ）是指标有票面金额，用于证明持有人或该证券指定的特定主体对特定财产拥有所有权或债权的凭证。
   A. 无价证券
   B. 金融证券
   C. 有价证券
   D. 政府证券

2. （    ）制度是一国（地区）在货币没有实现完全可自由兑换、资本项目尚未完全开放的情况下，有限度地引进外资、开放资本市场的一项过渡性制度。
   A. QDII
   B. QFI
   C. QDI
   D. QFII

3. 证券的（    ）是指持有证券本身可以获得一定数额的收益，这是投资者转让资本所有权或使用权的回报。
   A. 流动性
   B. 公众性
   C. 风险性
   D. 收益性

4. （    ）是指在政府强制实施的公共养老金或国家养老金之外，企业在国家政策的指导下，根据自身经济实力和经济状况建立的，为本企业职工提供一定程度退休收入保障的补充性养老金制度。
   A. 养老金
   B. 企业年金
   C. 金融证券
   D. 债券

5. 证券的（    ）是指证券变现的难易程度。
   A. 收益性
   B. 公众性
   C. 风险性
   D. 流动性

6. （    ）是指将收益用于指定的社会公益事业的基金，如福利基金、科技发展基金、教育发展基金、文学奖励基金等。我国有关政策规定，各种社会公益基金可用于证券投资，以求保值增值。

    A. 养老金               B. 企业年金

    C. 社会公益基金        D. 福利基金

7. 证券的（   ）是指证券收益的不确定性。

    A. 流动性               B. 公众性

    C. 风险性               D. 收益性

8. （   ）是指为证券的发行、交易提供服务的各类机构。

    A. 证券市场中介机构      B. 证券交易所

    C. 证券公司            D. 证监会

9. （   ）是依法注册的具有独立法人地位的、由经营证券业务的金融机构自愿组成的行业性自律组织，是社会团体法人。

    A. 证监会               B. 证券交易所

    C. 中国证券业协会      D. 证券公司

10. （   ）是为证券交易提供集中登记、存管与结算服务，不以营利为目的的法人。

    A. 交易结算公司        B. 中国证监会

    C. 证券交易所         D. 中国证券登记结算公司

11. 2004 年 10 月成立的国内第一只上市开放式基金（LOF）是（   ）。

    A. 汇丰晋信 2016 基金     B. 华夏上证 50ETF

    C. 淄博乡镇企业投资基金   D. 南方积极配置基金

12. 2004 年底推出的国内首只交易型开放式指数基金（ETF）是（   ）。

    A. 汇丰晋信 2016 基金     B. 华夏上证 50ETF

    C. 淄博乡镇企业投资基金   D. 南方积极配置基金

13. 2006 年 5 月推出的国内首只生命周期基金是（   ）。

    A. 汇丰晋信 2016 基金     B. 华夏上证 50ETF

    C. 淄博乡镇企业投资基金   D. 南方积极配置基金

14. 2004 年 6 月 1 日开始实施的（   ）为我国基金业的发展奠定了重要的法律基础，标志着我国基金业的发展进入了一个新的发展阶段。

    A.《证券投资法》        B.《证券投资基金法》

    C.《证券法》             D.《基金法》

15. 交易型开放式指数基金（   ）。

    A. 通常又被称为交易所外交易基金，是在交易所外上市交易的、基金份额可变的一种开放式基金

    B. 通常又被称为交易所交易基金，是在交易所上市交易的、基金份额不可变的一种开放式基金

    C. 通常又被称为交易所外交易基金，是在交易所上市交易的、基金份额不可变的一种开放式基金

    D. 通常又被称为交易所交易基金（Exchange Traded Funds，ETF），是在交易

所上市交易的、基金份额可变的一种开放式基金

16. 我国第一只ETF成立于( )年。

A. 2000

B. 2004

C. 2001

D. 2002

17. 根据中国证监会的相关指引,( )。

A. ETF联接基金投资于目标ETF的资产不得低于基金资产净值的95%,其余部分应投资于标的指数的成分股和备选成分股以及中国证监会规定的其他证券品种

B. ETF联接基金投资于目标ETF的资产不得低于基金资产净值的85%,其余部分应投资于标的指数的成分股和备选成分股以及中国证监会规定的其他证券品种

C. ETF联接基金投资于目标ETF的资产不得低于基金资产净值的90%,其余部分应投资于标的指数的成分股和备选成分股以及中国证监会规定的其他证券品种

D. ETF联接基金投资于目标ETF的资产不得低于基金资产净值的80%,其余部分应投资于标的指数的成分股和备选成分股以及中国证监会规定的其他证券品种

18. 1924年3月21日诞生于美国的"马萨诸塞投资信托基金"成为( )。

A. 世界上第一个开放式基金

B. 世界上第一个基金

C. 世界上第一个封闭式基金

D. 美国第一个开放式基金

19. 1940年美国出台的( )不但对美国基金业的发展具有基石性作用,同时对基金在全球的普及性发展影响深远。

A.《投资公司法》

B.《投资公司法》与《投资顾问法》

C.《投资顾问法》

D.《投资法》

20. 2000年10月8日,中国证监会发布了( )。

A.《证券投资基金法》

B.《证券投资基金销售管理办法》

C.《封闭式证券投资基金试点办法》

D.《开放式证券投资基金试点办法》

21. 基金管理人可以在法律法规允许的范围内,对登记办理时间进行调整,并最迟于开始实施前( )个工作日内在至少一种中国证监会指定的信息披露媒体公告。

A. 1

B. 2

C. 4

D. 3

22. 投资者提交赎回申请成交后,基金管理人应通过销售机构按规定向投资者支付赎回款项。对一般基金而言,基金管理人应当自受理基金投资者有效赎回申请之日起( )个工作日内支付赎回款项。

A. 7

B. 6

C. 5

D. 4

23. 两步转托管是( )。

A. 基金托管人在原销售机构办理转出手续后，还需到转入机构办理转入手续

B. 基金持有人在原销售机构办理转出手续后，还需到转入机构办理转入手续

C. 基金监管人在原销售机构办理转出手续后，还需到转入机构办理转入手续

D. 基金管理人在原销售机构办理转出手续后，还需到转入机构办理转入手续

24. 一步转托管是( )。

A. 基金持有人在原销售机构同时办理转出、转入手续，投资人在转出方进行申报，基金份额转托管一次完成

B. 基金持有人在原销售机构同时办理转出、转入手续，投资人在转出方进行申报，基金份额转托管多次完成

C. 基金持有人在原销售机构同时办理转出、转入手续，管理人在转出方进行申报，基金份额转托管一次完成

D. 基金持有人在原销售机构同时办理转出、转入手续，投资人在转入方进行申报，基金份额转托管一次完成

25. 在日常交易中，下列说法正确的是( )。

A. T 日闭市后，中国结算深圳分公司根据 LOF 基金的交易数据，计算每个投资者买卖 LOF 的数量，并于 T 日晚根据清算结果对投资者的证券账户余额进行相应的记增或记减处理，完成 LOF 份额的交收，T 日买入基金份额自 T+2 日起即可在深圳证券交易所卖出

B. T 日闭市后，中国结算深圳分公司根据 LOF 基金的交易数据，计算每个投资者买卖 LOF 的数量，并于 T 日晚根据清算结果对投资者的证券账户余额进行相应的记增或记减处理，完成 LOF 份额的交收，T 日买入基金份额自 T+1 日起即可在深圳证券交易所卖出

C. T 日闭市后，中国结算深圳分公司根据 LOF 基金的交易数据，计算每个投资者买卖 LOF 的数量，并于 T 日晚根据清算结果对投资者的证券账户余额进行相应的记增或记减处理，完成 LOF 份额的交收，T 日买入基金份额自 T+3 日起即可在深圳证券交易所卖出

D. T 日闭市后，中国结算深圳分公司根据 LOF 基金的交易数据，计算每个投资者买卖 LOF 的数量，并于 T 日晚根据清算结果对投资者的证券账户余额进行相应的记增或记减处理，完成 LOF 份额的交收，T 日买入基金份额自 T+4 日起即可在深圳证券交易所卖出

26. 在日常交易中，下列说法正确的是( )。

A. T 日闭市后，中国结算深圳分公司根据 LOF 基金的交易数据，计算每个投资者买卖 LOF 的数量，并于 T+1 日晚根据清算结果对投资者的证券账户余额进行相应的记增或记减处理，完成 LOF 份额的交收，T 日买入基金份额自 T+1 日起即可在深圳证券交易所卖出

B. 于 T 日闭市后，中国结算深圳分公司根据 LOF 基金的交易数据，计算每个投资者买卖 LOF 的数量，并于 T 日晚根据清算结果对投资者的证券账户余额

进行相应的记增或记减处理，完成 LOF 份额的交收，T 日买入基金份额自 T 日起即可在深圳证券交易所卖出

C. 于 T 日闭市后，中国结算深圳分公司根据 LOF 基金的交易数据，计算每个投资者买卖 LOF 的数量，并于 T＋2 日晚根据清算结果对投资者的证券账户余额进行相应的记增或记减处理，完成 LOF 份额的交收，T 日买入基金份额自 T＋1 日起即可在深圳证券交易所卖出

D. 于 T 日闭市后，中国结算深圳分公司根据 LOF 基金的交易数据，计算每个投资者买卖 LOF 的数量，并于 T 日晚根据清算结果对投资者的证券账户余额进行相应的记增或记减处理，完成 LOF 份额的交收，T 日买入基金份额自 T＋1 日起即可在深圳证券交易所卖出

27. 投资者在办理开放式基金赎回时，一般需要缴纳赎回费，货币市场基金及中国证监会规定的其他品种除外。赎回费率（ ）。

A. 得超过基金份额赎回金额的 10％，赎回费总额的 25％归入基金财产

B. 得超过基金份额赎回金额的 5％，赎回费总额的 20％归入基金财产

C. 得超过基金份额赎回金额的 5％，赎回费总额的 25％归入基金财产

D. 得超过基金份额赎回金额的 5％，赎回费总额的 30％归入基金财产

28. 有关客户追踪的理解不正确的是（ ）。

A. 客户追踪就是建立起连接销售机构与客户之间的桥梁，持续有效地追踪销售业务中的薄弱环节，及时解决问题

B. 追踪工作的目标是保证并提高客户对销售机构产品和服务的满意度，维护销售机构与客户关系的稳定和发展

C. 追踪工作的目标是进一步促销

D. 如定期向客户提供有用的信息服务，包括宏观经济信息、证券市场信息、基金产品信息等；对客户的财务情况、投资情况进行跟踪并及时做出反应；客户资料发生变更时，及时更新原有的客户记录等

29. 基金销售的客户服务是指（ ）。

A. 客户在投资基金的过程中，基金销售机构或人员为解决客户有关问题而提供的系列活动

B. 托管人在投资基金的过程中，基金销售机构或人员为解决客户有关问题而提供的系列活动

C. 管理人在投资基金的过程中，基金销售机构或人员为解决客户有关问题而提供的系列活动

D. 监管人在投资基金的过程中，基金销售机构或人员为解决客户有关问题而提供的系列活动

30. 基金在营销活动上具有专业性是指（ ）。

A. 基金是投资于股票、债券、货币市场工具等多种金融产品的组合投资工具，产品本身具有很强的专业性，而且随着基金公司规模的扩大和业务的发展，

基金产品线也在日益完善，产品种类日益增多，要求服务人员除了具有金融知识基础外，还需要深入掌握各类基金产品的专业基本知识

B. 在基金销售的过程中，基金的认购、申购、赎回等交易都有详细的业务规则，销售机构开展营销活动、营销人员向客户推介基金等都需要遵守相关的法规规定，因此销售机构在提供服务时必须遵守法规规定和业务规则，还要积极开展投资者教育活动，让客户了解基金、了解基金投资、了解自身的风险承受能力，向客户做好规则解释和风险揭示的工作，提高客户自身的风险防范意识

C. 客户到销售机构购买基金份额不是一次简单的买卖行为，销售机构要保持长时间、持续的服务。如一般投资者购买基金以后，首先会比较关心基金购买是否成功

D. 开放式基金每个工作日的份额净值都有可能发生变化，而份额净值的高低直接关系到投资者的利益，任何失误与迟误都会造成很大问题

31. 基金在营销活动上的持续性是指（　　）。

A. 基金是投资于股票、债券、货币市场工具等多种金融产品的组合投资工具，产品本身具有很强的专业性，而且随着基金公司规模的扩大和业务的发展，基金产品线也在日益完善，产品种类日益增多，要求服务人员除了具有金融知识基础外，还需要深入掌握各类基金产品的专业基本知识

B. 在基金销售的过程中，基金的认购、申购、赎回等交易都有详细的业务规则，销售机构开展营销活动、营销人员向客户推介基金等都需要遵守相关的法规规定，因此销售机构在提供服务时必须遵守法规规定和业务规则，还要积极开展投资者教育活动，让客户了解基金、了解基金投资、了解自身的风险承受能力，向客户做好规则解释和风险揭示的工作，提高客户自身的风险防范意识

C. 客户到销售机构购买基金份额不是一次简单的买卖行为，销售机构要保持长时间、持续的服务。如一般投资者购买基金以后，首先会比较关心基金购买是否成功

D. 开放式基金每个工作日的份额净值都有可能发生变化，而份额净值的高低直接关系到投资者的利益，任何失误与迟误都会造成很大问题

32. 售前服务指在（　　）。

A. 销售服务

B. 开始基金投资操作前为客户提供的各项服务。主要内容包括：向客户介绍证券市场基础知识、基金基础知识，普及基金相关法律规定；介绍基金管理人投资运作情况，让客户充分了解基金投资的特点、不同类型基金的风险收益特征；开展投资者风险教育，介绍基金投资的风险及化解风险的办法等

C. 客户在基金投资操作过程中享受的服务。主要包括：协助客户完成风险承受能力测试并细致解释测试结果；为客户提供投资咨询建议，推介符合适用性

原则的基金；介绍基金产品信息、费率信息、基金业务办理流程及注意事项；协助客户办理开立账户、买卖、资料变更等基金业务

D. 在完成基金投资操作后为投资者提供的服务。主要包括：提醒客户及时核对交易确认；向客户介绍客户服务、信息查询、客户投资的办法和路径；在基金公司、基金产品发生变动时及时通知客户等

33. 售中服务指（　　）。

A. 销售服务

B. 开始基金投资操作前为客户提供的各项服务。主要内容包括：向客户介绍证券市场基础知识、基金基础知识，普及基金相关法律规定；介绍基金管理人投资运作情况，让客户充分了解基金投资的特点、不同类型基金的风险收益特征；开展投资者风险教育，介绍基金投资的风险及化解风险的办法等

C. 客户在基金投资操作过程中享受的服务。主要包括：协助客户完成风险承受能力测试并细致解释测试结果；为客户提供投资咨询建议，推介符合适用性原则的基金；介绍基金产品信息、费率信息、基金业务办理流程及注意事项；协助客户办理开立账户、买卖、资料变更等基金业务

D. 在完成基金投资操作后为投资者提供的服务。主要包括：提醒客户及时核对交易确认；向客户介绍客户服务、信息查询、客户投资的办法和路径；在基金公司、基金产品发生变动时及时通知客户等

34. 售后服务指（　　）。

A. 销售服务

B. 开始基金投资操作前为客户提供的各项服务。主要内容包括：向客户介绍证券市场基础知识、基金基础知识，普及基金相关法律规定；介绍基金管理人投资运作情况，让客户充分了解基金投资的特点、不同类型基金的风险收益特征；开展投资者风险教育，介绍基金投资的风险及化解风险的办法等

C. 客户在基金投资操作过程中享受的服务。主要包括：协助客户完成风险承受能力测试并细致解释测试结果；为客户提供投资咨询建议，推介符合适用性原则的基金；介绍基金产品信息、费率信息、基金业务办理流程及注意事项；协助客户办理开立账户、买卖、资料变更等基金业务

D. 在完成基金投资操作后为投资者提供的服务。主要包括：提醒客户及时核对交易确认；向客户介绍客户服务、信息查询、客户投资的办法和路径；在基金公司、基金产品发生变动时及时通知客户等

35. 客户投诉的根本原因是（　　）。

A. 客户没有得到预期的服务，即使销售机构提供了良好的服务、对基金业务规则解释详尽，但只要与客户的预期存在差距，依然会产生客户投诉

B. 服务不到位

C. 促销不成功

D. 客户维护不好

36. 利率风险是指(    )。
    A. 因市场行情的周期变动而引起的基金净值波动的风险
    B. 由于市场利率变动而影响基金投资收益的风险。利率的变化一般会引起证券价格的变动，并进而影响基金的投资收益率
    C. 政府有关证券市场的政策发生重大变化或重要的举措、法规的出台引起证券市场的波动，从而给投资者带来的风险
    D. 政治的重大变化带来的风险

37. (    )仅对个别基金产生影响，它通常是由某些特殊因素所引起的。
    A. 基金的系统性风险          B. 基金的非系统性风险
    C. 证券市场的系统性风险      D. 证券市场的非系统性风险

38. 对收益进行风险调整的基本思路就是(    )。
    A. 通过对收益进行风险因素的加权，得到一个兼顾收益与风险的综合评价指标，但也不能全面反映基金的风险收益特征
    B. 通过对收益进行风险因素的加权，得到一个兼顾收益与风险的综合评价指标，从而全面反映基金的风险收益特征
    C. 通过对收益进行风险因素的简单计算，得到一个兼顾收益与风险的综合评价指标，从而全面反映基金的风险收益特征
    D. 通过对收益进行风险因素的简单计算，得到一个兼顾收益与风险的综合评价指标，但也不能全面反映基金的风险收益特征

39. 常用的风险调整后收益衡量指标不包括(    )。
    A. 特雷诺指数              B. 夏普指数
    C. 詹森指数                D. 詹森测量指数

40. 特雷诺指数（Treynor Ratio）是指(    )。
    A. 以基金收益的系统性风险作为业绩的调整因子，反映基金在承担一单位系统性风险时所获得的超额收益。指数值越大，代表基金承担一单位系统性风险后所获得的超额收益越高。在该指数中，超额收益被定义为基金的收益率与同期的无风险收益率之差
    B. 反映投资组合在承担一单位总风险时产生多少超额收益
    C. 以 APT 模型为基础，通过比较评价期基金的实际收益和由 CAPM 模型推算出的预期收益，来评价基金经理获取超额收益的能力
    D. 资本资产定价模型（CAPM 模型）为基础，通过比较评价期基金的实际收益和由 CAPM 模型推算出的预期收益，来评价基金经理获取超额收益的能力

41. 下列说法正确的是(    )。
    A. 通常特雷诺指数越小，基金的绩效表现越好。但是，不同基金面对系统性风险的表现差异较大，若同时其超额收益差异也较大，这就可能导致特雷诺指数的差异较小，此时对基金每单位系统性风险下获取超额收益能力的说明性也就不够强了

  B. 通常特雷诺指数越大，基金的绩效表现越差。但是，不同基金面对系统性风险的表现差异较大，若同时其超额收益差异也较大，这就可能导致特雷诺指数的差异较小，此时对基金每单位系统性风险下获取超额收益能力的说明性也就不够强了

  C. 通常特雷诺指数越大，基金的绩效表现越好。但是，不同基金面对系统性风险的表现差异较大，若同时其超额收益差异也较大，这就可能导致特雷诺指数的差异较小，此时对基金每单位系统性风险下获取超额收益能力的说明性也就不够强了

  D. 通常特雷诺指数越大，基金的绩效表现越好。但是，不同基金面对系统性风险的表现差异较小，若同时其超额收益差异也较大，这就可能导致特雷诺指数的差异较小，此时对基金每单位系统性风险下获取超额收益能力的说明性也就不够强了

42. 夏普指数（Sharpe Ratio）也称夏普比率，（　　　）。

  A. 以基金收益的系统性风险作为业绩的调整因子，反映基金在承担一单位系统性风险时所获得的超额收益。指数值越大，代表基金承担一单位系统性风险后所获得的超额收益越高。在该指数中，超额收益被定义为基金的收益率与同期的无风险收益率之差

  B. 反映投资组合在承担一单位总风险时产生多少超额收益

  C. 以 APT 模型为基础

  D. 资本资产定价模型（CAPM 模型）为基础，通过比较评价期基金的实际收益和由 CAPM 模型推算出的预期收益，来评价基金经理获取超额收益的能力

43. 詹森指数（Jensen Ratio）是指（　　　）。

  A. 以基金收益的系统性风险作为业绩的调整因子，反映基金在承担一单位系统性风险时所获得的超额收益。指数值越大，代表基金承担一单位系统性风险后所获得的超额收益越高。在该指数中，超额收益被定义为基金的收益率与同期的无风险收益率之差

  B. 反映投资组合在承担一单位总风险时产生多少超额收益

  C. 以 APT 模型为基础

  D. 以资本资产定价模型（CAPM 模型）为基础，通过比较评价期基金的实际收益和由 CAPM 模型推算出的预期收益，来评价基金经理获取超额收益的能力

44. 下列说法错误的是（　　　）。

  A. 债券型基金属于固定收益类基金，其风险比股票型基金要小

  B. 通常按基金合同的规定，根据是否可以投资于股票，还可将债券型基金分为纯债型和偏债型两种

  C. 纯债型风险要小于偏债型

  D. 纯债型风险要大于偏债型

45. 一只债券的久期是指（　　　）。

A. 一只债券的到期时间

B. 一只债券的开始时间

C. 一只债券的加权到期时间。它综合考虑了到期时间、债券现金流以及市场利率对债券价格的影响，可以用以反映利率的微小变动对债券价格的影响，因此是一个较好的利率风险的衡量指标

D. 久期越小，风险越大

46. 混合型基金的类别较复杂，按照中国证监会颁布的《证券投资基金运作管理办法》，投资于股票、债券和货币市场工具，并且又不符合股票基金和债券基金之规定的基金被通称为（ ）。

A. 股票型基金　　　　　　　　　　B. 混合型基金

C. 债券型基金　　　　　　　　　　D. 金融衍生品基金

47. 日每万份基金净收益是（ ）。

A. 把货币市场基金每天的净收益平均摊到每一份额上，然后以 10 万份为单位进行衡量的一个数值

B. 把货币市场基金每天的净收益平均摊到每一份额上，然后以 1 万份为单位进行衡量的一个数值

C. 以最近 7 个自然日日平均收益率折算的年收益率。这两个都是反映基金收益的短期指标

D. 以最近 14 个自然日日平均收益率折算的年收益率。这两个都是反映基金收益的短期指标

48. 最近 7 日年化收益率是（ ）。

A. 把货币市场基金每天的净收益平均摊到每一份额上，然后以 10 万份为单位进行衡量的一个数值

B. 把货币市场基金每天的净收益平均摊到每一份额上，然后以 1 万份为单位进行衡量的一个数值

C. 以最近 7 个自然日日平均收益率折算的年收益率。这两个都是反映基金收益的短期指标

D. 以最近 14 个自然日日平均收益率折算的年收益率。这两个都是反映基金收益的短期指标

49. 我国法规要求货币市场基金投资组合的平均剩余期限在每个交易日不得超过（ ）天。但有的基金可能会在基金合同中做出更严格的限定，如组合平均剩余期限不得超过（ ）天。

A. 90　180　　　　　　　　　　B. 90　90

C. 180　90　　　　　　　　　　D. 180　180

50. 货币市场基金可以投资于剩余期限（ ）397 天但剩余存续期（ ）397 天的浮动利率债券，其剩余期限与其他券种存在差异。

A. 大于　超过　　　　　　　　　B. 小于　没有超过

C. 大于 没有超过　　　　　　　D. 小于 超过

51. ( )应当作为基金销售机构向基金投资人推介基金产品的重要依据。
    A. 过往业绩　　　　　　　　　B. 预计业绩
    C. 基金产品风险评价结果　　　 D. 基金经理的能力

52. 基金投资人评价应以基金投资人的风险承受能力类型来具体反映，应当至少包括以下三个类型：( )。
    A. 保守型、稳定型、积极型　　 B. 保守型、稳健型、激进型
    C. 保守型、稳定型、激进型　　 D. 保守型、稳健型、积极型

53. 基金销售适用性的关键在于( )。
    A. 基金产品和基金监管人的风险匹配
    B. 基金产品和基金管理人的风险匹配
    C. 基金产品和基金投资人的风险匹配
    D. 基金产品和基金托管人的风险匹配

54. 投资人利益优先原则是指( )。
    A. 当基金销售机构或基金销售人员的利益与基金投资人的利益发生冲突时，应当优先保障基金投资人的合法利益
    B. 基金销售机构应当将基金销售适用性作为公司内部控制的组成部分，将基金销售适用性贯穿于基金销售的各个业务环节，对基金管理人、基金产品和基金投资人都要了解并做出评价
    C. 基金销售机构应当建立科学合理的方法，设置必要的标准和流程，保证基金销售适用性的实施
    D. 基金产品的风险评价和基金投资人的风险承受能力评价应当根据实际情况及时更新

55. 全面性原则指的是( )。
    A. 当基金销售机构或基金销售人员的利益与基金投资人的利益发生冲突时，应当优先保障基金投资人的合法利益
    B. 基金销售机构应当将基金销售适用性作为公司内部控制的组成部分，将基金销售适用性贯穿于基金销售的各个业务环节，对基金管理人、基金产品和基金投资人都要了解并做出评价
    C. 基金销售机构应当建立科学合理的方法，设置必要的标准和流程，保证基金销售适用性的实施
    D. 基金产品的风险评价和基金投资人的风险承受能力评价应当根据实际情况及时更新

56. 监管的连续性和有效性原则是指( )。
    A. 基金监管机构作为执法机关，其成立由法律规定，其职权也是由法律赋予的。因此，基金监管部门在履行监管职责时，必须树立依法监管的理念，严格遵守法律法规的规定

B. 公开原则要求基金市场具有充分的透明度，实现市场信息公开化。公平原则指基金市场上不存在歧视，所有参与基金活动的当事人具有平等的权利。公正原则要求监管部门在公开、公平原则的基础上，对监管对象给予公正的待遇

C. 在加强基金市场监管的同时，加强基金销售机构和从业人员的自我约束、自我教育和自我管理。对基金市场的监管是市场健康发展的保证，而基金销售机构和从业人员的自律是市场健康发展的基础。行政监督与自我监督、自我管理相结合才能真正提高行业的规范发展水平

D. 我国基金业正处在发展壮大的初期，基金监管应避免出现大起大落的情形，影响基金业的正常发展，处理好监管成本和监管效益之间的关系，做到市场能自身调节的，不监管；必须监管的，应当在保证监管效益的前提下做到监管成本最小

57. 审慎监管原则是指（　　）。

A. 基金监管机构作为执法机关，其成立由法律规定，其职权也是由法律赋予的。因此，基金监管部门在履行监管职责时，必须树立依法监管的理念，严格遵守法律法规的规定。既要依法履行监管职权，又要依法承担监管责任；既要尊重监管对象的权利，保护市场各方参与者的合法权益，又要做到不徇情、不枉法

B. 公开原则要求基金市场具有充分的透明度，实现市场信息公开化。公平原则指基金市场上不存在歧视，所有参与基金活动的当事人具有平等的权利。公正原则要求监管部门在公开、公平原则的基础上，对监管对象给予公正的待遇

C. 在加强基金市场监管的同时，加强基金销售机构和从业人员的自我约束、自我教育和自我管理。对基金市场的监管是市场健康发展的保证，而基金销售机构和从业人员的自律是市场健康发展的基础。行政监督与自我监督、自我管理相结合才能真正提高行业的规范发展水平

D. 针对基金销售机构经营能力的监管，旨在促进基金销售机构审慎经营，有效防范和化解业务风险。贯穿于监管部门准入监管和持续性监管的全过程

58. 2003 年 10 月 28 日，第十届全国人民代表大会常务委员会第五次会议通过（　　），是我国基金销售法规体系中的核心法律，确立了现行基金法律制度的基本原则。

A.《证券投资法》　　　　　　　　B.《证券法》

C.《证券基金法》　　　　　　　　D.《证券投资基金法》

59. （　　）是我国基金市场的监管主体，其依法对基金市场参与者的行为进行监督管理，基金的销售活动是基金业务的重要组成部分，基金销售的监管也是基金监管的重要内容。

A. 中国银监会　　　　　　　　　　B. 中国保监会

C. 中国基金监督管理委员会 　　　D. 中国证监会

60.（　　）规定，基金管理人应当"依法募集基金，办理或者委托经国务院证券监督管理机构认定的其他机构代为办理基金份额的发售、申购、赎回和登记事宜"。（　　）规定："商业银行、证券公司、证券投资咨询机构、专业基金销售机构以及中国证监会规定的其他机构可以向中国证监会申请基金代销业务资格。"

  A.《证券投资基金销售管理办法》　　《证券投资基金销售管理办法》

  B.《证券投资基金法》　　《证券投资基金法》

  C.《证券投资基金法》　　《证券投资基金销售管理办法》

  D.《证券投资基金销售管理办法》　　《证券投资基金法》

## 二、不定项选择题

1. 证券投资基金是一种集合理财工具，一般具有以下主要特点：（　　）。

  A. 集合理财、专业管理

  B. 组合投资、分散风险、利益共享、风险共担

  C. 严格监管、信息透明

  D. 独立托管、保障安全

2. 基金的运作是指包括（　　）等在内的一系列业务环节与活动。

  A. 基金的募集与营销　　　　　　B. 份额的注册登记

  C. 资产的托管、投资管理　　　　D. 收益分配、信息披露

3. 基金市场有不同的参与主体，依据它们所承担的责任与作用的不同，可以将基金市场的参与主体分为（　　）。

  A. 证券公司　　　　　　　　　　B. 基金当事人

  C. 基金市场服务机构　　　　　　D. 基金的监管机构和自律组织

4. 我国的基金依据基金合同设立（　　）是基金的当事人。

  A. 基金份额持有人　　　　　　　B. 基金管理人

  C. 基金托管人　　　　　　　　　D. 证券投资人

5. 基金份额持有人在享受权利的同时，必须承担一定的义务，具体包括：（　　）。

  A. 遵守基金合同；缴纳基金认购款项及规定费用；承担基金亏损或终止的有限责任

  B. 不从事任何有损基金及其他基金投资人合法权益的活动

  C. 在封闭式基金存续期间，不得要求赎回基金份额

  D. 在封闭式基金存续期间，交易行为和信息披露必须遵守法律、法规的有关规定；法律、法规及基金契约规定的其他义务

6. 依有价证券的品种而形成的结构关系的构成主要有：（　　）。

  A. 股票市场　　　　　　　　　　B. 基金市场

  C. 衍生品市场　　　　　　　　　D. 债券市场

7. 证券市场的筹资—投资功能是指证券市场（　　）。

  A. 一方面为资金供给者提供了通过发行证券筹集资金的机会

B. 一方面为资金需求者提供了通过发行证券筹集资金的机会

C. 另一方面为资金需求者提供了投资对象

D. 另一方面为资金供给者提供了投资对象

8. 证券市场综合反映国民经济运行的发展态势，常被称为国民经济的"晴雨表"，客观上为观察和监控经济运行提供了直观的指标，它的基本功能包括：（　　）。

    A. 筹资—投资功能　　　　　　　　B. 资本定价功能

    C. 筹集资金功能　　　　　　　　　D. 资本配置功能

9. 按是否在证券交易所挂牌交易，有价证券可分为：（　　）。

    A. 长期证券　　　　　　　　　　　B. 短期证券

    C. 上市证券　　　　　　　　　　　D. 非上市证券

10. 证券投资人是指通过买入证券而进行投资的各类机构法人和自然人。相应地，证券投资人可分为（　　）。

    A. 机构投资者　　　　　　　　　　B. 政府

    C. 个人投资者　　　　　　　　　　D. 企业

11. 下列有关封闭式基金报价的说法，正确的是：（　　）。

    A. 封闭式基金的报价单位为每份基金价格

    B. 基金的申报价格最小变动单位为 0.001 元人民币

    C. 买入与卖出封闭式基金份额申报数量应当为 100 份或其整数倍

    D. 单笔最大数量应低于 100 万份

12. 封闭式基金的交易遵从（　　）的原则。

    A. 价值优先　　　　　　　　　　　B. 地点优先

    C. 价格优先　　　　　　　　　　　D. 时间优先

13. 下列说法正确的是：（　　）。

    A. 沪、深证券交易所对封闭式基金交易实行与对 A 股交易同样的 10％的涨跌幅限制

    B. 实行 T＋1 交割、交收，即达成交易后

    C. 相应的基金交割与资金交收在交易日的下一个营业日（T＋1）完成

    D. 实行 T＋2 交割、交收，即达成交易后

14. 目前，开放式基金所遵循的申购、赎回主要原则为：（　　）。

    A. "未知价"交易原则　　　　　　　B. "已知价"交易原则

    C. 金额申购、份额赎回　　　　　　D. 份额申购、份额赎回

15. 投资者在办理开放式基金申购时，一般需要缴纳申购费，但申购费率不得超过申购金额的（　　）。

    A. 6％　　　　　　　　　　　　　　B. 5％

    C. 10％　　　　　　　　　　　　　D. 1％

16. 按募集方式分类，有价证券可以分为（　　）。

    A. 长期证券　　　　　　　　　　　B. 短期证券

C. 公募证券        D. 私募证券

17. 在大部分国家，社保基金分为（   ）。

A. 国家以债券等形式征收的全国性基金

B. 国家以社会保障税等形式征收的全国性基金

C. 由企业定期向员工支付并委托基金公司管理的企业年金

D. 由企业不定期向员工支付并委托基金公司管理的企业年金

18. 证券服务机构是指依法设立的从事证券服务业务的法人机构，主要包括（   ）等。

A. 证券投资咨询机构        B. 会计师事务所

C. 律师事务所        D. 资产评估机构、证券信用评级机构

19. 证券的流动性可通过（   ）等方式实现。

A. 到期兑付        B. 承兑

C. 贴现        D. 转让

20. 证券市场是在商品经济高度发展的基础上产生和发展的。证券市场的产生与发展主要归因于以下因素（   ）。

A. 社会化大生产和商品经济的发展        B. 股份制的发展

C. 政府的发展        D. 信用制度的发展

21. 总体而言，对基金的分析和评价应遵循以下原则：（   ）。

A. 长期性原则        B. 全面性原则

C. 一致性原则        D. 客观公正性原则

22. 假设某基金每季度的收益率分别为 $4.5\%$、$-3\%$、$-1.5\%$、$9\%$，那么精确简单年化收益率为：（   ）。

A. $8.0\%$        B. $8.83\%$

C. $8.33\%$        D. $8.23\%$

23. 业绩归因的目的是：（   ）。

A. 把基金的总收益分解为多个组成部分，以此来考察基金经理在每个部分的投资决策与管理能力

B. 把基金的总收益看成一个组成部分，以此来考察基金经理在总体投资决策与管理能力

C. 把基金的部分收益分解为多个组成部分，以此来考察基金经理在每个部分的投资决策与管理能力

D. 把基金的部分收益看成一个组成部分，以此来考察基金经理总体的投资决策与管理能力

24. 业绩归因：（   ）。

A. 对过往业绩的分析没有任何意义

B. 对过往业绩的分析可以代表一切

C. 对基金过往业绩的深入分析，它不仅有助于投资者了解基金在多大程度上实

现了投资目标，还有助于基金管理人监测资产管理的有效性，为基金经理提升投资能力提供依据和帮助

    D. 过往业绩可以代表基金经理人未来的收益

25. 资产配置是指：（     ）。

    A. 根据投资目标将资金在不同资产类别之间进行配置，通常是在高风险低收益证券与低风险高收益证券之间进行分配

    B. 根据投资目标将资金在不同资产类别之间进行配置，通常是在低风险低收益证券与高风险高收益证券之间进行分配

    C. 根据投资目标将资金在不同资产类别之间进行配置，通常是在高风险低收益证券与高风险高收益证券之间进行分配

    D. 根据投资目标将资金在不同资产类别之间进行配置，通常是在低风险低收益证券与低风险高收益证券之间进行分配

26. 关于保守型投资人下列说法错误的是：（     ）。

    A. 保护本金不受损失和保持资产的流动性是此类投资者的首要目标。他们对投资的态度是希望投资收益极度稳定，不愿承担高风险以换取高收益，通常不太在意资金是否有较大增值，不愿意承担投资波动对心理的煎熬，追求稳定。一般来说，处于家庭衰老期的投资人多属于这一类型

    B. 在风险较小的情况下获得一定的收益是此类投资者主要的投资目标。他们虽然愿意使本金面临一定的风险，但在进行投资决定时，会仔细地对将要面临的风险进行认真的分析。而处于家庭成熟期或部分处于家庭成长期的投资人属于这一类型

    C. 此类投资者有较高的风险承受能力，通常专注于投资的长期增值，并愿意为此承受较大的风险。短期的投资波动并不会对其造成大的影响，追求较高的回报是其关注的目标。通常来讲，年轻单身或处于家庭成长期的投资人多属于这一类型

    D. 此类投资者有较高的风险承受能力，通常专注于投资的短期增值

27. 关于稳健型投资人下列说法错误的是：（     ）。

    A. 保护本金不受损失和保持资产的流动性是此类投资者的首要目标。他们对投资的态度是希望投资收益极度稳定，不愿承担高风险以换取高收益，通常不太在意资金是否有较大增值，不愿意承担投资波动对心理的煎熬，追求稳定。一般来说，处于家庭衰老期的投资人多属于这一类型

    B. 在风险较小的情况下获得一定的收益是此类投资者主要的投资目标。他们虽然愿意使本金面临一定的风险，但在进行投资决定时，会仔细地对将要面临的风险进行认真的分析。而处于家庭成熟期或部分处于家庭成长期的投资人属于这一类型

    C. 此类投资者有较高的风险承受能力，通常专注于投资的长期增值，并愿意为此承受较大的风险。短期的投资波动并不会对其造成大的影响，追求较高的

回报是其关注的目标。通常来讲，年轻单身或处于家庭成长期的投资人多属于这一类型

D. 此类投资者有较高的风险承受能力，通常专注于投资的短期增值

28. 对于（　　）的投资者，以稳健、安全、保值为目的，风险承受能力较低，可为这类客户选择低风险的基金产品或组合，例如货币市场基金和保本型基金。

A. 激进型　　　　　　　　　　B. 保守型

C. 稳健型　　　　　　　　　　D. 积极型

29. 关于积极型投资人下列说法错误的是：（　　）。

A. 保护本金不受损失和保持资产的流动性是此类投资者的首要目标。他们对投资的态度是希望投资收益极度稳定，不愿承担高风险以换取高收益，通常不太在意资金是否有较大增值，不愿意承担投资波动对心理的煎熬，追求稳定。一般来说，处于家庭衰老期的投资人多属于这一类型

B. 在风险较小的情况下获得一定的收益是此类投资者主要的投资目标。他们虽然愿意使本金面临一定的风险，但在进行投资决定时，会仔细地对将要面临的风险进行认真的分析。而处于家庭成熟期或部分处于家庭成长期的投资人属于这一类型

C. 此类投资者有较高的风险承受能力，通常专注于投资的长期增值，并愿意为此承受较大的风险。短期的投资波动并不会对其造成大的影响，追求较高的回报是其关注的目标。通常来讲，年轻单身或处于家庭成长期的投资人多属于这一类型

D. 此类投资者有较高的风险承受能力，通常专注于投资的短期增值

30. IFA 的主要工作是：（　　）。

A. 帮助客户进行资产负债分析

B. 帮助他们确定自己的投资政策和目标，建立自己的组合

C. 选定基金管理人，并监督基金管理人的业绩

D. 定期向客户汇报

31. 基金销售机构制定《投资人权益须知》，内容至少应当包括：（　　）。

A. 《证券投资基金法》规定的基金份额持有人的权利，基金销售机构提供的服务内容和收费方式

B. 投资人办理基金业务流程，基金分类、评级等的基本知识以及投资风险提示

C. 向基金销售机构、自律组织以及监管机构的投诉方式和程序

D. 基金销售机构联络方式及其他需要向投资人说明的内容

32. 基金销售机构应建立完备的客户投诉处理体系，（　　）。

A. 设立独立的客户投诉受理和处理协调部门或者岗位

B. 向社会公布受理客户投诉的电话、信箱地址及投诉处理规则

C. 准确记录客户投诉的内容，所有客户投诉应当留痕并存档，投诉电话应当录音

D. 评估客户投诉风险，采取适当措施，及时妥善处理客户投诉。根据客户投诉总结相关问题，及时发现业务风险，完善内控制度

33. 基金销售机构应设立专门的监察稽核部门或岗位，就基金销售业务内部控制制度的执行情况独立地履行(    )职能。
    A. 监察　　　　　　　　　　　B. 评价
    C. 报告　　　　　　　　　　　D. 建议

34. 基金销售机构在办理开户、销户、资料变更等账户类业务，认购、申购、赎回、转换等交易类业务及继承、捐赠、司法强制措施等被动接受类业务时应遵循以下规定：(    )。
    A. 业务基本规程应对重要业务环节实施有效复核，确保重要环节业务操作的准确性。按照法律法规和招募说明书规定的时间办理基金销售业务，对于投资人交易时间外的申请均作为下一交易日交易处理
    B. 基金销售机构在办理基金业务时应确保申购资金银行账户、基金份额持有人和指定赎回资金银行账户为同一身份。建立完善的交易记录制度，保持申请资料原始记录和系统记录一致，保证客户信息的准确性、完整性，每日交易情况应当及时核对并存档保管
    C. 开通自助式前台服务的基金销售机构应建立完善的营销管理和风险控制制度，确保投资人获得必要服务并保证销售资金的安全
    D. 基金销售机构应在交易被拒绝或确认失败时主动通知投资人

35. 基金销售机构应制定完善的资金清算流程，确保基金销售资金的清算与交收的安全性、及时性和高效性，保证销售资金的清算与交收工作顺利进行(    )。
    A. 严格管理资金的划付，将赎回、分红及认/申购不成功的相应款项直接划入投资人开户时指定的同名银行账户。投资人申请赎回时要求变更指定银行账户的，销售机构应对申请变更人的有效身份进行核实，并记录申请变更人的基本信息及申请变更的时间、地点、账户信息，同时作为异常交易处理
    B. 明确基金销售机构总部与各分支机构、基金注册登记机构、托管银行以及相关合作服务提供商的资金清算流程
    C. 严格按照约定的时间进行资金划付，超过约定时间的资金应当作为异常交易处理
    D. 销售机构的分支机构应当将当日的全部基金销售资金于同日划往总部统一的基金销售专户，实现日清日结

36. 基金销售机构应制定客户服务标准，对服务对象、服务内容、服务程序等业务进行规范，并遵循以下原则：(    )。
    A. 宣传推介活动应当遵循诚实信用原则，不得有欺诈、误导投资人的行为。基金代销机构同时销售多只基金时，不得有歧视性宣传推介活动和销售政策
    B. 遵循销售适用性原则，关注投资人的风险承受能力和基金产品风险收益特征的匹配性。明确投资人投诉的受理、调查、处理程序

C. 及时准确地为投资人办理各类基金销售业务手续，识别客户有效身份，严格
管理投资人账户

D. 在投资人开立基金交易账户时，向投资人提供《投资人权益须知》，保证投资
人了解相关权益。为基金份额持有人提供良好的持续服务，保障基金份额持
有人有效了解所投资基金的相关信息

37. 基金销售机构应建立异常交易的监控、记录和报告制度，重点关注基金销售业务
中的异常交易行为：（　　）。

A. 反洗钱相关法律法规规定的异常交易。投资人频繁开立、撤销账户的行为

B. 投资人短期交易行为。基金份额持有人变更指定赎回银行账户的行为

C. 违反销售适用性原则的交易。超过约定时间进行资金划付的行为

D. 其他应当关注的异常交易行为

38. 下列说法正确的是：（　　）。

A. 基金销售机构的监察稽核负责人遇有如下重大问题，应及时向中国证监会或
其派出机构报告：基金销售机构违规使用基金销售专户，基金销售机构挪用
投资人资金或基金资产，基金销售中出现的其他重大违法违规行为

B. 基金管理人的督察长应当检查基金募集期间基金销售活动的合法、合规情况，
并自基金募集行为结束之日起 10 日内编制专项报告，予以存档备查

C. 在基金持续销售期间，基金管理人的督察长应当定期检查基金销售活动的合
法合规情况，在监察稽核季度报告中专项说明，并报送中国证监会

D. 基金管理人的督察长应当检查基金募集期间基金销售活动的合法、合规情况，
并自基金募集行为结束之日起 15 日内编制专项报告，予以存档备查

39. 基金宣传推介材料必须真实、准确，与基金合同、基金招募说明书相符，与备案
的材料一致，不得有下列情形：（　　）。

A. 虚假记载、误导性陈述或者重大遗漏。预测该基金的证券投资业绩

B. 违规承诺收益或者承担损失。诋毁其他基金管理人、基金托管人或基金代销
机构，或者其他基金管理人募集或管理的基金

C. 夸大或者片面宣传基金，违规使用“安全”、“保证”、“承诺”、“保险”、“避
险”、“有保障”、“高收益”、“无风险”等可能使投资人认为没有风险的词语

D. 登载单位或者个人的推荐性文字。基金宣传推介材料所使用的语言表述应当
准确清晰

40. 基金宣传推介材料所使用的语言表述应当准确清晰，还应当特别注意：（　　）。

A. 在缺乏足够证据支持的情况下，不得使用“业绩稳健”、“业绩优良”、“名列
前茅”、“位居前列”、“首只”、“最大”、“最好”、“最强”、“唯一”等表述

B. 不得使用“坐享财富增长”、“安心享受成长”、“尽享牛市”等易使基金投资
人忽视风险的表述

C. 不得使用“欲购从速”、“申购良机”等片面强调集中营销时间限制的表述

D. 不得使用“净值归一”等误导基金投资人的表述

### 三、判断题

1. 证券投资基金是指通过公开发售基金份额，将众多投资者的资金集中起来，形成独立财产，由基金托管人托管、基金管理人管理，以投资组合的方式进行证券投资的一种利益共享、风险共担的集合投资方式。（    ）

   A. 正确                              B. 错误

2. 在基金合同中约定，国务院证券监督管理机构，即中国证监会依法对证券投资基金活动实施监督管理。（    ）

   A. 正确                              B. 错误

3. 基金合同是规范基金管理人、基金托管人和基金份额持有人的权利、义务的基本法律文件。（    ）

   A. 正确                              B. 错误

4. 但从性质上看，购买股票、债券表现为一种直接投资方式，投资者直接进行投资操作，收益来源也直接来自股票、债券本身的回报，基金投资也表现为一种直接投资方式。一方面，基金以股票、债券等有价证券为投资对象；另一方面，基金投资者通过购买基金份额的方式也间接进行了证券投资。（    ）

   A. 正确                              B. 错误

5. 基金将众多投资者的资金集中起来，委托基金管理人进行投资，表现出一种集合理财的特点。汇集众多投资者的资金，积少成多，有利于发挥资金的规模优势，降低投资成本。（    ）

   A. 正确                              B. 错误

6. 在证券市场上，证券价格的高低是由该证券所能提供的预期报酬率的高低来决定的。证券价格的高低实际上是该证券筹资能力的反映。（    ）

   A. 正确                              B. 错误

7. 利用股票和债券在国际资本市场筹资的同时，我国没有放开境外券商在华设立并参与中国股票市场业务、境内券商到海外设立分支机构、成立中外合资投资银行等方面的限制。（    ）

   A. 正确                              B. 错误

8. 从风险的角度分析，证券市场也是风险的直接交换场所。（    ）

   A. 正确                              B. 错误

9. 作为有条件地开放境内企业和个人投资境外资本市场的举措，中国证监会、中国银监会、中国保监会和国家外汇管理局发布相关规定，并由证券类、银行类、保险类金融机构取得合格境内机构投资者（QDII）业务资格，开展代客境外理财业务。（    ）

   A. 正确                              B. 错误

10. 优先股票是一种特殊股票，在其股东权利、义务中附加了某些特别条件。优先股票的股息率是浮动的，其持有者的股东权利受到一定限制，但在公司盈利和剩余财产的分配上比普通股票股东享有优先权。（    ）

　　A. 正确　　　　　　　　　　　B. 错误

11. 虽然证券交易的对象是各种各样的有价证券，但由于它们是价值的直接表现形式，所以证券市场本质上是价值的直接交换场所。（　　　）

　　A. 正确　　　　　　　　　　　B. 错误

12. 沪深 300 指数的编制目标是反映中国证券市场股票价格变动的概貌和运行状况，但是不能够作为投资业绩的评价标准，为指数化投资和指数衍生产品创新提供基础条件。（　　　）

　　A. 正确　　　　　　　　　　　B. 错误

13. 股票市场是债券发行和买卖交易的场所。债券市场是债券发行和买卖交易的场所。（　　　）

　　A. 正确　　　　　　　　　　　B. 错误

14. 证券市场监管，是指证券管理机关运用法律的、经济的以及必要的行政手段，对证券的募集、发行、交易等行为以及证券投资中介机构的行为进行监督与管理。（　　　）

　　A. 正确　　　　　　　　　　　B. 错误

15. 证券市场监管的原则是依法监管原则、保护管理者原则、"三公"原则、监督与自律相结合原则。（　　　）

　　A. 正确　　　　　　　　　　　B. 错误

16. 封闭式基金的交易遵从"价格优先、时间优先"的原则。"价格优先"指较高价格买进申报优先于较低价格买进申报，较低价格的卖出申报优先于较高价格的卖出申报；"时间优先"指买卖方向相同、申报价格相同的，先申报者优先于后申报者，先后顺序按照交易主机接受申报的时间确定。（　　　）

　　A. 正确　　　　　　　　　　　B. 错误

17. 按照沪、深证券交易所截至 2008 年 9 月公布的收费标准，我国基金交易佣金不得高于成交金额的 0.2%（深圳证券交易所特别规定该佣金水平不得低于代收的证券交易监管费和证券交易经手费，上海证券交易所无此规定），起点 5 元，由证券公司向投资者收取。目前，封闭式基金交易不收取印花税。（　　　）

　　A. 正确　　　　　　　　　　　B. 错误

18. 开放式基金的赎回是指基金份额持有人要求基金管理人购回其所持有的开放式基金份额的行为。（　　　）

　　A. 正确　　　　　　　　　　　B. 错误

19. 一般情况下，认购期购买基金的费率要比申购期优惠。认购期购买的基金份额一般要经过封闭期才能赎回，申购的基金份额要在申购成功后的第二个工作日才能赎回。（　　　）

　　A. 正确　　　　　　　　　　　B. 错误

20. 在购买过程中，无论是认购还是申购，在交易时间内，投资者可以多次提交认购/申购申请，注册登记人对投资者认购/申购费用按单个交易账户单笔分别计算。不过，一般来说，投资者在份额发售期内已经正式受理的认购申请不得撤销。对于在当日基金业务办理时间内提交的申购申请，投资者可以在当日15：00前提交撤销申请，予以撤销；15：00后则无法撤销申请。（　　）

    A. 正确　　　　　　　　　　　　B. 错误

21. "金额申购、份额赎回"原则，即申购以金额申请，赎回以份额申请。（　　）

    A. 正确　　　　　　　　　　　　B. 错误

22. 投资者在办理开放式基金申购时，一般需要缴纳申购费，但申购费率不得超过申购金额的10%。（　　）

    A. 正确　　　　　　　　　　　　B. 错误

23. 和认购费一样，申购费可以采用在基金份额申购时收取的前端收费方式，也可以采用在赎回时从赎回金额中扣除的后端收费方式。基金产品同时设置前端收费模式和后端收费模式的，其前端收费的最高档申购费率应低于对应的后端最高档申购费率。（　　）

    A. 正确　　　　　　　　　　　　B. 错误

24. 投资者在办理开放式基金赎回时，一般需要缴纳赎回费，货币市场基金及中国证监会规定的其他品种除外。赎回费率不得超过基金份额赎回金额的5%，赎回费总额的20%归入基金财产。（　　）

    A. 正确　　　　　　　　　　　　B. 错误

25. 在市场细分时，确定细分市场的变量越多越好，不用分清主要变量、次要变量，否则既不经济，又不实用；细分市场也不是越细越好，市场是动态的，要根据市场环境变化对市场细分的情况进行分析研究，并做出相应调整。（　　）

    A. 正确　　　　　　　　　　　　B. 错误

26. 目标市场就是销售机构寻求适合的具有共同需求或特征的客户群体，可以是一个细分市场，也可能是一系列细分市场。在市场细分的基础上，销售机构必须对每一个细分市场进行评估，即先要预测每个细分市场的成长性、易入性和盈利能力，然后根据自己的资源、产品特性选定一个或几个细分市场作为实施营销计划的目标。（　　）

    A. 正确　　　　　　　　　　　　B. 错误

27. 无差异目标市场策略是指不考虑各细分市场的差异性，将它们视为一个统一的整体市场，认为所有客户对基金投资有共同的需求。采用无差异目标市场策略无视各细分市场客户群体的特殊需求，在此情况下，营销人员可以设计单一营销组合直接面对整个市场，去迎合整个市场最大范围的客户的需求，凭借大规模的广告宣传和促销，吸引尽可能多的客户。（　　）

    A. 正确　　　　　　　　　　　　B. 错误

28. 差异性目标市场策略是指销售机构在市场细分的基础上，根据自身条件和营销环境，选择多个细分市场作为目标市场，并对应每一个目标市场分别设计出满足不同客户需求的产品和服务的一种策略。（　　）

A. 正确            B. 错误

29. 发散性目标市场策略是指销售机构以一个或几个细分市场作为目标市场，针对一部分特定目标客户的需求，集中营销力量，在局部形成优势的一种战略。（　　）

    A. 正确            B. 错误

30. 销售机构采取集中性市场营销策略时，可以针对该细分市场的特点规划、设计专门的营销策略。（　　）

    A. 正确            B. 错误

31. 客户的寻找就是指在目标客户中寻找有需求、有购买能力、未来有望成为现实客户的将来购买者。基金销售的客户寻找，就是指在目标市场中寻找有基金投资需求、有投资能力、有一定的风险承受能力、有可能购买或者再次购买基金的客户。（　　）

    A. 正确            B. 错误

32. 基金销售机构可以通过多种形式与客户建立联系，如通过各种广告宣传等方式让潜在客户了解销售机构，从而主动与销售机构建立联系；也可以通过基金营销人员主动接触客户，寻找潜在客户。（　　）

    A. 正确            B. 错误

33. 缘故法针对间接关系型群体，就是利用营销人员个人的生活与工作经历所建立的人际关系进行客户开发。（　　）

    A. 正确            B. 错误

34. 算术平均收益率可以准确地衡量基金过往的实际收益情况，因此，常用于对基金过往收益率的衡量。而算术平均收益率一般可以用作对平均收益率的无偏估计，因此它更多地被用于对未来收益率的估计。（　　）

    A. 正确            B. 错误

35. 已知的多个区间收益率所代表的总时段恰能够覆盖 1 年时，就可以由区间收益率算出年化收益率，此时得到的是真实的已取得的收益率。（　　）

    A. 正确            B. 错误

36. 业绩归因的目的是把基金的总收益分解为多个组成部分，以此来考察基金经理在每个部分的投资决策与管理能力。通常，基金经理在进行投资时先要在股票、债券、货币市场工具等品种上进行大类资产配置，然后再进行深入的选择，如在股票资产方面进行行业的配置，在债券方面进行短、中、长期债券的选择等，最后落实到具体证券品种的买卖。（　　）

    A. 正确            B. 错误

37. 所谓择股能力是指"时机选择能力"，即基金经理预测市场短期走势，进行波段操作的能力。具有良好择时能力的基金经理能够较为准确地估计市场未来的发展态势，并相应调整投资组合的构成，如在市场上涨之前减少现金并提高组合中权益资产的权重；而在市场下跌之前增加现金并降低组合中权益资产的权重。（　　）

A. 正确　　　　　　　　　　　　B. 错误

38. 成功概率法是首先将市场划分为牛市和熊市两个不同阶段，通过分别考察基金经理在两种市场环境下预测成功的概率来衡量基金择时能力的方法。（　　）

A. 正确　　　　　　　　　　　　B. 错误

39. 如果把个股选择对基金业绩的贡献进一步细分，就可以了解到在基金经理的超额收益中，有多少归功于资产在行业间的配置，多少归功于同一行业内个股的选择。（　　）

A. 正确　　　　　　　　　　　　B. 错误

40. 从对基金业绩的影响来看，对外部风险和对内部风险的防范是相互联系的。内部风险控制良好的基金在面临同等的外部风险时，就可能相应地减少损失；相应地，当基金面临的外部风险很小时，其内部风险也容易被掩盖。（　　）

A. 正确　　　　　　　　　　　　B. 错误

41. "了解你的客户"（Know Your Clients，KYC）规则早已成为金融产品销售过程中最基本的需要遵循的原则，这和我国目前以大规模的基金首发为主导的销售方式形成了鲜明的对比。（　　）

A. 正确　　　　　　　　　　　　B. 错误

42. 当客户选择 IFA 购买基金时，IFA 最后要做的就是"了解你的客户"，让客户填写事先准备好的问卷。（　　）

A. 正确　　　　　　　　　　　　B. 错误

43. 客户在经过上面一系列步骤之后，在 IFA 的帮助下选择适合的基金产品并填单购买，这时 IFA 需要客户签署一份《风险揭示书》，证明自己已充分了解产品风险，愿意承担由此带来的投资风险。（　　）

A. 正确　　　　　　　　　　　　B. 错误

44. 我国基金业十多年走过的历程充分表明，健康稳定发展的基金业，离不开成熟理性的基金投资者。从这个意义上讲，成熟理性的基金投资者是基金市场内在的约束力量，是该行业健康发展的重要基础之一。（　　）

A. 正确　　　　　　　　　　　　B. 错误

45. 投资者是证券市场的重要主体，资本市场的发展和创新离不开投资者的参与。（　　）

A. 正确　　　　　　　　　　　　B. 错误

46. 长期以来，各基金公司通过报纸、电视、网络等新闻媒体，以开设投资者教育专栏、制作专题节目、举办各类咨询活动等方式向社会公众宣讲证券市场基础知识，提示投资风险。其实这些都是不必要的活动。（　　）

A. 正确　　　　　　　　　　　　B. 错误

47. 很多基金代销机构也结合客户和自身业务特点开展了投资者教育工作。（　　）

A. 正确　　　　　　　　　　　　B. 错误

48. 总体上看，基金投资者教育工作已取得一定成效。但也必须看到，我国投资者教育工作仍处于起步阶段，与我国资本市场稳步发展、市场规模不断扩大以及投资者数量快速增长的形势相比，与海外成熟市场投资者教育工作的水平相比，无论在深度还是广度上，都存在不小的差距。（　　）

    A. 正确 　　　　　　　　　　　　B. 错误

49. 持续不断的投资者教育工作是保障基金销售适用性的基础，而基金销售机构和基金销售人员在其中起到了很重要的作用。（　　）

    A. 正确 　　　　　　　　　　　　B. 错误

50. 基金销售机构还应该整合投资者教育资源，拓宽渠道，创新方式，完善内容。要建立多层次的投资者教育体系，提供差异化的、相互补充的投资者教育服务。（　　）

    A. 正确 　　　　　　　　　　　　B. 错误

51. 基金销售机构在办理开户、销户、资料变更等账户类业务，认购、申购、赎回、转换等交易类业务及继承、捐赠、司法强制措施等被动接受类业务时应遵循以下规定：按照法律法规和招募说明书规定的时间办理基金销售业务，对于投资人交易时间外的申请均作为当日交易处理。（　　）

    A. 正确 　　　　　　　　　　　　B. 错误

52. 基金销售机构应制定客户服务标准，对服务对象、服务内容、服务程序等业务进行规范，并遵循以下原则：宣传推介活动应当遵循诚实信用原则，但是在不得已的情况下可以有欺诈、误导投资人的行为。（　　）

    A. 正确 　　　　　　　　　　　　B. 错误

53. 基金销售机构应建立异常交易的监控、记录和报告制度，重点关注基金销售业务中的异常交易行为。（　　）

    A. 正确 　　　　　　　　　　　　B. 错误

54. 基金管理人的督察长应当检查基金募集期间基金销售活动的合法、合规情况，并自基金募集行为结束之日起 15 日内编制专项报告，予以存档备查。在基金持续销售期间，基金管理人的督察长应当定期检查基金销售活动的合法合规情况，在监察稽核季度报告中专项说明，并报送中国证监会。（　　）

    A. 正确 　　　　　　　　　　　　B. 错误

55. 基金宣传推介材料必须真实、准确，与基金合同、基金招募说明书相符，与备案的材料一致，不得有虚假记载、误导性陈述或者重大遗漏。（　　）

    A. 正确 　　　　　　　　　　　　B. 错误

56. 基金宣传推介材料登载基金的过往业绩，应当符合下列规定：基金宣传推介材料可以登载该基金、基金管理人管理的其他基金的过往业绩，但基金合同生效不足 10 个月的除外。（　　）

    A. 正确 　　　　　　　　　　　　B. 错误

57. 证券投资基金（以下简称"基金"）是一种长期投资工具，其主要功能是分散投资，降低投资单一证券所带来的个别风险。基金不同于银行储蓄和债券等能够提供固定收益预期的金融工具，投资人购买基金，既可能按其持有份额分享基金投资所产生的收益，也可能承担基金投资所带来的损失。（　　）

    A. 正确　　　　　　　　　　　　B. 错误

58. 书面报告报送基金管理公司或者基金代销机构主要办公场所所在地证监局。基金管理公司或基金代销机构应当在分发或公布基金宣传推介材料之日起 10 个工作日内递交报告材料。（　　）

    A. 正确　　　　　　　　　　　　B. 错误

59. 基金管理人发售基金份额、募集基金，可以收取认购费，但费率不得超过认购金额的 5%。基金管理人办理基金份额的申购，可以收取申购费，但费率不得超过申购金额的 5%。（　　）

    A. 正确　　　　　　　　　　　　B. 错误

60. 基金管理人办理开放式基金份额的赎回应当收取赎回费，赎回费不得超过基金份额赎回金额的 5%，货币市场基金及中国证监会规定的其他品种除外。（　　）

    A. 正确　　　　　　　　　　　　B. 错误

## 参考答案

### 一、单项选择题

| | | | | |
|---|---|---|---|---|
| 1. C | 2. D | 3. D | 4. B | 5. D |
| 6. C | 7. C | 8. A | 9. C | 10. D |
| 11. D | 12. B | 13. A | 14. B | 15. D |
| 16. B | 17. C | 18. A | 19. B | 20. D |
| 21. D | 22. A | 23. B | 24. D | 25. B |
| 26. D | 27. C | 28. C | 29. A | 30. A |
| 31. C | 32. B | 33. C | 34. D | 35. A |
| 36. D | 37. B | 38. B | 39. D | 40. A |
| 41. C | 42. B | 43. D | 44. D | 45. C |
| 46. B | 47. B | 48. C | 49. C | 50. D |
| 51. C | 52. D | 53. B | 54. A | 55. B |
| 56. D | 57. D | 58. D | 59. D | 60. C |

### 二、不定项选择题

| | | | | |
|---|---|---|---|---|
| 1. ABCD | 2. ABCD | 3. BCD | 4. ABC | 5. ABCD |
| 6. ABCD | 7. BD | 8. ABD | 9. CD | 10. AC |
| 11. ABCD | 12. CD | 13. ABC | 14. AC | 15. B |
| 16. CD | 17. BC | 18. ABCD | 19. ABCD | 20. ABD |
| 21. ABCD | 22. B | 23. A | 24. C | 25. B |
| 26. BCD | 27. ACD | 28. B | 29. ABD | 30. ABCD |

| 31. ABCD | 32. ABCD | 33. ABCD | 34. ABCD | 35. ABCD |
| 36. ABCD | 37. ABCD | 38. ABC | 39. ABCD | 40. ABCD |

### 三、判断题

| | | | | |
|---|---|---|---|---|
| 1. A | 2. B | 3. A | 4. B | 5. A |
| 6. A | 7. B | 8. A | 9. A | 10. B |
| 11. A | 12. B | 13. B | 14. A | 15. B |
| 16. A | 17. B | 18. A | 19. A | 20. A |
| 21. A | 22. B | 23. A | 24. B | 25. B |
| 26. A | 27. A | 28. B | 29. B | 30. A |
| 31. A | 32. A | 33. B | 34. B | 35. A |
| 36. A | 37. B | 38. A | 39. A | 40. A |
| 41. A | 42. B | 43. A | 44. A | 45. A |
| 46. B | 47. A | 48. A | 49. A | 50. A |
| 51. B | 52. B | 53. A | 54. B | 55. A |
| 56. B | 57. A | 58. B | 59. A | 60. A |

# 模拟题及参考答案（二）

## 一、单项选择题

1. 总体而言，对基金的分析和评价的长期性原则是指（　　）。

   A. 对基金分析和评价时应尽可能考察基金段期的业绩表现

   B. 对基金分析和评价时应尽可能考察基金中长期的业绩表现，如3年或以上的。这样既可以避免基金短期业绩的偶然性，也可以在不同的市场环境中考察基金业绩的稳定性，如看看基金在牛市和熊市中的分别表现。坚持基金分析评价长期性的原则，有助于培育和引导投资人长期投资的理念

   C. 对基金分析和评价时应全面考察基金的收益和风险，避免以单一指标来简单地评价基金，在看到收益的同时也需认真评估其潜在的风险，考察其收益和风险是否对称。如有些基金尽管在某一时期收益居前，但期间业绩波动非常大，稳健的投资者对此就需重视并适当进行回避

   D. 对基金分析和评价时应全面考察基金的收益和风险，避免以单一指标来简单地评价基金，在看到收益的同时也需认真评估其潜在的风险，考察其收益和风险是否对称。如有些基金尽管在某一时期收益居前，但期间业绩波动非常小，稳健的投资者对此就需重视并适当进行回避

2. 总体而言，对基金的分析和评价的全面性原则是指（　　）。

   A. 对基金分析和评价时应尽可能考察基金段期的业绩表现

   B. 对基金分析和评价时应尽可能考察基金中长期的业绩表现，如3年或以上的。这样既可以避免基金短期业绩的偶然性，也可以在不同的市场环境中考察基金业绩的稳定性，如看看基金在牛市和熊市中的分别表现。坚持基金分析评价长期性的原则，有助于培育和引导投资人长期投资的理念

   C. 对基金分析和评价时应全面考察基金的收益和风险，避免以单一指标来简单地评价基金，在看到收益的同时也需认真评估其潜在的风险，考察其收益和风险是否对称。如有些基金尽管在某一时期收益居前，但期间业绩波动非常大，稳健的投资者对此就需重视并适当进行回避

   D. 对基金分析和评价时应全面考察基金的收益和风险，避免以单一指标来简单地评价基金，在看到收益的同时也需认真评估其潜在的风险，考察其收益和风险是否对称。如有些基金尽管在某一时期收益居前，但期间业绩波动非常小，稳健的投资者对此就需重视并适当进行回避

3. 为进一步规范基金分析和评价，避免以短期、频繁的基金分析评价结果误导投资人，中国证监会于（　　）日发布了《证券投资基金评价业务管理暂行办法》。

A. 2008 年 11 月 17      B. 2009 年 11 月 17

C. 2007 年 11 月 17      D. 2006 年 11 月 17

4. 根据《评价办法》的规定，基金评价机构应先加入中国证券业协会，再向中国证监会报送书面材料进行备案。这些材料包括(　　)。

A. 基金托管机构的基本情况、从事评价业务的人员情况、基金评价的理论基础和方法、内部控制制度等

B. 基金管理机构的基本情况、从事评价业务的人员情况、基金评价的理论基础和方法、内部控制制度等

C. 基金评价机构的基本情况、从事评价业务的人员情况、基金评价的理论基础和方法、内部控制制度等

D. 基金监管机构的基本情况、从事评价业务的人员情况、基金评价的理论基础和方法、内部控制制度等

5. 定量分析主要指(　　)。

A. 通过对基金净值、资产配置、重仓股等基金公开信息进行整理、归纳，并结合相关的市场数据，如指数的涨跌等，计算出基金各种数量化指标，如收益率、波动率等

B. 研究人员通过对基金相关人员、相关事件、业务流程等的调研和判断，分析评判基金投资逻辑和市场策略的优劣，衡量基金经理及投研团队的投资能力及风险控制能力等

C. 其投资管理能力和操作风格进行考察和评估，在一定程度上这与对该基金业绩的分析和评价是一致的

D. 基金托管人通过对基金相关人员、相关事件、业务流程等的调研和判断，分析评判基金投资逻辑和市场策略的优劣，衡量基金经理及投研团队的投资能力及风险控制能力等

6. 客观性原则是指(　　)。

A. 当基金销售机构或基金销售人员的利益与基金投资人的利益发生冲突时，应当优先保障基金投资人的合法利益

B. 基金销售机构应当将基金销售适用性作为公司内部控制的组成部分，将基金销售适用性贯穿于基金销售的各个业务环节，对基金管理人、基金产品和基金投资人都要了解并作出评价

C. 基金销售机构应当建立科学合理的方法，设置必要的标准和流程，保证基金销售适用性的实施

D. 基金产品的风险评价和基金投资人的风险承受能力评价应当根据实际情况及时更新

7. 及时性原则指的是(　　)。

A. 当基金销售机构或基金销售人员的利益与基金投资人的利益发生冲突时，应当优先保障基金投资人的合法利益

B. 基金销售机构应当将基金销售适用性作为公司内部控制的组成部分，将基金销售适用性贯穿于基金销售的各个业务环节，对基金管理人、基金产品和基金投资人都要了解并作出评价

C. 基金销售机构应当建立科学合理的方法，设置必要的标准和流程，保证基金销售适用性的实施

D. 基金产品的风险评价和基金投资人的风险承受能力评价应当根据实际情况及时更新

8. 理财规划是（    ）。

A. 理财收益预计

B. 过往理财收益分析

C. 理财经理帮助客户规划现在及未来的财务资源，使其能够满足人生不同阶段的需求，以达到预定的目标，最终实现财务自由

D. 未来理财收益分析

9. 中国目前提供理财行业服务的主要是以（    ）为主的传统的金融服务机构。

A. 券商　　　　　　　　　　　B. 基金公司

C. 国有银行　　　　　　　　　D. 商业银行

10. 从理财规划的角度来看，投资人经历一生就像经历一年的四个季节，从组成家庭前的一个人到结婚后以家庭为单位的每个阶段都有着鲜明的特点。这就是所谓的（    ）。

A. 股票投资理论　　　　　　　B. 生命周期理论

C. 债券投资理论　　　　　　　D. 金融衍生品投资理论

11. 按（    ）的不同，股票可以分为普通股票和优先股票。

A. 分红不一致　　　　　　　　B. 投资方式

C. 期限不同　　　　　　　　　D. 股东享有权利

12. 债券的性质不包括（    ）。

A. 债券属于有价证券　　　　　B. 债券是一种虚拟资本

C. 债券是债权的表现　　　　　D. 债券是股权的表现

13. 以公司债券和股票作比较，两者之间的不同不包括（    ）。

A. 是否为有价证券　　　　　　B. 权利不同

C. 发行目的不同　　　　　　　D. 期限不同

14. （    ）是与基础金融产品相对应的一个概念，指建立在基础产品或基础变量之上，其价格取决于基础金融产品价格或基础变量数值变动的派生金融产品。

A. 金融衍生工具　　　　　　　B. 股票

C. 债券　　　　　　　　　　　D. 权证

15. 权证是指（    ）。

A. 基础证券发行人或其以外的第三人（以下简称"发行人"）发行的，约定持有人在规定期间内或特定到期日，有权按约定价格向发行人购买或出售标的证

券，或以现金结算方式收取结算差价的无价证券

  B. 基础证券发行人或其以外的人（以下简称"发行人"）发行的，约定持有人在规定期间内或特定到期日，有权按约定价格向发行人购买或出售标的证券，或以现金结算方式收取结算差价的有价证券

  C. 基础证券发行人或其以外的第三人（以下简称"发行人"）发行的，约定持有人在规定期间内或特定到期日，有权按约定价格向发行人购买或出售标的证券，或以现金结算方式收取结算差价的有价证券

  D. 基础证券发行人或其以外的第三人（以下简称"发行人"）发行的，约定持有人在规定期间内或特定到期日，有权按约定价格向投资者人购买或出售标的证券，或以现金结算方式收取结算差价的有价证券

16. 根据（  ）为标准，可将权证分为股权类权证、债权类权证以及其他权证。

  A. 权证的权利        B. 权证行权的基础资产或标的资产

  C. 权证投资风格        D. 权证标的的权利

17. 按照（  ）的不同，可将权证分为美式权证、欧式权证、百慕大式权证等类别。

  A. 权证持有人行权的时间    B. 权证行权的基础资产或标的资产

  C. 权证投资风格        D. 权证标的的权利

18. 股票价格指数是（  ）。

  A. 反映整个股票市场上各种股票市场价格个体水平

  B. 股票价格的加权平均

  C. 股票价格的简单平均

  D. 反映整个股票市场上各种股票市场价格总体水平及其变动情况的统计指标，而股票价格指数期货即是以股票价格指数为基础变量的期货交易

19. 资产证券化是（  ）。

  A. 将资产进行交易

  B. 以资产为基础发行证券

  C. 以特定资产组合或特定现金流为支持，发行可交易证券的一种融资形式

  D. 将资产债券化

20. 证券发行市场通常（  ）。

  A. 有固定场所，是有形的市场   B. 无固定场所，是无形的市场

  C. 有固定场所，是无形的市场   D. 无固定场所，是有形的市场

21. 《暂行办法》对基金管理公司的设立规定了较高的准入条件：（  ）。

  A. 基金管理公司的主要发起人必须是证券公司或信托投资公司，每个发起人的实收资本不少于1亿元人民币

  B. 基金管理公司的主要发起人必须是证券公司或信托投资公司，每个发起人的实收资本不少于2亿元人民币

  C. 基金管理公司的主要发起人必须是证券公司或信托投资公司，每个发起人的实收资本不少于3亿元人民币

    D. 基金管理公司的主要发起人必须是证券公司或信托投资公司,每个发起人的实收资本不少于 5 亿元人民币

22. 保本基金是指(　　)。

    A. 通过采用投资组合保险技术,保证发行者在投资到期时至少能够获得投资本金或一定回报的证券投资基金

    B. 通过采用投资组合保险技术,保证投资者在投资到期时至少能够获得投资本金或一定回报的证券投资基金

    C. 通过采用投资组合保险技术,保证投资者在投资到期时能够获得投资本金证券投资基金

    D. 通过采用投资组合保险技术,保证投资者在投资到期时能够获得投资本金或较高回报的证券投资基金

23. 基金中的基金是指(　　)。

    A. 以证券为投资对象的基金,其投资组合由其他基金组成

    B. 以金融衍生品为投资对象的基金,其投资组合由其他基金组成

    C. 以股票为投资对象的基金,其投资组合由其他基金组成

    D. 以其他证券投资基金为投资对象的基金,其投资组合由其他基金组成

24. 系列基金又称为伞型基金,是指(　　)。

    A. 多个基金共用一个基金合同,子基金独立运作,子基金之间可以进行相互转换的一种基金结构形式

    B. 多个基金共用一个基金合同,子基金之间可以进行相互转换的一种基金结构形式

    C. 多个基金共用一个基金合同,子基金独立运作,子基金之间不可以进行相互转换的一种基金结构形式

    D. 多个基金共用一个基金合同,子基金之间不可以进行相互转换的一种基金结构形式

25. 债券型基金主要以债券为投资对象,(　　)。

    A. 根据中国证监会对基金类别的分类标准,基金资产 60% 以上投资于债券的为债券型基金

    B. 根据中国证监会对基金类别的分类标准,基金资产 80% 以上投资于债券的为债券型基金

    C. 根据中国证监会对基金类别的分类标准,基金资产 90% 以上投资于债券的为债券型基金

    D. 根据中国证监会对基金类别的分类标准,基金资产 70% 以上投资于债券的为债券型基金

26. (　　)是既注重资本增值又注重当期收入的一类基金。

    A. 收入型基金　　　　　　　　　　B. 平衡型基金

    C. 增长型基金　　　　　　　　　　D. 平均型基金

27. 美国相关法律要求，（　　）。

   A. 私募基金的投资者人数不得超过 200 人，每个投资者的净资产必须在 100 万美元以上

   B. 私募基金的投资者人数不得超过 100 人，每个投资者的净资产必须在 100 万美元以上

   C. 私募基金的投资者人数不得超过 100 人，每个投资者的净资产必须在 500 万美元以上

   D. 私募基金的投资者人数不得超过 200 人，每个投资者的净资产必须在 500 万美元以上

28. 对于在当日基金业务办理时间内提交的申购申请，（　　）。

   A. 投资者可以在当日 15：00 前提交撤销申请，予以撤销；15：00 后则无法撤销申请

   B. 投资者可以在当日 15：00 前提交撤销申请，予以撤销；15：30 后则无法撤销申请

   C. 投资者可以在当日 15：30 前提交撤销申请，予以撤销；15：00 后则无法撤销申请

   D. 投资者可以在当日 15：30 前提交撤销申请，予以撤销；15：30 后则无法撤销申请

29. 下列说法正确的是（　　）。

   A. 认购期购买的基金份额一般要经过封闭期才能赎回，申购的基金份额要在申购成功后的第三个工作日才能赎回

   B. 认购期购买的基金份额一般要经过封闭期才能赎回，申购的基金份额要在申购成功后的第二个工作日才能赎回

   C. 认购期购买的基金份额一般要经过封闭期才能赎回，申购的基金份额要在申购成功后的第四个工作日才能赎回

   D. 认购期购买的基金份额一般要经过封闭期才能赎回，申购的基金份额要在申购成功的当个工作日才能赎回

30. 按照沪、深证券交易所截至 2008 年 9 月公布的收费标准，（　　）。

   A. 我国基金交易佣金不得高于成交金额的 0.3%（深圳证券交易所特别规定该佣金水平不得低于代收的证券交易监管费和证券交易经手费，上海证券交易所无此规定），起点 5 元，由证券公司向投资者收取。目前，封闭式基金交易不收取印花税

   B. 我国基金交易佣金不得高于成交金额的 0.5%（深圳证券交易所特别规定该佣金水平不得低于代收的证券交易监管费和证券交易经手费，上海证券交易所无此规定），起点 5 元，由证券公司向投资者收取。目前，封闭式基金交易不收取印花税

   C. 我国基金交易佣金不得高于成交金额的 0.3%（深圳证券交易所特别规定该佣

金水平不得低于代收的证券交易监管费和证券交易经手费，上海证券交易所无此规定），起点 10 元，由证券公司向投资者收取。目前，封闭式基金交易不收取印花税

  D. 我国基金交易佣金不得高于成交金额的 0.5%（深圳证券交易所特别规定该佣金水平不得低于代收的证券交易监管费和证券交易经手费，上海证券交易所无此规定），起点 10 元，由证券公司向投资者收取。目前，封闭式基金交易不收取印花税

31. 下面说法正确的是（　　）。

  A. 沪、深证券交易所对封闭式基金交易实行与对 A 股交易同样的 10% 的涨跌幅限制；同时，与 A 股一样实行 T 交割、交收，即达成交易后，相应的基金交割与资金交收在交易日的下一个营业日（T+1）完成

  B. 沪、深证券交易所对封闭式基金交易实行与对 A 股交易同样的 5% 的涨跌幅限制；同时，与 A 股一样实行 T+1 交割、交收，即达成交易后，相应的基金交割与资金交收在交易日的下一个营业日（T+1）完成

  C. 沪、深证券交易所对封闭式基金交易实行与对 A 股交易同样的 10% 的涨跌幅限制；同时，与 A 股一样实行 T+2 交割、交收，即达成交易后，相应的基金交割与资金交收在交易日的下一个营业日（T+1）完成

  D. 沪、深证券交易所对封闭式基金交易实行与对 A 股交易同样的 10% 的涨跌幅限制；同时，与 A 股一样实行 T+1 交割、交收，即达成交易后，相应的基金交割与资金交收在交易日的下一个营业日（T+1）完成

32. 下列有关封闭式基金的说法正确的是（　　）。

  A. 封闭式基金的报价单位为每份基金价格。基金的申报价格最小变动单位为 0.01 元人民币，买入与卖出封闭式基金份额申报数量应当为 100 份或其整数倍，单笔最大数量应低于 100 万份

  B. 封闭式基金的报价单位为每份基金价格。基金的申报价格最小变动单位为 0.1 元人民币，买入与卖出封闭式基金份额申报数量应当为 100 份或其整数倍，单笔最大数量应低于 100 万份

  C. 封闭式基金的报价单位为每份基金价格。基金的申报价格最小变动单位为 0.001 元人民币，买入与卖出封闭式基金份额申报数量应当为 100 份或其整数倍，单笔最大数量应低于 100 万份

  D. 封闭式基金的报价单位为每份基金价格。基金的申报价格最小变动单位为 0.001 元人民币，买入与卖出封闭式基金份额申报数量应当为 50 份或其整数倍，单笔最大数量应低于 50 万份

33. 有关 LOF 说法正确的是（　　）。

  A. 场外认购 LOF 份额，应持深圳人民币普通证券账户或证券投资基金账户；场外认购 LOF 份额，应使用中国结算公司深圳开放式基金账户

  B. 场内认购 LOF 份额，应持深圳人民币普通证券账户或证券投资基金账户；场

内认购 LOF 份额，应使用中国结算公司深圳开放式基金账户

C. 场内认购 LOF 份额，应持深圳人民币普通证券账户或证券投资基金账户；场外认购 LOF 份额，应使用中国结算公司深圳开放式基金账户

D. 场外认购 LOF 份额，应持深圳人民币普通证券账户或证券投资基金账户；场内认购 LOF 份额，应使用中国结算公司深圳开放式基金账户

34. 我国投资者一般可选择(　　)等方式认购 ETF 份额。

A. 场内现金认购

B. 场外现金认购

C. 证券认购

D. 场内现金认购、场外现金认购以及证券认购

35. 封闭式基金的认购价格一般采用(　　)的方式加以确定。

A. 1 元基金份额面值加计 0.1 元发售费用

B. 1 元基金份额面值加计 1 元发售费用

C. 1 元基金份额面值加计 0.01 元发售费用

D. 1 元基金份额面值加计 0.001 元发售费用

36. 下列说法不正确的是(　　)。

A. 客户投诉因为客户的无理要求过多

B. 客户投诉的原因是客户没有得到预期的服务，即使销售机构提供了良好的服务、对基金业务规则解释详尽，但只要与客户的预期存在差距，依然会产生客户投诉

C. 客户投诉是客户主动反馈问题的方式，也是客户信任销售机构的一种表现，客户相信销售机构能够帮助其解决遇到的问题，因此，客户的投诉对销售机构来讲也是非常珍贵的

D. 应该尽量回避客户的投诉

37. 下列有关基金销售人员的合规风险，说法不正确的是(　　)。

A. 基金销售机构聘用的员工违反法律法规或机构内部规章等有关规定，致使基金投资者或基金销售机构利益遭受损失的可能

B. 向他人提供基金未公开的信息

C. 不得散布虚假信息，扰乱市场秩序；接受投资者全权委托，直接代理客户进行基金认购、申购、赎回等交易；对投资者作出盈亏承诺，或与投资者以口头或书面形式约定利益分成或亏损分担；挪用投资者的交易资金或基金份额等

D. 销售人员可以透露投资者的信息

38. 基金销售的操作风险主要是指(　　)。

A. 销售的风险

B. 在办理基金销售业务中，由于业务制度不健全或有章不循、违章操作、操作失误等人为因素而使基金销售业务出现差错，使投资者和销售机构遭受损失

的可能性。主要包括：投资者开户时审核证件、资料不严导致的风险；销售人员处理投资者申请出现差错引起的风险；资金清算交收失误引起的风险等

    C. 服务的风险

    D. 资产管理的风险

39. 基金销售的客户服务是指(    )。

    A. 基金托管人的服务

    B. 基金管理人的服务

    C. 客户在投资基金的过程中，基金销售机构或人员为解决客户有关问题而提供的系列活动

    D. 基金监管人的服务

40. 客户维护的核心主要是(    )。

    A. 对销售核心业务的维护，同时附加产品及人际关系的维护

    B. 产品维护

    C. 销售维护

    D. 经营维护

41. 客户流失的原因不包括(    )。

    A. 价格原因                  B. 服务原因

    C. 技术原因                  D. 人为原因

42. 基金组合投资是指(    )。

    A. 为了进一步集中风险、提高收益，按照既定的预期收益和风险程度要求精心挑选出由一定数量的基金有机组合而成的基金产品组合

    B. 为了进一步分散风险、提高收益，按照既定的预期收益和风险程度要求精心挑选出由一定数量的基金有机组合而成的基金产品组合

    C. 为了进一步分散风险、提高收益，按照当期收益和风险程度要求精心挑选出由一定数量的基金有机组合而成的基金产品组合

    D. 为了进一步集中风险、提高收益，按照当期收益和风险程度要求精心挑选出由一定数量的基金有机组合而成的基金产品组合

43. 基金转换一般在(    )个工作日就可以得到交易确认，而赎回再申购基金一般至少需要(    )个工作日才能够得到确认。

    A. 2  5                  B. 3  5

    C. 3  4                  D. 2  4

44. 基金转换是(    )。

    A. 开放式基金份额的转换，是指投资者需要先赎回已持有的基金份额，然后才能将其持有的基金份额转换为同一基金管理人管理，并在同一注册登记人处登记的另一基金份额的业务模式

    B. 开放式基金份额的转换，是指投资者不需要先赎回已持有的基金份额，就可以将其持有的基金份额转换为同一基金管理人管理，并在同一注册登记人处

登记的另一基金份额的业务模式

    C. 基金申购业务的一种方式，客户可以通过销售机构提交申请，约定扣款周期、扣款日期、扣款金额，由销售机构于约定扣款日在客户指定资金账户内自动完成扣款及基金申购业务

    D. 基金申购业务的一种方式，销售者可以通过销售机构提交申请，约定扣款周期、扣款日期、扣款金额，由销售机构于约定扣款日在客户指定资金账户内自动完成扣款及基金申购业务

45. 定期定额是(　　)。

    A. 开放式基金份额的转换，是指投资者需要先赎回已持有的基金份额，然后才能将其持有的基金份额转换为同一基金管理人管理，并在同一注册登记人处登记的另一基金份额的业务模式

    B. 开放式基金份额的转换，是指投资者不需要先赎回已持有的基金份额，就可以将其持有的基金份额转换为同一基金管理人管理，并在同一注册登记人处登记的另一基金份额的业务模式

    C. 基金申购业务的一种方式，客户可以通过销售机构提交申请，约定扣款周期、扣款日期、扣款金额，由销售机构于约定扣款日在客户指定资金账户内自动完成扣款及基金申购业务

    D. 基金申购业务的一种方式，销售者可以通过销售机构提交申请，约定扣款周期、扣款日期、扣款金额，由销售机构于约定扣款日在客户指定资金账户内自动完成扣款及基金申购业务

46. 基金销售中常用的营业推广手段主要不包括(　　)。

    A. 销售网点宣传　　　　　　　　B. 投资者交流

    C. 推销　　　　　　　　　　　　D. 费率优惠

47. 缘故法针对直接关系型群体，就是(　　)。

    A. 利用营销人员个人的生活与工作经历所建立的人际关系进行客户开发。这些群体主要包括营销人员的亲戚朋友、街坊邻居、师生、同事等，属于间接关系性

    B. 利用营销人员工作中认识的客户

    C. 利用营销人员个人的生活与工作经历所建立的人际关系进行客户开发。这些群体主要包括营销人员的亲戚朋友、街坊邻居、师生、同事等，属于直接关系性

    D. 潜在的客户

48. 以潜在客户与营销人员关系为例，针对直接关系型、间接关系型、陌生关系型三种不同关系类型的客户群，常用的寻找潜在客户的方法不包括(　　)。

    A. 缘故法　　　　　　　　　　　B. 介绍法

    C. 陌生拜访法　　　　　　　　　D. 推销法

49. 差异性目标市场策略是指(　　)。

A. 销售机构在市场细分的基础上，根据自身条件和营销环境，选择一个细分市场作为目标市场，并对应每一个目标市场分别设计出满足不同客户需求的产品和服务的一种策略

B. 销售机构在市场细分的基础上，根据自身条件和营销环境，选择两个或者更多的细分市场作为目标市场，并对应每一个目标市场分别设计出满足不同客户需求的产品和服务的一种策略

C. 销售机构在市场细分的基础上，根据自身条件和营销环境，选择一个细分市场作为目标市场，并对应该目标市场分别设计出满足客户需求的产品和服务的一种策略

D. 基金经理在市场细分的基础上，根据自身条件和营销环境，选择两个或者更多的细分市场作为目标市场，并对应每一个目标市场分别设计出满足不同客户需求的产品和服务的一种策略

50. 售后服务是指（　　）。

A. 销售服务

B. 开始基金投资操作前为客户提供的各项服务。主要内容包括：向客户介绍证券市场基础知识、基金基础知识，普及基金相关法律规定；介绍基金管理人投资运作情况，让客户充分了解基金投资的特点、不同类型基金的风险收益特征；开展投资者风险教育，介绍基金投资的风险及化解风险的办法等

C. 客户在基金投资操作过程中享受的服务。主要包括：协助客户完成风险承受能力测试并细致解释测试结果；为客户提供投资咨询建议，推介符合适用性原则的基金；介绍基金产品信息、费率信息、基金业务办理流程及注意事项；协助客户办理开立账户、买卖、资料变更等基金业务

D. 在完成基金投资操作后为投资者提供的服务。主要包括：提醒客户及时核对交易确认；向客户介绍客户服务、信息查询、客户投资的办法和路径；在基金公司、基金产品发生变动时及时通知客户等

51. 商业银行申请基金代销业务资格，不必具备下列条件（　　）。

A. 资本充足率符合国务院银行业监督管理机构的有关规定，有专门负责基金代销业务的部门

B. 财务状况良好，运作规范稳定，最近 5 年内没有因违法违规行为受到行政处罚或者刑事处罚

C. 具有健全的法人治理结构、完善的内部控制和风险管理制度，并得到有效执行，有与基金代销业务相适应的营业场所、安全防范设施和其他设施

D. 有安全、高效的办理基金发售、申购和赎回业务的技术设施，基金代销业务的技术系统已与基金管理人、基金托管人、基金登记机构相应的技术系统进行了联机、联网测试，测试结果符合国家规定的标准

52. 证券公司申请基金代销业务资格，除具备商业银行申请条件中第（2）项至第（9）项规定的条件外，不必具备以下条件（　　）。

A. 净资本等财务风险监控指标符合中国证监会的有关规定

B. 最近 5 年没有挪用客户资产等损害客户利益的行为

C. 没有因违法违规行为正在被监管机构调查，或者正处于整改期间

D. 没有发生已经影响或可能影响公司正常运作的重大变更事项，或者诉讼、仲裁等其他重大事项

53. 《证券投资基金销售管理办法》及其他规范性文件对基金销售机构职责的规范不包括(　　)。

A. 签订代销协议，明确委托关系

B. 基金管理人应制定业务规则并监督实施

C. 建立相关制度

D. 提前发行

54. 为了规范证券投资基金销售业务的信息管理，提高对基金投资人的信息服务质量，促进证券投资基金销售业务的进一步发展，(　　)中国证监会发布了《证券投资基金销售业务信息管理平台管理规定》。

A. 2007 年 3 月

B. 2007 年 5 月

C. 2008 年 3 月

D. 2008 年 5 月

55. 前台业务系统是指(　　)。

A. 直接面对基金投资人，或者与基金投资人的交易活动直接相关的应用系统，分为自助式和辅助式两种类型

B. 主要实现对前台业务系统功能的数据支持和集中管理

C. 基金销售机构应当向监管机构提供基金日常交易情况、异常交易情况、内部监察稽核报告、调查和评价基金投资人风险承受能力的方法以及基金投资人认购、申购基金的风险等级与基金投资人风险承受能力匹配的情况汇总等信息

D. 包括数据库、服务器、网络通信、安全保障等

56. 后台管理系统是指(　　)。

A. 直接面对基金投资人，或者与基金投资人的交易活动直接相关的应用系统，分为自助式和辅助式两种类型

B. 主要实现对前台业务系统功能的数据支持和集中管理

C. 基金销售机构应当向监管机构提供基金日常交易情况、异常交易情况、内部监察稽核报告、调查和评价基金投资人风险承受能力的方法以及基金投资人认购、申购基金的风险等级与基金投资人风险承受能力匹配的情况汇总等信息

D. 包括数据库、服务器、网络通信、安全保障等

57. 监管系统信息报送是指(　　)。

A. 直接面对基金投资人，或者与基金投资人的交易活动直接相关的应用系统，分为自助式和辅助式两种类型

B. 主要实现对前台业务系统功能的数据支持和集中管理

C. 基金销售机构应当向监管机构提供基金日常交易情况、异常交易情况、内部监察稽核报告、调查和评价基金投资人风险承受能力的方法以及基金投资人认购、申购基金的风险等级与基金投资人风险承受能力匹配的情况汇总等信息

D. 包括数据库、服务器、网络通信、安全保障等

58. 信息管理平台应用系统的支持系统是指(　　)。

A. 直接面对基金投资人，或者与基金投资人的交易活动直接相关的应用系统，分为自助式和辅助式两种类型

B. 主要实现对前台业务系统功能的数据支持和集中管理

C. 基金销售机构应当向监管机构提供基金日常交易情况、异常交易情况、内部监察稽核报告、调查和评价基金投资人风险承受能力的方法以及基金投资人认购、申购基金的风险等级与基金投资人风险承受能力匹配的情况汇总等信息

D. 包括数据库、服务器、网络通信、安全保障等

59. 下列说法不正确的是(　　)。

A. 后台管理系统主要实现对前台业务系统功能的数据支持和集中管理

B. 应当记录基金销售机构和基金销售人员的相关信息，具有对基金销售分支机构、网点和基金销售人员的管理、考核、行为监控等功能

C. 能够记录和管理基金风险评价、基金管理人与基金产品信息、投资资讯等相关信息

D. 后台管理系统应不必对所涉及的信息流和资金流进行对账作业

60. 下列说法不正确的是(　　)。

A. 前台业务系统应具备提供投资资讯功能

B. 投资资讯主要包括：基金基础知识；基金相关法律法规；基金产品信息：包括基金基本信息、基金费率、基金转换、手续费支付模式、基金风险评价信息和基金的其他公开市场信息等；基金管理人和基金托管人信息；基金相关投资市场信息；基金销售分支机构、网点信息

C. 为基金投资人提供的投资资讯信息不一定要有合法来源，只要能够有利于投资者投资即可

D. 对基金交易账户以及基金投资人信息管理功能。主要包括：开户、基金投资人风险承受能力调查和评价、基金投资人信息查询、基金投资人信息修改、销户、密码管理、账户冻结申请、账户解冻申请等方面的功能

## 二、不定项选择题

1. 有关有价证券说法正确的是(　　)。

A. 有价证券本身没有价值

B. 它代表着一定量的财产权利

C. 持有人可凭该证券直接取得一定量的商品、货币，或是取得利息、股息等收入

D. 可以在证券市场上买卖和流通，客观上具有了交易价格

2. 按证券发行主体的不同，有价证券可分为（　　）。

　　A. 政府证券　　　　　　　　　　　　B. 政府机构证券

　　C. 公司证券　　　　　　　　　　　　D. 国家企业证券

3. 我国在银行间市场上市的（　　）属于非上市证券。

　　A. 债券

　　B. 凭证式国债

　　C. 电子式储蓄国债

　　D. 普通开放式基金份额和非上市公众公司的股票

4. 有关证券交易市场的说法正确的是：（　　）。

　　A. 又称"二级市场"

　　B. 又称"次级市场"

　　C. 是已发行的证券通过买卖交易实现流通转让的市场

　　D. 一级市场

5. 银行业金融机构包括（　　）等吸收公众存款的金融机构以及政策性银行。

　　A. 商业银行　　　　　　　　　　　　B. 城市信用合作社

　　C. 农村信用合作社　　　　　　　　　D. 世界银行

6. 基金托管人的职责主要体现在（　　）的监督等方面。

　　A. 资产保管　　　　　　　　　　　　B. 资金管理

　　C. 资金清算　　　　　　　　　　　　D. 会计复核以及对投资运作

7. 除基金管理人与基金托管人外，基金市场上还有许多面向基金提供各类服务的其他服务机构。这些机构主要包括（　　）等。

　　A. 基金销售机构　　　　　　　　　　B. 基金投资咨询机构

　　C. 注册登记机构　　　　　　　　　　D. 律师事务所、会计师事务所

8. （　　）是我国基金销售的主要渠道。

　　A. 基金公司　　　　　　　　　　　　B. 商业银行

　　C. 证券公司　　　　　　　　　　　　D. 证监会

9. 基金的自律组织主要有（　　）。

　　A. 证券公司　　　　　　　　　　　　B. 基金公司

　　C. 证券交易所　　　　　　　　　　　D. 基金行业自律组织

10. 基金运营事务是基金投资管理与市场营销工作的后台保障，通常包括（　　）等业务。

　　A. 基金注册登记　　　　　　　　　　B. 基金资金的托管

　　C. 资金清算和信息披露　　　　　　　D. 资产核算与估值

11. 证券投资咨询机构申请基金代销业务资格，除具备商业银行申请条件中第（2）项至第（9）项以及证券公司申请条件中第（3）项、第（4）项规定的条件外，

还应当具备下列条件（　　）。

A. 注册资本不低于 2000 万元人民币，且必须为实缴货币资本

B. 高级管理人员已取得基金从业资格，熟悉基金代销业务，并具备从事 2 年以上基金业务或者 5 年以上证券、金融业务的工作经历

C. 持续从事证券投资咨询业务 3 个以上完整会计年度

D. 最近 3 年没有代理投资人从事证券买卖的行为

12. 专业基金销售机构申请基金代销业务资格，除具备商业银行申请条件中第（3）项至第（7）项、证券公司申请条件中第（3）项、第（4）项以及证券投资咨询机构申请条件中的第（1）项和第（2）项规定的条件外，还应当具备下列条件：（　　）。

A. 有符合规定的组织名称、组织机构和经营范围

B. 主要出资人是依法设立的持续经营 3 个以上完整会计年度的法人，注册资本不低于 3000 万元人民币，财务状况良好，运作规范稳定，最近 3 年没有因违法违规行为受到行政处罚或者刑事处罚

C. 取得基金从业资格的人员不少于 30 人，且不低于员工人数的 1/2

D. 中国证监会规定的其他条件

13. 《证券投资基金销售管理办法》及其他规范性文件对基金销售机构职责的规范主要包括：（　　）。

A. 签订代销协议，明确委托关系

B. 基金管理人应制定业务规则并监督实施

C. 建立相关制度

D. 禁止提前发行。基金募集申请获得中国证监会核准前，基金管理人、代销机构不得办理基金销售业务，不得向公众分发、公布基金宣传推介材料或者发售基金份额

14. 基金管理人、代销机构应当建立的相关制度有：（　　）。

A. 基金管理人、代销机构应当建立健全并有效执行基金销售业务制度和销售人员的持续培训制度，加强对基金业务合规运作和销售人员行为规范的检查和监督

B. 基金管理人、代销机构应当建立完善的基金份额持有人账户和资金账户管理制度、基金份额持有人资金的存取程序和授权审批制度

C. 基金管理人、代销机构应当建立健全档案管理制度，妥善保管基金份额持有人的开户资料和与销售业务有关的其他资料，保存期不少于 10 年

D. 基金管理人、代销机构应当建立健全档案管理制度，妥善保管基金份额持有人的开户资料和与销售业务有关的其他资料，保存期不少于 15 年

15. 《证券投资基金销售业务信息管理平台管理规定》从总体上要求销售机构信息管理平台的建立和维护应当遵循安全性、实用性、系统化的原则，并且满足以下方面的要求（　　）。

A. 具备《证券投资基金销售业务信息管理平台管理规定》所列示的各项基金销

售业务功能，能够履行法律法规规定的相关责任人的义务

B. 具备基金销售业务信息流和资金流的监控核对机制，保障基金投资人资金流动的安全性，具备基金销售费率的监控机制，防止基金销售业务中的不正当竞争行为

C. 支持基金销售适用性原则在基金销售业务中的运用，具备基金销售人员的管理、监督和投诉机制

D. 能够为中国证监会提供监控基金交易、资金安全及其他销售行为所需的信息

16. 对于短期交易的投资人，基金管理人可以在基金合同、招募说明书中约定按以下费用标准收取赎回费：（　　）。

A. 对于持续持有期少于 7 日的投资人，收取不低于赎回金额 3% 的赎回费

B. 对于持续持有期少于 7 日的投资人，收取不低于赎回金额 1.5% 的赎回费

C. 对于持续持有期少于 30 日的投资人，收取不低于赎回金额 0.75% 的赎回费

D. 对于持续持有期少于 7 日的投资人，收取不低于赎回金额 1% 的赎回费

17. 下列说法错误的有：（　　）。

A. 投资者申购基金成功后，注册登记机构一般在 T 日为投资者办理增加权益的登记手续，投资者在 T+2 日起有权赎回该部分的基金份额。投资者赎回基金份额成功后，注册登记机构一般在 T+1 日为投资者办理扣除权益的登记手续

B. 投资者申购基金成功后，注册登记机构一般在 T+1 日为投资者办理增加权益的登记手续，投资者在 T+2 日起有权赎回该部分的基金份额。投资者赎回基金份额成功后，注册登记机构一般在 T+1 日为投资者办理扣除权益的登记手续

C. 投资者申购基金成功后，注册登记机构一般在 T+1 日为投资者办理增加权益的登记手续，投资者在 T+3 日起有权赎回该部分的基金份额。投资者赎回基金份额成功后，注册登记机构一般在 T+1 日为投资者办理扣除权益的登记手续

D. 投资者申购基金成功后，注册登记机构一般在 T+1 日为投资者办理增加权益的登记手续，投资者在 T+2 日起有权赎回该部分的基金份额。投资者赎回基金份额成功后，注册登记机构一般在 T 日为投资者办理扣除权益的登记手续

18. 下列说法错误的是：（　　）。

A. 当基金管理人认为兑付投资者的赎回申请有困难，或认为兑付投资者的赎回申请进行的资产变现可能使基金份额净值发生较大波动时，基金管理人可以在当日接受赎回比例不低于上一日基金总份额 5% 的前提下，对其余赎回申请延期办理

B. 当基金管理人认为兑付投资者的赎回申请有困难，或认为兑付投资者的赎回申请进行的资产变现可能使基金份额净值发生较大波动时，基金管理人可以在当日接受赎回比例不低于上一日基金总份额 15% 的前提下，对其余赎回申请延期办理

C. 当基金管理人认为兑付投资者的赎回申请有困难，或认为兑付投资者的赎回申请进行的资产变现可能使基金份额净值发生较大波动时，基金管理人可以

在当日接受赎回比例不低于上一日基金总份额10%的前提下，对其余赎回申请延期办理

D. 当基金管理人认为兑付投资者的赎回申请有困难，或认为兑付投资者的赎回申请进行的资产变现可能使基金份额净值发生较大波动时，基金管理人可以在当日接受赎回比例不低于上一日基金总份额20%的前提下，对其余赎回申请延期办理

19. 开放式基金非交易过户是指不采用申购、赎回等交易方式，将一定数量的基金份额按照一定规则从某一投资者基金账户转移到另一投资者基金账户的行为，主要包括：（　　）。

A. 继承

B. 捐赠

C. 司法强制执行

D. 经注册登记机构认可的其他情况下的非交易过户

20. 国内开放式基金转托管业务的办理有（　　）两种方式。

A. 多步转托管　　　　　　　　B. 两步转托管

C. 一步转托管　　　　　　　　D. 三步转托管

21. 售后服务是指：（　　）。

A. 销售服务中的理财服务

B. 在开始基金投资操作前为客户提供的各项服务。主要内容包括：向客户介绍证券市场基础知识、基金基础知识，普及基金相关法律规定；介绍基金管理人投资运作情况，让客户充分了解基金投资的特点、不同类型基金的风险收益特征；开展投资者风险教育，介绍基金投资的风险及化解风险的办法等

C. 客户在基金投资操作过程中享受的服务。主要包括：协助客户完成风险承受能力测试并细致解释测试结果；为客户提供投资咨询建议，推介符合适用性原则的基金；介绍基金产品信息、费率信息、基金业务办理流程及注意事项；协助客户办理开立账户、买卖、资料变更等基金业务

D. 在完成基金投资操作后为投资者提供的服务。主要包括：提醒客户及时核对交易确认；向客户介绍客户服务、信息查询、客户投资的办法和路径；在基金公司、基金产品发生变动时及时通知客户等

22. 基金销售机构通常建立一个独立的客户服务部门，通过一套完整的客户服务流程，一系列完备的软、硬件设施，以系统化的方式，应用各种不同的手段实现并优化客户服务。主要有：（　　）。

A. 电话服务中心；邮寄服务

B. 自动传真、电子信箱与手机短信；"一对一"专人服务

C. 互联网的应用；媒体和宣传手册的应用

D. 讲座、推介会和座谈会

23. 依照产生风险原因的不同，基金销售的风险主要包括：（　　）。

A. 合规风险　　　　　　　　　　B. 操作风险

C. 资产风险　　　　　　　　　　D. 技术风险

24. 合规风险包括（　　）。

A. 基金管理人的合规风险　　　　B. 基金销售机构的合规风险

C. 基金托管人的合规风险　　　　D. 基金销售人员的合规风险

25. 基金销售机构的合规风险主要（　　）。

A. 是指基金销售机构在开展基金销售业务中出现违反有关法律、行政法规以及监管部门规章及规范性文件、行业规范、业务规则和自律规则的行为，可能使销售机构受到法律制裁、监管部门处罚，遭受财产损失或声誉损失的风险

B. 指基金托管人的合规风险

C. 指基金销售机构聘用的员工违反法律法规或机构内部规章等有关规定，致使基金投资者或基金销售机构利益遭受损失的可能

D. 指在办理基金销售业务中，由于业务制度不健全或有章不循、违章操作、操作失误等人为因素而使基金销售业务出现差错，使投资者和销售机构遭受损失的可能性

26. 资产配置有两种类型，即（　　）。

A. 长期性资产配置　　　　　　　B. 战略性资产配置

C. 战术性资产配置　　　　　　　D. 暂时性资产配置

27. 下列关于战略性资产配置说法正确的是（　　）。

A. 是根据基金的投资收益目标、风险属性及投资限制，结合基金经理对市场的中长期判断而制定的相对稳定的资产配置比例

B. 战略性资产配置的重要性在于市场上存在着系统风险，这些风险是基金组合无法通过分散投资进行规避的，因此基金的长期业绩与基金资产承担了多少系统性风险有关

C. 战略性资产配置的作用就是根据基金管理人期望的收益水平来承担相应的风险，从而确定资金在各资产类别中的投资比例

D. 战略性资产配置是长期的稳定的配置策略，它与基金管理人的投资目标相关，一般不受短期市场波动的影响，通常体现在基金业绩比较基准的制定上

28. 战略性资产配置的作用是（　　）。

A. 根据基金的投资收益目标、风险属性及投资限制，结合基金经理对市场的中长期判断而制定的相对稳定的资产配置比例

B. 在战略性资产配置的基础上根据市场的短期变化，对具体的资产比例进行微调

C. 实现零风险

D. 根据基金管理人期望的收益水平来承受相应的风险，从而确定资金在各资产类别中的投资比例

29. 下列关于基金择时能力说法正确的是（　　）。

A. 所谓择时能力是指"时机选择能力"

B. 具有良好择时能力的基金经理能够较为准确地估计市场未来的发展态势，并相应调整投资组合的构成

C. "T—M模型"是二次回归模型，通过回归的算法来确定基金经理是否具有择时能力

D. 通常，投资者可以从基金定期公布的季报、年报中获知基金的股票仓位及现金比例等信息，对这些信息的分析，有助于判断基金经理的择时能力

30. 衡量基金择时能力常用的方法主要有（　　）。

A. 现金比例变化法　　　　　　　　B. 资产比率变换法

C. 成功概率法　　　　　　　　　　D. 二次项法

31. 基金销售适用性强调的是向投资者提示投资风险，把合适的产品卖给合适的基金投资人，因此要求每一个基金销售机构，包括（　　）都需要有严格的工作流程。

A. 商业银行　　　　　　　　　　　B. 基金公司

C. 证券公司　　　　　　　　　　　D. 专业基金销售机构

32. 基金产品风险应当至少包括以下三个等级：（　　）。

A. 低风险等级　　　　　　　　　　B. 超高风险等级

C. 中风险等级　　　　　　　　　　D. 高风险等级

33. 基金投资人评价应以基金投资人的风险承受能力类型来具体反映，应当至少包括以下三个类型：（　　）。

A. 保守型　　　　　　　　　　　　B. 稳健型

C. 激进型　　　　　　　　　　　　D. 积极型

34. 基金销售机构只有细致分析投资者的特征，针对不同的市场向投资者销售合适的基金产品，才能更有效地实现营销目标。通过对投资者进行分析，可以揭示投资者的真实需求，包括（　　）等因素。

A. 对基金流动性安全性的要求　　　B. 投资者的投资规模

C. 风险偏好　　　　　　　　　　　D. 风险识别的能力

35. 投资者教育的意义在于：（　　）。

A. 有利于投资者进行激进的投资活动

B. 有助于培育成熟的投资理念，增强投资者风险意识

C. 有助于增强基金行业的市场化调节机制，夯实市场发展的基础

D. 有助于增强基金投资者的自我保护能力，提高市场监管效率

36. 下列说法正确的是：（　　）。

A. 通过系统、持续的投资者教育，不断增强投资者对市场风险的认识能力、防范能力，并提高其自我保护意识

B. 能够使投资者特别是中小投资者对其所投资的金融产品风险有更充分的了解

C. 对各种非法促销活动有更强的辨别力

D. 可以提高投资者的自我保护能力

37. 下列说法正确的是：（   ）。

    A. 基金代销机构选择代销基金产品时，应当将对基金管理人进行的审慎调查作为销售决策流程的有机组成部分

    B. 基金管理人在选择基金代销机构时，为确保基金销售适用性的贯彻实施，也应当对基金代销机构进行审慎调查

    C. 对基金产品的风险评价，可以由基金销售机构的特定部门完成，也可以由第三方的基金评级与评价机构提供

    D. 基金产品风险应当至少包括以下三个等级：低风险等级、中风险等级、高风险等级。基金产品风险评价结果应当作为基金销售机构向基金投资人推介基金产品的重要依据

38. 下列说法正确的是：（   ）。

    A. 基金销售适用性的关键在于基金产品和基金投资人的风险匹配，而内部控制、信息管理平台和经过适当培训的销售人员均对基金销售适用性的实施起到保障作用

    B. 风险匹配方法主要是在基金产品的风险等级和基金投资人的风险承受能力类型之间建立合理的对应关系，同时将基金产品风险超越基金投资人风险承受能力的情况定义为风险不匹配

    C. 基金销售适用性不需要基金产品和基金投资人的风险匹配

    D. 基金销售机构还应在基金认购或申购申请中加入基金投资人意愿声明的内容，对于基金投资人主动认购或申购的基金产品风险超越基金投资人风险承受能力的情况，要求基金投资人在认购或申购基金的同时进行确认

39. 下列说法正确的是：（   ）。

    A. 《指导意见》为基金行业提供了有关建立和实施基金销售适用性的全面指导。基于基金产品的差异性和复杂性以及基金产品客户购买者的不同特征，《指导意见》作出规定，要求基金销售机构应当注重根据基金投资者的风险承受能力销售不同风险等级的产品，把合适的产品卖给合适的基金投资者

    B. 基金销售机构只有细致分析投资者特征，针对不同的市场向投资者销售合适的基金产品，才能更有效地实现营销目标

    C. 通过对投资者进行分析，可以揭示投资者的真实需求，包括投资者的投资规模、风险偏好，对基金流动性、安全性的要求等因素，并依据投资者不同的特征采取不同的营销和服务策略

    D. 实施基金和相关产品销售的适用性，降低因销售过程中产品错配而导致的基金投资者投诉风险，对促进基金市场健康发展具有深远的意义

40. 下列说法正确的是：（   ）。

    A. 投资人利益优先原则是指当基金销售机构或基金销售人员的利益与基金投资人的利益发生冲突时，应当优先保障基金投资人的合法利益

    B. 基金作为"金融理财"最重要的投资工具之一，同样秉承最核心的一个理财

原则，就是"客户利益优先"。换言之，销售机构的客户经理必须对基金投资者尽忠诚之义务。这是基金销售最基本、最重要的诉求

C. 投资人利益优先原则必须体现在基金销售的每一个环节

D. 客户经理在向客户推荐基金时，应该尝试给客户推荐符合其风险承受能力的基金产品或配置，而不是优先考虑销售任务或销售奖励等其他因素

**三、判断题**

1. 基金分析和评价能够帮助投资者选择符合自己投资目标及风险承受能力的基金产品或产品组合，避免盲目投资，尽可能地规避基金投资的各类风险，做一位理性、成熟的基金投资者。（　　）

    A. 正确　　　　　　　　　　B. 错误

2. 指数型基金和股票型基金都以债券为主要投资标的，但指数型基金是一种被动管理的基金，其特点是"赚了指数就赚钱"，相比有基金经理主动管理的股票型基金，指数型基金整体风险系数更高些。（　　）

    A. 正确　　　　　　　　　　B. 错误

3. 基金的业绩从短期看是基金公司综合实力的反映，除市场的系统性风险及基金经理个人的能力外，其他的诸多因素都会直接或间接影响基金的业绩，如公司管理层、投研团队、风险控制流程等。（　　）

    A. 正确　　　　　　　　　　B. 错误

4. 基金与股票和债券也有许多不同之处，同直接的股票投资相比，基金作为一种间接投资工具，不仅其风险相对分散，而且由于投资理念、管理风格以及投资策略各有千秋，因此对基金的分析和评价往往更为复杂。（　　）

    A. 正确　　　　　　　　　　B. 错误

5. 对基金分析和评价时应全面考察基金的收益和风险，避免以单一指标来简单地评价基金，在看到收益的同时也需认真评估其潜在的风险，考察其收益和风险是否对称。（　　）

    A. 正确　　　　　　　　　　B. 错误

6. 基金销售适用性的关键在于基金产品和基金投资人的风险匹配，而内部控制、信息管理平台和经过适当培训的销售人员均对基金销售适用性的实施起到保障作用。其中，风险匹配方法主要是在基金产品的风险等级和基金投资人的风险承受能力类型之间建立合理的对应关系，同时将基金产品风险超越基金投资人风险承受能力的情况定义为风险不匹配。（　　）

    A. 正确　　　　　　　　　　B. 错误

7. 《指导意见》的颁布在一定意义上对基金公司、基金从业人员和投资者都起到了保护作用，为开展投资者教育工作提供了新的途径和方向指引。（　　）

    A. 正确　　　　　　　　　　B. 错误

8. 投资人利益优先原则不必要体现在基金销售的每一个环节。（　　）

    A. 正确　　　　　　　　　　B. 错误

9. 是否真正贯彻"客户利益优先"不体现在基金公司的营销模式上。（    ）

    A. 正确                              B. 错误

10. 全面性原则指的是基金销售机构应当将基金销售适用性作为公司内部控制的组成部分，将基金销售适用性贯穿于基金销售的各个业务环节，对基金管理人、基金产品和基金投资人都要了解并作出评价。（    ）

    A. 正确                              B. 错误

11. 很多投资人对理财缺乏认识，简单地认为理财就是炒股挣钱。（    ）

    A. 正确                              B. 错误

12. 理财经理是作为产品供应商的基金公司和作为客户的基金投资者之间的桥梁。基金理财作为金融理财一种重要的投资手段，是针对客户一生的一种综合性金融服务。（    ）

    A. 正确                              B. 错误

13. 1953 年，美国著名经济学家马柯威茨在《金融杂志》的一篇文章中提出了著名的 Markowitz 模型。（    ）

    A. 正确                              B. 错误

14. 资产配置是金融理财最重要的一个内容，而基金又是资产配置的重要工具之一，所以是否推荐合适的基金，并进行合适的组合直接关系到投资人是否能安心地通过长期投资获得稳定的投资回报。（    ）

    A. 正确                              B. 错误

15. 从理财规划的角度来看，投资人经历一生就像经历一年的四个季节，从组成家庭前的一个人到结婚后以家庭为单位的每个阶段都有着鲜明的特点。这就是所谓的生命周期理论。（    ）

    A. 正确                              B. 错误

16. 按交易活动类型进行分类，证券市场可分为有形市场和无形市场。通常人们也把有形市场称为"场内市场"，是指有固定场所的证券交易市场。（    ）

    A. 正确                              B. 错误

17. 监督与自律相结合的原则指在加强政府、证券监管机构对证券市场监管的同时，也要加强从业者的自我约束、自我教育和自我管理。（    ）

    A. 正确                              B. 错误

18. 法律手段是指通过建立完善的证券法律、法规体系和严格执法来实现的。这是证券市场监管部门的主要手段，具有较强的威慑力和约束力。（    ）

    A. 正确                              B. 错误

19. 我国证券市场监管框架由证券监管机构、自律管理机构和投资者组成。（    ）

    A. 正确                              B. 错误

20. 债券的有效期限是指债券从发行之日起至偿清本息之日止的时间，也是债券发行人承诺履行合同义务的全部时间。（    ）

    A. 正确                              B. 错误

21. 债券的票面利率也称名义利率，是债券年利息与债券票面价值的比率，年利率通常用百分数表示。（　　）

    A. 正确　　　　　　　　　　　　B. 错误

22. 养老基金是指将收益用于指定的社会公益事业的基金，如福利基金、科技发展基金、教育发展基金、文学奖励基金等。我国有关政策规定，各种社会公益基金都可用于证券投资，以求保值增值。（　　）

    A. 正确　　　　　　　　　　　　B. 错误

23. 我国正在完善的城镇职工养老保险体系，是由基本养老保险、企业年金和个人储蓄性养老保险三个部分组成。（　　）

    A. 正确　　　　　　　　　　　　B. 错误

24. QDII 制度是一国（地区）在货币没有实现完全可自由兑换、资本项目尚未完全开放的情况下，有限度地引进外资、开放资本市场的一项过渡性制度。（　　）

    A. 正确　　　　　　　　　　　　B. 错误

25. 商业银行、证券公司、证券投资咨询机构、专业基金销售机构以及中国证监会规定的其他机构均可以向中国证监会申请基金销售业务资格，从事基金的销售业务。（　　）

    A. 正确　　　　　　　　　　　　B. 错误

26. 通过基金投资咨询机构的服务，投资者可以在基金既往表现业绩评价、基金品种的选择、投资组合搭配、风险收益匹配等方面获得更专业的服务。（　　）

    A. 正确　　　　　　　　　　　　B. 错误

27. 基金注册登记机构是指负责基金登记、存管、清算和交收业务的机构。在我国，承担基金份额注册登记工作的主要是基金托管公司自身或中国登记结算公司。（　　）

    A. 正确　　　　　　　　　　　　B. 错误

28. 在我国，国务院证券监督管理机构，即中国证监会依法对证券投资基金活动实施监督管理。（　　）

    A. 正确　　　　　　　　　　　　B. 错误

29. 基金的自律组织主要有证券交易所和基金行业自律组织。（　　）

    A. 正确　　　　　　　　　　　　B. 错误

30. 律师事务所和会计师事务所作为专业、独立的中介服务机构，为基金提供法律和会计服务。（　　）

    A. 正确　　　　　　　　　　　　B. 错误

31. 证券交易所是基金的自律管理机构之一。一方面，封闭式基金、上市开放式基金和交易型开放式指数基金需要通过证券交易所募集和交易，必须遵守证券交易所的规则；另一方面，经中国证监会授权，证券交易所对基金的投资交易行为不承担重要的一线监控管理职责。（　　）

    A. 正确　　　　　　　　　　　　B. 错误

32. 在整个基金的运作中，基金托管人起着核心作用。（　　）

   A. 正确　　　　　　　　　　　　　B. 错误

33. 按照我国《证券投资基金法》、《证券投资基金管理公司管理办法》及其他有关规定，我国基金管理公司的注册资本应不低于 2 亿元人民币。（　　）

   A. 正确　　　　　　　　　　　　　B. 错误

34. 目前，国内开放式基金转托管业务的办理有两步转托管和一步转托管两种方式。两步转托管为基金持有人在原销售机构办理转出手续后，还需到转入机构办理转入手续；一步转托管为基金持有人在原销售机构同时办理转出、转入手续，投资人在转出方进行申报，基金份额转托管一次完成。具体办理方法参照基金管理公司的有关业务规则以及基金代销机构的业务规则。（　　）

   A. 正确　　　　　　　　　　　　　B. 错误

35. 通常，基金注册登记机构只受理国家有权机关依法要求的基金份额的冻结与解冻，以及注册登记机构认可的其他情况下的冻结与解冻。基金份额被冻结的，被冻结部分产生的权益不冻结。（　　）

   A. 正确　　　　　　　　　　　　　B. 错误

36. ETF 份额的申购、赎回。投资者可办理申购、赎回业务的开放日为证券交易所的交易日，开放时间为 9：30～11：30 和 13：00～15：00。在此时间之外不办理基金份额的申购、赎回。（　　）

   A. 正确　　　　　　　　　　　　　B. 错误

37. 投资者申购、赎回的基金份额须为最小申购、赎回单位的整数倍。一般最小申购、赎回单位为 50 万份，基金管理人有权对其进行更改，并在更改前至少 3 个工作日在至少一种中国证监会指定的信息披露媒体公告。（　　）

   A. 正确　　　　　　　　　　　　　B. 错误

38. ETF 的基金管理人每日开市前会根据基金资产净值、投资组合以及标的指数的成分股情况，公布证券申购与赎回清单。投资者可依据清单内容，将成分股票交付 ETF 的基金管理人以取得"证券申购基数"或其整数倍的 ETF。以上流程将创造出新的 ETF 份额，使得 ETF 份额总量增加，称之为"证券申购"。（　　）

   A. 正确　　　　　　　　　　　　　B. 错误

39. T 日，投资者的申购、赎回申请信息通过代销机构网点传送至代销机构总部，由代销机构总部将本代销机构的申购、赎回申请信息汇总后统一传送至注册登记机构。T＋2 日，注册登记机构根据 T 日各代销机构的申购、赎回申请数据及 T 日的基金份额净值统一进行确认处理，并将确认的基金份额登记至投资者的账户，然后将确认后的申购、赎回数据信息下发至各代销机构。（　　）

   A. 正确　　　　　　　　　　　　　B. 错误

40. 基金份额申购、赎回的资金清算是由注册登记机构根据确认的投资者申购、赎回数据信息进行的。按照清算结果，投资者的申购、赎回资金将会从投资者的资金账户转移至基金在托管银行开立的基金的银行存款账户或从基金的银行存款转移

至投资者的资金账户。（　　　）

　　A. 正确　　　　　　　　　　　　B. 错误

41. 在基金营销的工作中，无论选择"新基金"还是选择"老基金"，基金营销人员都应该始终把客户利益放在第一位，综合考虑投资者的投资需求、风险承担能力、资产配置等诸多因素，为客户选择合适的基金。（　　　）

　　A. 正确　　　　　　　　　　　　B. 错误

42. 定期定额是基金申购业务的一种方式，客户可以通过销售机构提交申请，约定扣款周期、扣款日期、扣款金额，由销售机构于约定扣款日在客户指定资金账户内自动完成扣款及基金申购业务。（　　　）

　　A. 正确　　　　　　　　　　　　B. 错误

43. 在同一家基金管理公司的产品进行转换时，基金转换的手续费一般也会低于赎回再申购基金的费用。（　　　）

　　A. 正确　　　　　　　　　　　　B. 错误

44. 基金组合投资是指为了进一步集中风险、降低收益，按照既定的预期收益和风险程度要求精心挑选出由一定数量的基金有机组合而成的基金产品组合。（　　　）

　　A. 正确　　　　　　　　　　　　B. 错误

45. 对客户来说，付出的成本不只是购买基金产品的手续费，还包括付出的时间成本以及在投资中可能承担的风险，而客户也只接受他们认同的价值。销售机构希望通过价格手段促进客户转化时，不能简单考虑降低手续费，应通过专业、便利的服务，降低客户的综合成本，为客户创造真正的价值。（　　　）

　　A. 正确　　　　　　　　　　　　B. 错误

46. 市场竞争就是客户竞争，销售机构既要不断开辟新市场，争取新客户，提高市场占有率，还要努力维持已有客户，稳定市场占有率。然而，在实际的基金营销中，往往一方面新客户大批增加，另一方面许多现有客户悄然流失。现有的客户是销售机构最好的广告，其行为或口碑的结果可能带来更多的客户。（　　　）

　　A. 正确　　　　　　　　　　　　B. 错误

47. 客户维护的核心主要是对销售核心业务的维护，同时附加产品及人际关系的维护。维护的目的在于保持和扩大双方已有的合作关系，并建立更为长期稳定的合作关系，获得双方合作基础上的利益最大化。（　　　）

　　A. 正确　　　　　　　　　　　　B. 错误

48. 永远忠诚的客户是存在的，基金销售机构或人员不用依靠高质量的产品、服务和必要的感情维系，就可以保证客户不流失。（　　　）

　　A. 正确　　　　　　　　　　　　B. 错误

49. 基金销售的客户服务是指客户在投资基金的过程中，基金销售机构或人员为解决客户有关问题而提供的系列活动。随着越来越多的金融机构进入基金销售领域，基金产品的种类不断增加，客户选择基金产品和销售机构的空间也越来越大，基金销售市场的竞争日趋加剧，客户服务工作受到销售机构的普遍重视。（　　　）

A. 正确 B. 错误

50. 售前服务指在开始基金投资操作前为客户提供的各项服务。主要内容包括：向客户介绍证券市场基础知识、基金基础知识，普及基金相关法律规定；介绍基金管理人投资运作情况，让客户充分了解基金投资的特点、不同类型基金的风险收益特征；开展投资者风险教育，介绍基金投资的风险及化解风险的办法等。（  ）

A. 正确 B. 错误

51. 基金销售业务信息管理平台的前台业务系统应当具备基金认购、申购、赎回、转换、变更分红方式和中国证监会认可的其他交易功能。（  ）

A. 正确 B. 错误

52. 应当通过在线阅读、文件下载、链接或语言提示等方式，为基金投资人披露基金销售机构情况、开户协议等相关范本、投诉处理方式、相关风险和防范措施等信息。（  ）

A. 正确 B. 错误

53. 应当记录基金销售机构和基金销售人员的相关信息，具有对基金销售分支机构、网点和基金销售人员的管理、考核、行为监控等功能。（  ）

A. 正确 B. 错误

54. 基金销售机构应当向监管机构提供基金日常交易情况、异常交易情况、内部监察稽核报告、调查和评价基金投资人风险承受能力的方法以及基金投资人认购、申购基金的风险等级与基金投资人风险承受能力匹配的情况汇总等信息。（  ）

A. 正确 B. 错误

55. 根据 2006 年 1 月起施行的《证券投资基金销售机构内部控制指导意见》，基金销售机构内部控制是指基金销售机构在办理基金销售相关业务时，为有效防范和化解风险，在充分考虑内外部环境的基础上，通过建立组织机制、运用管理方法、实施操作程序与监控措施而形成的系统。（  ）

A. 正确 B. 错误

56. 健全性原则，即内部控制应包括基金销售机构的基金销售部门、涉及基金销售的分支机构及网点、人员，并涵盖到基金销售的决策、执行、监督、反馈等各个环节，避免管理漏洞的存在。（  ）

A. 正确 B. 错误

57. 健全性原则，即通过科学的内部控制制度与方法，建立合理的内部控制程序，确保内部控制制度的有效执行。（  ）

A. 正确 B. 错误

58. 独立性原则，即基金销售机构内各分支机构、部门和岗位职责应保持相对独立，权责分明，相互制衡；审慎性原则，即制定内部控制应以审慎经营、防范和化解风险为目标。（  ）

A. 正确 B. 错误

59. 在办理基金业务时应确保申购资金银行账户、基金份额持有人和指定赎回资金银

行账户为同一身份。（    ）

A. 正确         B. 错误

60. 基金销售机构选择的合作服务提供商应符合监管部门的资质要求，并建立完善的合作服务提供商选择标准和业务流程，充分评估相关风险，明确双方权利义务。（    ）

A. 正确         B. 错误

# 参考答案

## 一、单项选择题

| | | | | |
|---|---|---|---|---|
| 1. B | 2. C | 3. B | 4. C | 5. A |
| 6. C | 7. D | 8. C | 9. D | 10. B |
| 11. D | 12. D | 13. A | 14. A | 15. C |
| 16. B | 17. A | 18. D | 19. C | 20. B |
| 21. C | 22. B | 23. D | 24. A | 25. B |
| 26. B | 27. D | 28. A | 29. C | 30. A |
| 31. D | 32. C | 33. C | 34. D | 35. C |
| 36. A | 37. D | 38. B | 39. C | 40. A |
| 41. D | 42. B | 43. D | 44. B | 45. C |
| 46. C | 47. C | 48. D | 49. D | 50. D |
| 51. B | 52. B | 53. D | 54. A | 55. A |
| 56. B | 57. C | 58. D | 59. D | 60. C |

## 二、不定项选择题

| | | | | |
|---|---|---|---|---|
| 1. ABCD | 2. ABC | 3. ABCD | 4. ABC | 5. ABC |
| 6. ACD | 7. ABCD | 8. BC | 9. CD | 10. ACD |
| 11. ABCD | 12. ABCD | 13. ABCD | 14. ABD | 15. ABCD |
| 16. BC | 17. ACD | 18. ABD | 19. ABCD | 20. BC |
| 21. D | 22. ABCD | 23. ABD | 24. BD | 25. A |
| 26. BC | 27. ABCD | 28. D | 29. ABCD | 30. ACD |
| 31 ABCD | 32. ACD | 33. ABD | 34. ABC | 35. BCD |
| 36. ABCD | 37. ABCD | 38. ABD | 39. ABCD | 40. ABCD |

## 三、判断题

| | | | | |
|---|---|---|---|---|
| 1. A | 2. B | 3. B | 4. A | 5. A |
| 6. A | 7. A | 8. B | 9. B | 10. A |
| 11. A | 12. A | 13. B | 14. A | 15. A |
| 16. B | 17. A | 18. A | 19. B | 20. A |
| 21. A | 22. B | 23. A | 24. B | 25. A |

| 26. A | 27. B | 28. A | 29. A | 30. A |
| 31. B | 32. B | 33. B | 34. A | 35. B |
| 36. A | 37. B | 38. A | 39. B | 40. A |
| 41. A | 42. A | 43. A | 44. B | 45. A |
| 46. A | 47. A | 48. B | 49. A | 50. A |
| 51. A | 52. A | 53. A | 54. A | 55. B |
| 56. A | 57. B | 58. A | 59. A | 60. A |